小学生の生活とこころの発達

心理科学研究会 編

福村出版

[JCOPY] 〈(社)出版者著作権管理機構 委託出版物〉
本書の無断複写は著作権法上での例外を除き禁じられています。複写される場合は、そのつど事前に、(社)出版者著作権管理機構（電話 03-3513-6969、FAX 03-3513-6979、e-mail: info@jcopy.or.jp）の許諾を得てください。

はじめに

　この本の出版を間近にし，「はじめに」を書きながら，私は胸の高鳴りを感じています。どのような人がこの本を手にとってくれるのでしょうか。
　書店の棚から抜き取って，ページをめくっているあなたは，小学校の教師や学童保育の指導員のように，子どもにかかわる仕事をしている人だろうか。親として子どもに関心をもっているのだろうか。児童心理学や発達心理学について学びたいと思っているのだろうか。
　大学でテキストや副読本として指定され，読んでいる人もいるかもしれない。執筆者のなかに知っている名前を発見し，おもわず微笑んでいるのだろうか。将来教育者を目指して頑張っているのだろうか。
　インターネットで注文して読みはじめたあなたは，この本の題名に惹かれたのだろうか。この本をとおして，著者である私たちと共感しあえるような発見があるだろうか。
　空想は，次から次へと発展していきます。

小学生の子どもらしさを見つめて
　本書の特徴は，子どもの子どもらしさを大切にしているところにあります。小学生時代は，子ども同士で群れることが大好きなもっとも子どもらしい時代です。しかし，おとなは「今どきの子どものこころがわからない」といい，何かの知識やスキルを使って子どもをコントロールしようとします。おとなは「今どきの子どもは依存心が強い」と嘆きながら，子どもを監視していないと気が済みません。
　おとながそうなりがちなのは，現代の地域社会が子どもにとって安全・安心な場でないことに気づいているからでしょう。おとなも自らの人生を振り返って児童期を想うと，野山や小川，神社や空き地，小道などが浮かんでくると思います。公園や校庭が浮かぶ人もいるかもしれません。子どもには子どもらし

く過ごすことのできる場が必要なのです。また同時に，子どもは友だちと一緒にいることが大好きです。集団学習とかチームプレーとかのことをいっているのではありません。友だちはただ側にいるだけで楽しくて安心なのです。

そんな当たり前のことを，本書ではいろいろな角度から記述しています。子どもを能力やスキルの集合体としてみるのではなく，子どもを人生の主人公として描こうとしています。少し難しいことばでいえば，心理学でよくある機能主義な見方ではなく，子どもを生活の主体として捉えようとしています。

小学生の発達的理解をめざして

従来の児童心理学や発達心理学では，小学生時代（心理学では児童期と呼ばれる）は一つの発達段階として説明されてきました。小学校という教育制度からしても，小学生時代を一つの発達段階として考える根拠はありそうです。

しかし，こうした考え方に対して，「9，10歳の節」という日本オリジナルな発達論が異議を唱えてきました。そして，言語発達の面でも，認知発達の面でも，人格発達の面でも，小学4年生を境に大きな変化があることを示してきました。さらにこの時期，教育条件を十分整備しないと発達につまずく子どもたちが多数現れるということも明らかにしてきました。

本書の第2部では，小学校6年間を2学年ずつに分けそれぞれの特徴を明らかにしていますが，その底流には「9，10歳の節」論など日本独自の発達論もふまえながら児童期を理解しようとする姿勢があります。また，発達が自然に進行するのではなく，学校をはじめとする教育条件，家庭や地域社会，文化などの環境条件と深くかかわりながら進んでいく様を描こうとしています。とりわけ，保育園・幼稚園から小学校への移行，小学校前半から後半への移行，小学校から中学校への移行における諸問題に注目し，ていねいに検討しています。これらは，現代の教育問題に切り込む視点を提供するものであり，本書独自の特徴といえます。

科学性と実践性の統一をめざして

本書の背後には，心理科学研究会における40年の議論の積み重ねがあります。私たちは，偏見や憶測にもとづく子ども理解ではなく，科学的な子ども理解を

求めて研究してきました。同時に，現実とかけ離れた実験室内だけで生起するような事実ではなく，子どもの現実を追究してきました。

　何が科学性であり，何が実践性であるか，よくよく考えてみるとこれは難しい問題です。しかし，こうした問題を避けていては，いつまで経っても心理学はさまざまな手法のるつぼに留まり続けます。

　現代ほど心理学的な関心が強い時代はかつてなかったのでないでしょうか。天災でも人災でも災害が起こるたびに，心理学的な知見が必要とされ，心理士たちが「心の傷」の対応に駆り出されます。血液による性格判断などは，幾多の批判をかいくぐって生き残り流布しています。いじめ，不登校，学級崩壊など教育問題には必ず心理学的な説明が求められます。

　にもかかわらず，心理学は方法論が定まらず，流行に左右され，データの蓄積も不十分な状態にあります。私たちは，根源的な議論をすることの重要性を強調してきました。本書に第3部を設けているのも，こうした理由からです。一見とっつきにくい第3部も，少し理論的な関心をもって読みはじめるとこれほどおもしろい読み物はないかもしれません。

　注意深く読まれた方は，著者による立場や見解の違いを発見されることでしょう。これは，第3部だけでなく本書全体を通じていえることですが，私たちは「国民の生活と人類の幸福のために役立つ」研究をめざしていますが，特定の心理学的な立場に優先権を与えてはいません。編集過程でも，可能な限り各著者の意図を尊重しようとしてきました。

　本書では，第1部が導入として想定されていますが，第2部からでも第3部からでもどこから読んでいただいてもかまいません。コラムが充実しているので，それらを最初に読破してみるのも面白いでしょう。索引もユニークなので通覧してみてください。

　もちろん，児童発達に関するテキストとして用いられることも可能です。もともと小学生について発達的に理解するためのよいテキストがないというところから，本書の企画が始まりました。本書には現代の児童心理学・発達心理学のエッセンスが込められているので，一通りの知識を得たい方にも便利でしょう。

できれば，本書とつきあっていただけると幸いです。学生の視点から，教育者の視点から，親の視点から，研究者の視点から，読み直していただけると，そのたびに新たな発見があると思います。また，本書の記述をもとに，読書会などで議論していただけると，さらに子ども理解が進むのではないでしょうか。

　最後になりましたが，本書の出版にあたっては，福村出版編集部に多大なご尽力をいただきました。編集会議ではともすれば議論が弾んで外れていきそうになったとき軌道修正していただき，校正段階では読みにくい原稿を何度も読んで種々の指摘をしていただきました。心より感謝いたします。

2009年8月

編集委員長
田丸　敏高

もくじ

はじめに

第1部　小学生の生活と発達

第1章　今日の小学生にとっての学校 ………………… 12
 1　学校生活がいざなう世界—知と自信 ……………… 12
 2　学校は子どもの育ちを守れるか—社会と学校 ………… 15

第2章　生活空間から浮かび上がる現代の小学生 ………… 20
 1　現代に生きる子ども—生活世界からつむぐ ……………… 20
 2　子どもの発達を豊かにはぐくむために—"つなぐ"ことを
  とおして ……………………………………………… 25
 コラム1　逸脱行動を起こす児童の理解と学校・家庭でのかか
   わり ……………………………………………… 31
 コラム2　子どもからの相談—「A美の桜」スクールカウンセラー
   というおとなの意味 …………………………………… 33
 コラム3　子育ての困難，子どもの困難を共感する ………… 35
 コラム4　生活をともにする仲間といっしょに育つ障害児 ……… 37

第2部　学年による発達の特徴と教育の課題

第1章　1年生—2年生 ………………………………… 40
 1　保育園・幼稚園からの移行の問題 ……………………… 40
 2　7歳の壁—児童期のリアリズム ………………………… 52

3　学級集団づくり……………………………………………… 60
　　　4　生活科と「調べ」学習……………………………………… 72
　　コラム5　どうしてお母さんはおこったのか？―ことばに対する
　　　　　　意識調査から ……………………………………………… 87

第2章　3年生―4年生……………………………………… 89
　　　1　知的好奇心，情報ネットワークの広がり………………… 89
　　　2　9, 10歳の節……………………………………………… 98
　　　3　クラブ活動と個性の発見………………………………… 110
　　　4　授業参加行動と動機づけの変化………………………… 119
　　コラム6　非日常体験のなかで子どもたちがみせる姿から ………131

第3章　5年生―6年生 ……………………………………… 133
　　　1　少年少女期の問題―思春期への移行…………………… 133
　　　2　「見られること」「評価されること」と自己……………… 144
　　　3　総合的な学習の時間……………………………………… 153
　　　4　進学と将来への展望……………………………………… 163
　　コラム7　科学的思考の育成 …………………………………… 175

第3部　子どもらしさを捉える

第1章　心理学は子どもをどのように捉えうるか………… 178
　　　1　発達研究のややこしさ…………………………………… 178
　　　2　発達段階という考え方…………………………………… 179
　　　3　文化的過程としての発達………………………………… 182
　　　4　ポストモダン社会における子どもと発達……………… 186

第2章　発達段階論と発達理解の新たな展望……………… 189
　　1　はじめに………………………………………………………189
　　2　ピアジェの発達段階論は否定されたのか…………………190
　　3　発達を理解する基本原理の問題……………………………192
　　4　現実の生きた子どもの発達という視点……………………194
　　5　トータルな意識の発達を捉える……………………………195

第3章　睡眠科学（脳科学）の進歩と子どもの発達的
　　　　　研究の展望……………………………………………… 200
　　1　生活リズムの生物的基礎……………………………………200
　　2　生活リズムを形成する同調因子……………………………201
　　3　体温リズムは生活リズムの基礎……………………………202
　　4　子どもの夜型化………………………………………………203
　　5　睡眠の量と質…………………………………………………204
　　6　発達に大切な2種類の眠り…………………………………206
　　7　睡眠教育………………………………………………………207

第4章　「実践的な子ども研究」とは？……………………… 210
　　1　「実践性」＝「現場での問題解決に役立つ」視点にお
　　　　ける問題性……………………………………………………211
　　2　「実践研究」論のあゆみ ……………………………………213
　　3　これからの「実践研究」に向けて──研究における実践性
　　　　を読み解く／実践研究を担うために………………………217

第5章　子どもの権利としての子どもらしさ………………… 220
　　1　子どもらしさとは……………………………………………220
　　2　子どもの権利としての子どもらしさ──三つの側面………220

3　意見表明の発達について……………………………………224
　　4　子どもの権利からみた学校，そして教師，親………………227
　おわりに：クリスマスのサンタさん……………………………………229

索引

第1部
小学生の生活と発達

　「現代の子どもは」という言い方で，社会の変化に伴う子どもたちの育ちのゆがみがよく語られています。でも当の子どもにとっては，それはどういう問題なのでしょうか。おとなからみた子ども像，言い換えれば標準的な子どもの成長という物差しからのずれを問題にする発想ではなく，今を生きる子どもの現実に立って課題や可能性を捉えなおすことができれば，教育や子育てにおいて，子どもたちとの時間はもっと前向きなものになりそうです。

　そうした子ども理解を図るために，まずは生活の現実をみつめ，子どもの視点に思いをはせてみるのが第1部です。ここでは，学校を軸に子どもたちの生活に沿っていくつかの場面を描きながら，そこに含まれる問題を浮き彫りにします。第1章ではおもに学校が直面している子どもたちの生活が描かれています。第2章は学校生活をとりまく家庭や地域ので生活が描かれています。これらからみえてくる現実の問題に対して，心理学はどういう糸口を提供するのだろうと興味がわいてきたら，第2部・第3部に進んでください。

　また第1部には，いくつかのコラムページが置かれています。子どもが抱える問題にとり組む上での必要な配慮や，相談活動のなかでみいだした重要点などが紹介されています。実際に子どもや親と接する時に大事にするべきことが，学べるでしょう。

第1章
今日の小学生にとっての学校

1　学校生活がいざなう世界——知と自信

1.1　体験から認識へ

　小学校教諭T先生の実践を紹介しよう（富山，2008より）。
　T先生は，ある年に4年生を担任することになった。
　4月，子どもたちとの最初の出会いの時から，目立ったのはY男をはじめわんぱくそのものといえる数人の男の子たちであった。授業には集中せず，宿題はやってもいいかげん，外遊びが好きで登校するとすぐボール遊びに興じていた。他方，友だちとのトラブルが頻発し，彼らはすぐに暴力や罵声で相手を威嚇していた。この子たちに学級がかき乱されるのかという不安がいだかれた。
　そこでT先生は，身体を動かしてストレスを発散できるゲームをやる時間をふんだんに設けることにした。子どもたちにとって，全力で走り追いかけるゲームは，全身の身体運動によって感情表出を実現できるものであったといえる。暴力で問題を解決してきたY男なども，ゲームを通じてルールの存在を知り，友だちとのコミュニケーションの仕方を徐々に体得していった。そして次第に，他の学年や学級からの苦情も寄せられなくなった。T先生は「友だちとのトラブルは，人間関係を深めることでしか解決しない」という。子どもたちの活動性を抑制することで秩序をつくるのでなく，活動性を保障し，最大限に発揮させる場面のなかで，環境を調整する力をつけさせていったのだといえる。活動性の保障といえば，友だちに積極的にかかわる様子がみられず一人でいることの多いR子もまた，ゲームのなかでは汗だくになって追いかけ合うようになっていった。活動性が活性化されたといえるのではないだろうか。

そしてこうした活動性の保障は，学習の土台にもなっていく。

好奇心旺盛な４年生の子どもたちを，近所の川べりに連れて行った。都会に比べて自然環境の恵まれたこの地域にあって，子どもたちは川で魚やおたまじゃくしを捕まえることはよく経験している。しかし，川に棲んでいる川虫を捕まえるのは初めてであった。子どもたちは地元の環境団体の人から説明を受けた後，さっそく川に入り夢中になって川虫を捕まえはじめた。ふだん教員を手こずらせるわんぱくな子どもたちが頼もしく力を発揮し，１時間集中して川虫の採集にとり組んだ。川虫は，川の水のきれいさを知る指標になるのである。

結果は意外なものだった。川の水はさほどきれいではなかった。「子どもたちは，川の水の透明度からするときれいに見えたので，きれいな水だとばかり思っていた。それが，川虫を調べることで川の水がきれいかきれいでないかがわかることや，目で見た感じでは判断できないことがわかり，驚いていた」（前掲書）。そしてこの経験はさらに上流の水への関心を喚起し，Y男たちはもっと上流の水で確かめたいと先生に申し出た。話は発展し，市の用意してくれたバスで上流に行き，川虫の数を数えた結果，確かに水はきれいだということを知った。

「百聞は一見に如かず」ということわざのように，学習において体験が重要であるとはよくいわれるが，考察が伴わない表層的な体験ではわかった気になるだけのこともある。「知ったかぶり」に陥ることすらある。その対象へ働きかけ確かめる活動をとおして，事実にもとづく認識が形成されるのである。同時に，見かけによらず事実を知るためにどうするべきかという，いわば科学的アプローチの方法も学習されることになる。教科学習において，身体を動かすことと考えることは別個のものではない。

先入観を覆すそうした学習を支える高い活動性は，児童期の子どもたちの強みといえるだろう。

1.2　集団に支えられ支えて成長する内面と主体性

T先生の実践紹介を続けよう。

この学級で，班日記や作文，詩を書いて自分の思いなどをつづる活動をはじめた。すると，R子が詩や日記に自分の思いや気持ちを書いてきた。そこでそ

のたびに皆の前で読み上げた。T先生によれば「読んでやるたびに，R子はうれしそうにしていた」「学級の女の子のR子に対する態度や見る目が変わってきた」という。当初おとなしく自信のない表情で，発言の声も小さくて聞き取れなかったR子が，照れながらもしっかりとした声で皆の前で発言するようになっていったという。「学校へ行ってもつまんない」と母親に言い，学校で遊びに誘われず一人でいることの多かったR子が，変わったのである。

Y男についても，叱られてばかりいる反動で自分の非を認められなくなっていたところから，「日記や詩を書くことにより，自分の生活を振り返ることができるようになった。でも，相変わらず，じっくり考えて書いたり，じっくり物事を見つめたりする余裕は，他の子どもたちに比べたら，まだまだである」と，一歩前進した様子が報告されている。

このとり組みは集団と個の成長を図ることでもあり，また生活指導と学習指導が連動したものでもあるといえる。

学習集団を意識した授業への参加に関して，中学1年生の例ではあるが，学級編制が変わり少人数学級になったことで子どもたちの態度に変化が見られた例がある（馬場，2009）。

それまで40人規模の学級にいて，授業中は自分がわかる時には挙手するけれども，自信がない時には黙っていれば誰かが答えるから先に進むと思っていた子どもたちが，20人規模の学級に組み替えられて，そうはいかなくなった。「みんなが授業に参加していないと授業が成り立たないから，そういう面で，先生が勝手に指したとして，たとえ間違えたとしても」という発言にみられるように，よくわからないときでも自分が発言しなければという気持ちで参加するようになる。思春期に入ったこともあって，集団に埋没している方が落ち着くという気持ちはあるのだが，少人数学級という環境では，自分が何か参加しなければと感じて発言を引き受け，学習集団を支えるような態度が生まれるのである。教師の発問に対して答えが浮かんだ子どもたちだけの発言連鎖で授業が展開されるのでなく，まだわからない状態の子どももまきこんで発言し合う授業の展開は魅力に富んでいる。小学校低学年のみならず高学年になってもこれが気風となるような環境づくりのために，何をすればよいだろうか。

2 学校は子どもの育ちを守れるか——社会と学校

2.1 社会にさらされる子どもたち

　児童期の子どもたちは，学校生活と放課後の遊び関係を舞台にして人間関係を築き，連帯感に支えられた仲間集団を形成していくといわれてきた。また学校という小社会での役割取得をとおして，社会的能力を形成していくとされてきた。

　だが現実の子どもたちの毎日は，学習塾，習い事や，テレビ，インターネットなど，おとな社会が用意した世界に多くの時間を費やしている。そこでは大量の情報が子どもをとりまき，メディアによって擬似コミュニケーションが展開され，画一的な行動様式や価値が伝えられて，消費者として市場に組み込まれていく。そこでの子どもはどのくらい主体的でいられるのだろうか。

　他方，友だちとの関係もまた，際限がない。小学生の3割以上が持っているといわれる携帯電話での通信によって，家にいても昼夜を問わず人間関係が存在し続ける。どういう機敏さでどういう文字遣いで返信をするかが関係維持の重要な要素であり，友だちとの関係づくりと重なりながらネットワークへのかかわりが深く進んでいく。

　かつてのように，学校を基盤とした同年代の子ども同士が日常の人間関係の中核にあり，また学校を媒介として社会への目を養ってきた頃とは違い，おとな社会を背景にもつ直接・間接のおびただしい人間関係や社会の動向に，直接子どもたちはさらされている。それは，さまざまの危険をかかえる今日の社会のなかに放り出されることと同じである。子どもたちにとって自然で無理のない人間関係や社会の学習という視点からは，子どもを守りつつ育てる学校の役割があらためて問われることとなる。

　だがマイナス面だけではない。社会との直接の接点を得た子どもたちが，主権者として自己を表現し社会に発信する可能性，自分の価値が認められ社会的制約から自由に自己形成をする可能性も，情報化社会はつくり出している。これまでにない発想での人間関係と社会の学習が必要であり，これを学校がどう

媒介するかということもまた，挑戦的な課題である。

2.2　管理される子どもたち

　事故や犯罪からの子どもの安全確保が，学校でも地域でも重点課題となっている。その目標は，あらゆる生活時間において子どもがおとなの視界から見えるようにということとなっている。

　これまで児童中期の子どもたちには，ギャングエイジ（第2部第2章参照）とよばれる時期があるといわれてきた。その時期の子どもたちの生活は，おとなから離れた仲間の世界を築きはじめるところに特徴をもつ。

　だが今日の子どもたちは，いまどの場所にいるのかという情報を含めて，完全におとなの管理下に置かれた生活のなかで，自立を図ることになる。身近で重要なおとなである親と教師の存在を相対化し，モデルでありながらも乗り越えるべき対象ともみなしていく時に，管理的なかかわりに傾斜するおとなの存在は，はたしてどう子どもに影響するだろうか。ひるがえって子どもたち同士についても，集団での活動を経て子どもたち相互に生じるべき同世代感覚がおとなに対抗する連帯感にまで熟しきれず，集団内への閉じた同一化を求める排他的意識に偏っている危険性について，検証される必要があるだろう。「空気を読む」などの言辞が子どもたち同士で使われていることが，その必要性を裏づける。

　とはいえ，子どもたちのしたたかさはおとなをしのぎ，おとなの価値観では計りきれない新しい世界を築きうるのかもしれない。だが社会の変化にまきこまれながらこれをまき返す子どもの潜在力を，どこにみいだせるだろうか。

2.3　生き方の模索

　優劣の意識と優越感・劣等感が生じる児童期は，競争に追い立てる社会システムに組み込まれていく時期でもある。絶えざるおとな・学校社会の管理と競争原理にさらされて，これになじまない生き方の一つは，不登校だといえる。

　不登校になる要因や背景は子どもによって多様である。文部科学省の調査などにおいては，友人関係，親子関係に起因するというものを上回る最多の分類は，「その他本人に関わる問題」というものだが，これは「極度の不安や緊張，

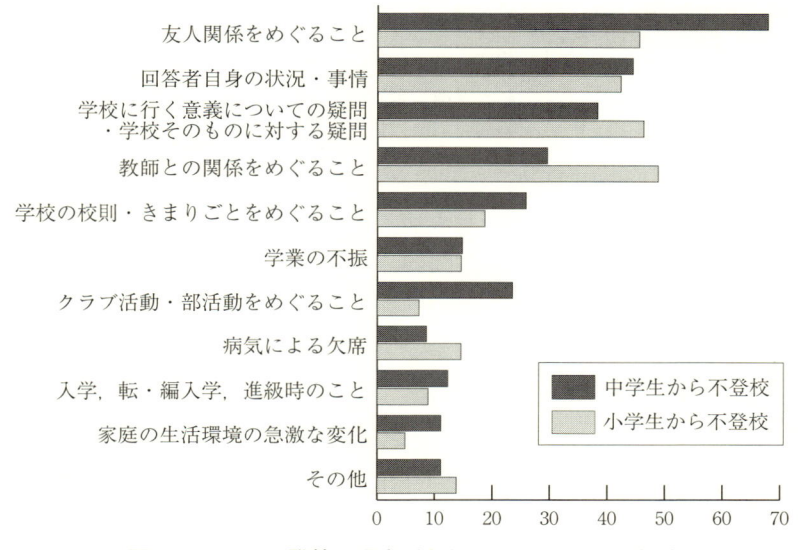

図1-1-1　不登校の理由（東京シューレ，2005を改変）

無気力等」と説明されているように，理由というよりは状態を表しているに過ぎない。理由は多様といわれるゆえんである。そのように要因はさまざまといわれるなかで注目されるのは，選択肢に「学校に行く意義についての疑問・学校そのものに対する疑問」という項目を加え複数回答制とした調査（東京シューレ，2005）である。この項目への選択は多く（図1-1-1），もっとも大きい理由を選ぶという質問のしかたに変えた場合でも2番目に多く選択される結果となった。しかもその傾向は，中学生で不登校になった子ども（38.3%）よりも，小学生で不登校になった子ども（46.3%）により顕著であり，この調査では小学生では不登校になる理由として「教師との関係をめぐること」も多いのだが（複数回答可として48.8%，文部科学省調査では1-2%程度），それに匹敵する選択率であった。教師や友人に直接起因する事情とは別に，学校へ行かねばと思う子どもたちが，学校に通うこと自体への疑義を理由としてあげるに至ったところに，切迫した状況で自分らしく生きることを賭けて，一つの選択をしたことがうかがえる。

だがその疑義は，子どもにとって，自分は「悪い子」であるという思いにと

らわれる大変に苦しい過程をたどる。この苦しみの長い時間を経て、自分は信頼でき肯定できる存在なのだと感じるに至ったときに、子どもは自己決定力をとり戻し、動きはじめていく。その過程に付き添う仲間やおとなの存在が大きな役割を果たすことは、不登校児にかかわる諸報告からうかがえる。「自分と同じ人と出会い、自分を認めることができた」「恐怖から守ってくれる場所があった」「自分が自分でいることは大切だし必要で、そうしていいし、それを受け入れられるんだよという強い肯定メッセージを貰えた」などの経験が多々報告されている（東京シューレ，前掲書）。

2.4　子どもとどう向き合うか

　子どもの発達を考えるうえで、重要と考えられる観点がある。それは、一人ひとりの子どもの生活はその子にとって唯一であり、子どもの成長のあり方は十人十色であるという観点である。学校に通う子どももいれば、行かない不登校の子どももいる。塾に通い詰める子ども、スポーツに賭ける子ども、共働き家庭の子ども、ひとり親家庭の子ども、大家族やひとりっ子、施設で生活する子どももいる。病気をかかえた子どもや、障害をもって生きる子どもたちもいる。そして、多くの子どもたちが情報化社会のなかで暮らしている。それぞれの生活にみられる独特の困難から、私たちは今日の子どもたちの「問題」を感じとるのだが、それは環境の問題であっても子どもに内在する問題ではない。子どもたちが自分の生活を自分なりに生きているという現実は、尊重されなければならない。

　このことを含んだうえで、今日の小学生の生活と発達を理解するために、学校という生活軸を手がかりとすることができるのではないか。学校の生活のなかで出会う知的世界の発見、人間社会の発見、自分の発見のあり方から、子どもの成長のいろいろの面が連動していることがわかるだろう。小学校の山場とされる就学期、9、10歳の節から発達課題が考えられよう。学校生活をめぐる教師や親との関係から、子どもたちが守られながら自立していくためのおとなたちの課題や、社会の課題が引き出されよう。

　社会環境も自然環境も厳しいという現実はふまえながら、そうしたなかでも未来に生きる子どもたちのみせる柔軟さとしたたかさに希望をみいだしたい。

文献

富山泰正　2008　10歳の壁——仲間と繋がりながら生きる子どもたち．埼玉の教育と文化編集委員会編『さいたまの教育と文化』第46号　さいたま教育文化研究所　pp.58-63

馬場久志　2009　少人数学級に配属された中学生の学級認知——少人数学級効果の分析視点の抽出『埼玉大学紀要教育学部』第58巻1号，pp.137-149

文部科学省不登校問題に関する調査研究協力者会議　2003『今後の不登校への対応の在り方について（報告）』

特定非営利活動法人東京シューレ編　2005　『今ここに生きている——東京シューレ20周年 OB・OG アンケート報告』

第2章
生活空間から浮かび上がる現代の小学生

1 現代に生きる子ども——生活世界からつむぐ

1.1 P君の生活からみえてくること
——典型的なエピソードから学ぶ

　P君は，言語その他のコミュニケーションをとおしての対人関係や社会的相互交渉に困難[1]をもっている子どもであると仮定しよう。彼の通常の生活における具体的な困難は多々あるのだが，典型的なエピソードをとおして，彼の困難を考えてみよう。

> **P君の1年生の夏休みのエピソード**
> 　学童保育に通うP君は，夏休みになり一日中ゆったりと学童保育ですごすことで安定した日々を送ることができるだろうとの学童保育指導員の予想とは反対に，トラブルを起こすことが多くなった。そしてそのトラブル（とりわけ指導員への<u>前触れのない</u>体当たり）は，夏休みが終盤になる頃に激しさを増していった。（下線部は筆者）

　上記は，"長い"夏休みにまつわるP君のエピソードである。P君はなぜ，

---

[1] ここでは"困難"を児童の対人的・対物的かかわりにおけるつまずきとする。"障害"という概念を用いず"困難"ということばを用いたのは，そのつまずきが純粋に当該児童の生得的な障害（disorder）にのみ起因するのではなく，他者や事物を含み込んだ社会的営みのなかで増幅したり軽減するという考えにもとづく。なお，P君のエピソードはこうした"困難"をもつ子どもたちのエピソードをつむいで再構成したものである。

夏休みの終盤を迎える頃になって頻繁にトラブルを起こすようになっていったのだろうか。

P君の困難を考える際にヒントとなったのは、おもらしの頻発であった。時間を決めてトイレに連れて行っても、水分の量を調整してもなかなかおもらしが改善されなかったという。

排尿・排便などの排泄行為はいうまでもなく毎日の生活リズム、とりわけ時間に直結する生活リズムに関連することから、夏休みの終盤でのおもらしの頻発はP君の時間概念の混乱に起因するのではないかとの推測が成立する。

この推測のもとで指導員たちは時間的みとおしを明らかにすることを念頭に、P君の生活の立てなおしをはかったという経緯がある。P君のトラブルやおもらしの頻発は、その後徐々に一時的な収束の経過をたどった。

われわれはこのエピソードから何を学ぶことができるだろうか。

おとなや教師においては、夏休みは7月25日頃からはじまり8月31日までの約1カ月強の長い休暇であるとの認識をもつことは、容易にできる。

しかし、長い夏休みという認識は簡単そうにみえて、意外に高度な認識であるのかもしれない。というのも、「夏休みだから、学校から解放されゆったりと過ごすことができるだろう」とのおとなの思惑とは裏腹に、対人関係や社会的相互交渉に困難をかかえる子どもたちは、上記で示すような生活上の難しさをみせることが往々にしてあるからである。

P君がとりわけ夏休みに生活のリズムを崩したことから、「長い夏休みでの生活空間」について思索を深めることで、時間・空間における彼の不安や葛藤を浮き彫りにすることができるのではないだろうか。

それでは、彼の時間・空間にまつわる不安や葛藤とはどのようなものだったのだろうか。

a　時間概念の難しさ──連続・非連続の視点より

まず時間概念の難しさについて考えてみると、第一に、時間という概念のもつ連続性（時間が永久につながっていること）と非連続性（時間をある時点からある時点まで区切ることができること）を統合することの難しさがある。

日々、一刻一刻すぎていく時間は、連続的であると同時に非連続でもある。

ずっと続いている時間（連続性）という観念を，月日・時刻・分・秒という目盛りで印をつけて，われわれは生活や認識において，時間を位置づける。同時に，ある期間（period）という観念を用いながら，永遠に続きゆく時間に区切りをつけ，生活を調整していく。私たちは，このように連続した時間のみならず，連続した時間のなかの一定のperiodを想定することで，「連続」の時間と「連続のなかでの『非連続』」の時間を生活空間のなかで調整していることになる。

次に派生する問題として，非連続的に区切られた時間（たとえば夏休み）を長い・短いなど相対的に比較することの難しさがある。「連続のなかでの『非連続』」という観念，すなわち，「時間はずっと続いているけど，夏休みは7月25日から8月31日までなんだよね」という観念が十分に育っていなければ，「長い夏休み」「短い休み」という比較の観念も発生しないだろう。数唱・順序数・集合数などの数概念の発達も不可欠である。

さらに，「長い」「短い」という非連続に切りとった期間（period）に関する観念のなさのみならず，連続的な時間のうえでの印（いつ学校に行けるのか）のわからなさがあいまって，夏休み終盤での指導員やお友だちへの「体当たり」になったのであろう。

このときのP君の心は，察するに次のようなものであったのではないだろうか。いつになったら学校に行けるのだろう？　いつまで，この一日中学童保育での生活というのが続くのだろう？　そして，校区の異なる友だちが学校に行きはじめているのを目撃し，「他のお友だちはもう学校に行っているのに，なぜぼくは行くことができないの？」という認識が，P君の不安をますます高めていったと思われる。

夏休み終盤を迎え，「もうすぐ学校だよ」とのおとなからのことばがけで心や身体を調整しようとしたP君であったが，「夏休みがはじまってからずいぶん（時間が）たったようだけど，いま，自分はどこの印にいて，どこまで待てば学校に行けるのだろうか」との不安やあせりは，そうした「あいまい」なことばがけでは，おさまらなかったのであろう。

b　時空間のみとおしをたてることの難しさ

こうしたP君の時間的な概念の調整の難しさは，必然的に空間の調整の難し

さにつながる。時間は空間と密接に結びついており，時間の調整の難しさは必然的に，彼が生活空間のなかで遭遇する困難につながっていく。

したがって，日々学校で同じスケジュール（日々，もしくは1週間単位）にのっとり定式化された学習や生活を行うこと，これは時間や空間の調整が苦手な子どもたちに対し安定した生活をもたらす。いったん定式化され獲得された時間・空間・人間関係のなかでの生活は，大きな「変化」がない限りは時間や空間の再調整を必要としないからである。こうして時間・空間的に定式化された生活は，子どもたちに「みとおし」をつけさせる。

ひるがえって，われわれが「みとおしがつかない」という表現を使うときはいかなる場合であろうか。端的には，地震や台風などの自然災害，先行きのわからない経済状況などがあろう。P君は，みとおしのたたない生活による不安を，日々かかえて暮らしていたと察せられる。

1.2　P君の発達の困難さから考える
——現代の子どもにおける時間と空間

P君の時間と空間にまつわるエピソードは，通常，いわゆる発達障害のある子どもとしてくくられる（ことの多い）子どもの事例の発達上の困難さを典型的に示している。

一方，現代社会の子どもたちの生活を思うとき，はたして上記の困難さが，P君に特有なものであるのかどうか慎重に吟味しておく必要がある。

とりわけ昨今の急速な学校教育のシステムの変化やIT社会の浸透など子どもをめぐる社会の大きな変動は，子どもの時間・空間・仲間（人間）関係の調整の困難を増幅させ，人格形成の危機を肥大化させてしまうことが懸念されるのである。

a　時間的みとおしのたてにくい生活

時間の調整に関しては，低学年からの授業時数の増加などに典型的な，「ゆとり」とはかけ離れた学校教育の問題がある。上述した夏休みの短期化，2学期の開始の繰り上げ（早まり），授業時数を確保するための2学期制の導入なども，この問題の延長上にある。とりわけ新1年生においては，幼稚園・保育

園の経験との連続性という観点にかんがみての、休み期間の短期化という視点が重要であり、「8月いっぱいはお休み」という時間的概念の捉えなおしのみならず、8月末より早い時期からの生活の調整という側面からも重要な問題をはらんでいる。

低学年からの授業時数の増加や夏休みの短期化は、時間の「みとおし」のみならず子どもの空間世界の広がりにも歯止めをかける。友だちとの遊びや家族とのかかわりの時間は少なくなり、豊かに繰り広げられたであろう空間や人間関係もせばめられることは必至であろう。

b 空間にかかわる問題

子どもたちの生活空間、とりわけ学校生活に目を向けてみると、21世紀に入り首都圏を中心に広がる学校選択制というシステムの導入がある。

学校選択制は、第二次橋本内閣の行政改革委員会からの提言（1996年12月）以降通学区域制度の弾力的運用が促進され、小泉政権の構造改革を背景に21世紀初頭以降実施校が増加するという経過をたどった。教育にはなじみが薄い行政改革が学校選択制の出発点であることは、学校間のあからさまな競争という現実と相反するものではない。子どもはクラスや学年のなかでの相対化（評定や習熟度別授業）のみならず学校選択制により、学校間・地域間での相対化にもさらされるようになった。

子どもが地域で生きること、これは年齢が幼ければ幼いほど尊重されるべきであろう。なぜなら、いまだ十分な客観的・科学的認識水準に到達しえていない低学年の子どもたちにおいて、心の安全基地である家庭・施設からの距離の近さや見慣れた生活空間（顔見知りの人々）は、初めての学校生活への参入に際し、大きな心のよりどころになるからである。

のみならず、学校選択制は地域での子どもと子どもを疎遠にし子どもの仲間づくりに支障をもたらし、孤立化を招く恐れを禁じえない。地域における子ども同士の空間的な隔たりは、学校での子どものあり方にも影響をもたらすことだろう。

こうした教育システム上の問題は、特定の子どものみならずすべての子どもに通底し、子どもの健全な人格発達をはばむ要因として働く契機を含んでいる。

とりわけ時間・空間概念を含む発達上の困難をもつ子どもたちや，入学後間もない子どもたち，後述する9，10歳の発達上の危機を迎える子どもたち，思春期に入った子どもたちにおいては，時間や空間における劣悪な条件（みとおしのたたなさ）が発達上の危機に相乗的に加担しながら子どもたちの人格の健全育成をはばむ恐れがある。

発達上の障害や危機に鑑み時間や空間を含む社会状況を広くおさえたうえで子どもの発達を捉え，子どもたちへの洞察を深めていく必要がある。こうした営みをみとおすことなくしては，子どもの発達像の全容をつむぐことは難しい。

2 子どもの発達を豊かにはぐくむために
―― "つなぐ" ことをとおして

2.1 子どもの発達を縦につなぐ――歴史的観点

a 発達段階の移行期における問題

乳児期から幼児期，幼児期から児童期，児童期から思春期（青年期）へと，子どもたちは連続的な時間の流れのなかで「非連続」な発達の節目を経験する。非連続な発達の節目を迎える子どもにおいては，いかなる移行期であれ人格発達の危機であるに違いない。加えて，人格的な発達の節目と社会的な制度の移行が重なる時期においてその危機は増幅すると思われる（都筑，2008）。

まず，幼児期から児童期への発達の非連続な節目においては，学校教育という社会的な制度における移行を経験する。後述するピアジェ（Piaget, J.）の発達段階論（第2部第1章ほか参照）では子どもたちは，前操作期から具体的操作期へという精神面での非連続な（縦の）飛躍と，制度における社会的・文化的非連続的ないわば断面的な（横の）侵入を同時的に経験する。「ピカピカ」の1年生は，「ドキドキ」の1年生でもあるのだ。

中学年での9，10歳の節を経て，その次の大きな節目は児童期終盤から思春期（青年期）にかけて訪れる。この時期の非連続は身体面での性的成熟に象徴的である。生殖機能における「非連続」は，「身体」上の「子ども」から「おとな」への非連続なステップアップを意味するのみならず，知能における「非連

続」(ピアジェの発達段階論では具体的操作期から形式的操作期へ) を伴いながら精神的な動揺をももたらすだろう。小学校から中学校への学校システムの非連続な変化がさらにおいうちをかける。心や身体の「非連続」とシステムの「非連続」を同時的に迎える思春期の子どもは，過去の危機とはまた異なる不安をかかえて生きている。

b 幼児期から児童期へ——移行期の子どもたち

とりわけ発達上の移行期と制度上のきわめて非連続な移行を同時的に経験する小学校入学間もない子どもたちは，この複合的な非連続的移行期をいかに受けとめながら学校生活を送るのだろうか。以下のエピソードは小学校入学を目前にひかえた子どもたちの生活的概念の内実を表している。

> 幼稚園年長組の女児2人は「おしろいばなの芽がでた」とする場所におとなを連れて行き，「おしろいばなのたねをここにうえたんだよ」と教えてくれた。「お世話してるの？」との問いかけに，一人は「しなくていいの。ここはかわいてないから」と地面を手でたたきながら教えてくれた。確かに「芽がでている」という場所の周囲には木々が植えられており日当たりが悪く，地面が湿っていた (1996年の秋，田口訪問)。

また田口 (1995) は幼児期から小学校1年生の子どもを対象に数概念の発達や引き算の教授方法などについて研究を行った。その結果，小学校1年生1学期では3〜4割の子どもが数概念の論理操作に未熟さを呈することから，「求差型」の引き算（例：赤が7こ白が5こでは赤が白よりなんこおおいでしょう）は，教科書どおりの1学期ではなく3学期に教授することを提案している。

小学校入学を機に子どもたちは，数概念をはじめとする科学的な認識を獲得しつつあると思われる。ただし一人ひとりの子どもの発達のありようは一様ではない。1年生になったその日からすべての子どもの認識が等しく高次化するわけではないばかりか，一人ひとりの認識の発達それ自体も領域ごとのズレ（たとえば数概念は論理的だが量概念は非論理的というように）を伴いながら進んでいることが想定されるのである。

子どもたちの発達をていねいに読みとり，子どもの人格形成に資する保育や教育をめざすためには，子どもの発達を連続的に捉えることが重要であることから，幼保および小中のつながりについて，子ども一人ひとりの発達とシステムの両側面から統合的にみていく必要があるだろう。

2.2 子どもたちの発達を横につなぐ

a 子どもをまるごと捉える

従来発達心理学では機能別[2]に子どもの発達を捉えるという手法がよくとられてきた。この手法は明確な指標における発達（的推移）の把握という点ではなお有効である。だが，子ども一人ひとりの人格は，心理的内実を有機的にかつ子どもが直面している社会的現実と照らしあわせて見据えることでのみ，その全貌を浮き彫りにすることができる。そうしてはじめて唯一無二のその子どもの「成長のあり方」（第1章 p.18）をつむぐことが可能になる。

子どもの人格を守り「子どもたちが自分の生活を自分なりに生きているという現実」（第1章 p.18）を尊重し，子どもの人格の発達を保障していくために，子どもを機能別ではなく"まるごと捉える"視点が必要であろう。

b 横のつながり──身近な連携から

障害のある子どもへの教育的関心の高まりや特別支援教育の方策の展開などを背景として，種々の"連携"がクローズアップされている。学校と医療機関の連携，"発達"の現場と"教育"の現場との連携など，連携の様態はさまざまである。

連携とは文字どおり，連なって手をたずさえるという意味である。さまざまな社会的現実を引き受けて生きている子どもの発達を支えるためには，子どもの生活により身近な連携──子どもの保護者と教師，教師と教師，保護者と学校と地域──などにも目をむける必要がある。こうした身近な連携を充実させ，より専門的な連携が有機的につながりあうことで，子どもの発達はより多くの人に守られ，支えられ，促進されるのであろう。

2）機能別に発達をとらえる手法とは，知能・社会性・運動能力等の機能にそくし，検査法をはじめとする一定の方法により子どもをとらえる手法である。

2.3 子どもの発達を縦と横でつむぎあう場

先に述べた学校選択制のシステムが都会を中心に進みつつある一方で，異年齢の子どもたちや地域（おとな）と子どもをつなぐ実践が模索されている。

a 羽根木プレーパークの実践
羽根木プレーパークの冒険遊び場のとりくみ

東京の小田急線梅ヶ丘駅からすぐの，世田谷区の閑静な公園の一角に羽根木プレーパークがある。もともと羽根木プレーパークは，イギリスの冒険遊び場にヒントを得て1975年に作られた冒険遊び場「子ども天国」を起源とする。住民による手作りの遊び場は子どもたちから絶大な支持を受けて1979年に世田谷区は国際児童年の記念事業として冒険遊び場を採択し，住民と区の共同による日本初の常設冒険遊び場「羽根木プレーパーク」が誕生した（プレーパークせたがや，2009より）。

****

羽根木プレーパークのモットーは，"自分の責任で自由に遊ぶ"ことである。このモットーは，羽根木プレーパーク内でみかけるいくつかの看板にも記されている。ここでは，誰と何をしようがまったく自由であり，子ども自身の主体性に任されている。

季節を問わず子どもたちに人気なのは火おこしである。春休みのその日，子どもたちは3〜4カ所で思い思いに火おこしを楽しんでいた。今の世のなか，コンロのスイッチをひねれば容易に火がつく。住居形態によっては"火"と無縁の生活を送る子どももいるだろう。子どもたちはしかし（だからこそ），自分で火をおこし焼き芋をつくることに夢中だった。

ベーゴマや木工に夢中になっている子どもたちもいた。火おこしもベーゴ

図1-2-1　火おこしの風景

マも木工も，子どもたちが自然のなかで自分の身体を使い道具と格闘し，仲間とかかわりながらつくることやその楽しみを実感できる遊びである。

　かといって，今はやりのITを用いたゲーム遊びなどを排除するわけではない。すべて子どもの自由に任されているのが特徴である。

　羽根木プレーパークは住民と世田谷区の共同作業でつくりあげる冒険遊び場として2009年に30周年を迎える。この長い歴史を，「地域の人々のボランティアのたまもの」と，プレーリーダーのタカさんはいう。

（***より下段は2009年3月30日田口の羽根木プレーパーク訪問の際の記録）。

　日が沈みかけ夕刻5時〜6時をすぎる頃，プレーパークは昼間とは異なるにぎやかさを見せる。子ども時代をプレーパークで過ごした大学生や若者たちが集まってきては，プレーリーダーのタカさん，みなみさん，世話人のモナママと語り合い，じゃれあう。羽根木プレーパークは，異年齢の子どもたちのみならずあらゆる人々をつなぐ空間となっている（同年6月18日，田口訪問）。

　羽根木プレーパークの実践は，子どもが地域で育つことによるはかりしれない希望をわれわれに与えてくれる。

　都会という限られた空間であっても自然のなかで遊ぶ可能性が残されていること，子どもたちが時空間的に分断されてしまいがちな環境にありながら，時空間をこえてつながりあえる遊び空間が可能であること，子どもとおとなとの共同作業的な営みをとおして文化や遊びを伝え合う空間が残されていること，IT的な遊びを温存しながら身体全体を使い自然のなかでの遊びが実現可能なこと，そして何よりも子どもたちが種々の束縛から解放され，主体的に遊びを構築し展開できることが重要である。

　こうした希望は子どもや子どもをとりまく人々をさらに豊かにする。人々の希望から新たな教育的方策や人々のつながりが生み出され，子どもたちの発達がさらに促進されながらそこにまた新たな希望が生まれるのだろう。

b　学童保育の実践

　ふたたび，P君のエピソードに戻ろう。P君の通う学童保育は，児童館を併設した施設である。したがって，学校をひけた後の子どもたちだけの空間では

なく，下は乳児から上は高校生までの子どもたちが集う空間でもある。のみならず行事等を通じ，子どもの親たちや地域の人々も集う場所となっている。

　1年生の夏休みを終え，P君の発達像の捉えなおしとみとおしをもった保育の再構築をとおし，P君は1年生から2年生にかけ対人面や言語面で実に豊かな発達をとげたのだが，彼の豊かな発達は指導員らのサポートのみにゆだねられていたわけではなかった。彼の発達を後押ししていたものは何だろうか。

　　P君は，地域に住む，児童館に来館していた1学年上の地域の子どもからやさしく遊んでもらい，「お友だち，こっち」（ねえねえ，こっちに来て一緒に遊ぼう）など，他者へのことばがけも豊かに発展していった。その様子を知ったP君の父親が，感謝の気持ちを「お友だち」に伝えたことで，「お友だち」の自信にもつながっていった。

　学童保育は元来学校とは異なり異年齢での集団生活をベースとしている。したがって学童保育のシステムそのものが，異年齢の子どもたちのかかわりによる発達促進の契機を大いに含んでいる。

　のみならず，児童館を併設している学童保育では，地域に住む子どもたちとのいわばすべての異年齢の子どもたちとのかかわりを可能にする。さらに，指導員や子どもの親たちもまき込みながら，多様な年齢の子どもたちやあらゆる年代層のおとなたちとのかかわりが可能である。

　異年齢のいわば縦のつながりと，地域のすなわち横のつながりを統合的に実現し，子どもの人格発達への可能性を豊かにはらむ空間として，学童保育はこれからもますます貴重な生活空間となっていくだろう。

文献

プレーパークせたがや　2009「設立趣意書」http://www.playpark.jp/shushi.html （2009年5月7日現在）

田口久美子　1995　求差はなぜ難しいか――引き算への教授・学習へ向けて　『心理科学』第17巻第1号，pp.19-37

都筑学　2008『小学校から中学校への学校移行と時間的展望――縦断的調査にもとづく検討』ナカニシヤ出版

1　逸脱行動を起こす児童の理解と学校・家庭でのかかわり

　児童の非行・反社会的行動などの逸脱行動に接した時，もっとも困惑するのはその家族である。そして，児童の学校関係者もまた同じように対応に苦慮する。学校でも家庭でも困難をかかえる点は同じだが，ややもすると学校教師と家族との協力関係がとれないことがある。具体的事例をみてみよう。

〈R子（小6）の事例〉

　R子は学校では目立たない児童だったが，時々家出や万引きをして家族や担任教師を困らせていた。R子が小学校3年生のころ，R子は不安が高まるとパニックを起こして泣き叫んだり暴れ回ったりするので，母親はそのことを担任教師に相談していた。しかし，小3時の担任教師は「多少，勉強面に遅れはあるものの，他の児童と同じように接するべきだ」と考え，母親にはその旨を伝えていた。母親はその対応に納得がいかず，教務主任や校長などのもとへ何度も相談に訪れていた。学校側は，母親の執拗な相談を一方的な"苦情"のように感じとり，次第に敬遠するようになっていた。小4，小5と担任が入れ替わり，小6時には教師と母親との対立の溝は深まっていた。学校側は「困った母親」と捉え，母親は「話を聞いてくれない学校」と不満を感じていた。その狭間(はざま)にあって，R子の逸脱行動は校外での家出・万引きへと発展していった。

　スクールカウンセラーはR子の面接や箱庭療法などを行いながら，同時に対立関係にあった教師と母親の間に入って対応した。紙面の都合で詳細な面接経過は割愛するが，R子は母親からの過干渉のもとで家庭内では息が詰まるようなストレスを感じていた。しかし，R子はそれを母親に伝えられず，箱庭療法では母親に対する激しい攻撃性を表現していた。R子は家庭内でのストレスと，学校での知的劣等感や居場所のなさから，家出・万引きなどの逸脱行動に走っているとスクールカウンセラーは理解した。それはストレス状況からの回避的行動であると同時に，あたかも逸脱行動によって自己の存在感をとり戻そうとしているかのようだった。R子の家出・万引きは，彼女の心情を表すメッセージ（サイン）だと捉えることができた。

　当初，学校の担任教師は「R子は規範意識が乏しいから，厳しく指導しなければ

いけない」と考えていたが，スクールカウンセラーとのケース・カンファレンスを重ねるなかで次第にR子のつらさや苦しさを理解するようになっていった。その一方で，教師は指導することと，共感・受容することを同時に行うことの難しさも感じた。

　教育指導者と心理専門職（カウンセラー）にはおのずとその役割や対応に違いがある。とりわけ，学校現場にいる教師は常時，児童・生徒に接しているため，児童・生徒と話をする時は「非構造化面接」[1]になりやすい。教師は児童・生徒の心情を理解しつつ，カウンセリングにおける狭義の「共感」・「受容」とは異なる「教育的姿勢」をもって児童・生徒に対応する必要がある。ここでいう「教育的姿勢」とは，指導者としての教師が全人格的に児童・生徒に対応する際の「教育上の配慮」といい換えてもよい。そして，教師と心理専門職は，役割分担と協同関係を維持し対応していくことが特に重要となる。

　担任教師は，R子の遅れている学業面に対して補助教員に個別的な対応をしてもらいながら，R子に可能な係活動を与えて，クラス内で活躍させる機会をつくっていった。そうすると，クラスの児童もR子を助ける場面が増えていき，R子はクラスの輪のなかに入っていけるようになった。これらの学校での対応と同時に，スクールカウンセラーは母親と相談面接を重ねて丹念に話を聞いていった。R子への面接・箱庭療法に加えて，教師や母親の対応の変化もあって，次第にR子のストレスは緩和され，笑顔が見られるようになった。そして，家出・万引きなどの逸脱行動は消失していった。

　児童・生徒の起こす逸脱行動は多岐にわたるが，その背景・要因にあるのは知的な問題（学力不足）や性格・行動傾向（心的特性）などの本人がかかえる「内的要因」と，家族関係・交友関係および社会状況など周囲の環境がかかわる「外的要因」の両側面から考えることが重要である。逸脱行動に走った児童・生徒が立ちなおっていくには，学校・家庭においてこれらの要因が改善されることが必要となる。

文献　堀尾良弘　2008『生徒指導・教育相談の理論と事例分析』ナカニシヤ出版

---

[1]「非構造化面接」とは，カウンセラーが行う心理面接場面のように時間，場所，面接方法など一定の治療構造を伴った「構造化」された面接場面とは異なり，児童・生徒の生活場面においていつでもどこでも話をするような構造化されない面接のことであり，その対応には特別な配慮が必要となる。

2 子どもからの相談
―――「A美の桜」スクールカウンセラーというおとなの意味

　スクールカウンセラーや教員，保護者たちは，子ども（児童）に「困ったことや悩んだことがあったらなんでも相談してね」と言いやすい。しかし，「困っています」「悩んでいます」と子どもが具体的なことばにしてスクールカウンセラーや教師のところに自発的に訪れるのは少ない。おとなだって，自分の悩みを話すことには勇気がいる。教育相談現場で，子どもの心の声におとなはどのように耳を傾けていけばよいのであろうか。

　児童にとって，スクールカウンセラーは，勉強を教える先生や家族とは異なるおとなである。このようなおとなの他者の存在は児童にとってどういう意味があるのだろうか。小学校のスクールカウンセラーをしていた筆者の経験から一例をあげて考察したい（事例は本質を変えない程度に改変した）。

　4月，新学期が始まって間もなく，小柄でおとなしい4年生のA美がカウンセリング・ルームに頻繁にやってくるようになった。担任教員によれば，A美は3年生の12月に転入してきたらしい。4年生は3年生の時のクラスがそのまま持ち上がっていた。心身発達の変化の著しい時期，華奢で小柄なA美はクラスにまだ溶け込みきれず，目立たず，集団行動も遅れ気味であった。筆者はカウンセリング・ルームを，個別来談予約の希望が入っている時以外には原則として開放の状態にして，児童が自由に出入りできるようにし，折り紙をしたり絵を描いたり，コラージュを作ったり，おしゃべりをしたり，児童の自由な表現の場となるよう心がけていた。個々の「自由」を尊重するために，ほかの人が絵を描いたりしている時には邪魔をしないこと，ほかの人がカウンセラーと話している時にはその話が終わるまで待つこと，はさみやのり・マジックなどの道具は「貸して」「いいよ」と声を掛け合い使うこと，順番を守ること等の対人関係上の「約束」も示しておいた。A美はいつも一人で，他のさまざまな学年の児童に混じっていた。おとなしいA美は，カウンセラーや他の児童に声をかけられてもうつむいて答えずそばに座っているだけ，折り紙なども手に持ったまま折らずに遠慮がちにほかの児童の様子を見つめていることが多かった。A美が来室した時（どの児童に対しても基本は同じだが）カウンセラーは，A美に笑顔で挨拶し，最近の様子を尋ねた。A美はそのようなカウンセ

ラーをじっと見つめ返してきていた。遅咲きの桜が終わるころ，A美は花の形をとどめたまま散った桜をカウンセラーに見せてきた。「わあ，きれい。見せてもらえて嬉しいな。A美ちゃんありがとう」カウンセラーが笑顔で言うと，A美も微笑み返し，その桜の花をカウンセラーの手のひらに載せた。カウンセラーに初めて見せた笑顔であった。その後，カウンセラーは，A美が同級生と共に校庭で遊び始めているのを頻繁に見るようになった。A美は，カウンセラーに気付くと無言で微笑み，同級生の束の後ろの方を歩いていった。校庭は新緑がまぶしい季節になっていた。

「そばにいる」「その子の存在を忘れずに声をかける，目を見つめて微笑む」，カウンセラーであった筆者が子どもたちとの関係で大事にしていたことだ。子どもは声にならない気持ちを表現している。カウンセラーはそれを感じようと努め，急がすことなく子どもの心の動きを信じて待つしかない。A美は〈ねえ見て，形がそのままなの。キレイでしょ，すごいでしょ〉とカウンセラーに桜の花を見せながら自分の感動を伝えていたのだろうか。気持ちがカウンセラーに伝わったと感じられたことが，A美を後押ししたのか。桜の花はA美からの「お礼」か。「私，やってみるね」という気持ちの表れか。推測の域は超えない。確かなのは，A美がクラスの仲間たちになじもうとして積極的に行動し始めた成長の姿である。

乳幼児は，心細く不安な時，保護者との関係のなかで安らぎ元気付けられることを繰り返し，「生きる力」を高め，かかわる「世界」を広げる。スクールカウンセラーとは，学校で，保護者の代わりに安心感と勇気を子どもに与える他者（おとな）といえるのかもしれない。いつも学校にいる教師と教室，クラスは身近すぎ，教師ではないおとなが必要な場合もあろう。スクールカウンセラーとかかわることができるというのは，子ども（児童）が保護者（家庭）から離れた場所で問題解決をする力を身に付け始めたとも推察できる。同級生と校庭で笑い合うA美と，押し花になった「A美の桜」を見て，筆者は今そのように考える。子ども（児童）からの相談はことばだけによらず，ことばのアドバイスを必要としているとも限らない。「あなたはここにいていい」という，保護者や教員ではない「学校にいるおとな」からのメッセージが，児童（子ども）の学校生活への適応力，生きる力を支えることにつながるとも言えよう。そして，悩みだけではない，楽しくて嬉しくて素敵だと子ども（児童）が感じたことを共有すること，共に感動できるおとなの存在が，子どもの安心にもなり，自己主張の力を伸びやかに育むのではないだろうか。

3 子育ての困難，子どもの困難を共感する

　小学6年になったアスペルガー障害（症候群）のSくんと久しぶりに会った。お母さんの話では，Sくんは最近「こんなに言われてもできないぼくには障害がある」，とイライラして言うことがあるそうだ。お母さんからは，小学校3年の時からの定期的な面接で，「何でこんなに教えてもできないのか。どんなふうに教えればいいか。私の教え方が悪いのではないか」という対応方法について相談を受けていた。そして，筆者は，「たぶん，それは，どうやればいいかわからないと思うと一気に緊張し，あるいは，失敗するとより一層不安が高まってしまっているのだろう。だから，こんなふうにかかわってみたらどうか。ゆっくり一緒にやって教えてみてはどうか」とアドバイスを行ってきた。子どもの相談では，「問題や気になっていること」を解決する方法についてアドバイスすることが多い。工夫してうまくいくこともある。しかし，うまくいかない時，より一層アドバイスすることで問題は解決するのだろうか。むしろ，うまくいかない時，肩を並べて寄り添ってくれる援助者が保護者には必要なのでないだろうか。保護者が「なかなかうまくいかない」焦りや苛立ち，あるいは，自らの弱さを援助者に受け止めてもらうことをとおして，保護者も子どもがかかえる困難を受け止めることができることをSくんから教えてもらった。

〈Sくんとの面接での会話〉
Sくん：中学になるのに，体操着をたたんで袋に入れるとか，給食の白衣をきちんと着るとか，靴のひもを結ぶとか，みんながフツウにしていることがサッとできない。白衣のボタンは大きいし，ダブダブだからヘンになる。そして，いろいろ言われるとドンドン気持ちが焦って我慢できなくて大声でわめいてしまう。これは障害ですよね。

筆者：そうなんだぁ。サッとできないと，「あー，もうできない」っていう気持ちだよね。

Sくん：（頷いて）でも，母は「ぼくがわめくから，みんなにヘンに見られるんだから，落ち着いてやりなさい」って言う。わかるけど，落ち着けない。教えてもらってもできないぼくはやっぱり障害なんです。それにできないぼくの気

持ちは誰もわかってくれないんです。
〈お母さんとの面接〉
母：私は、もう何年もSに"こうやればできるでしょ"とやり方をわかりやすく教えてきた。なのに、どうしてこんな簡単なことができないのか理解できない。それに、体操服が袋にうまく入れられないとか、ひもを結ぶことができないくらいで、わめいて大騒ぎするのも理解できないんです。

筆者：確かに、何でそれくらいのことで大騒ぎするのか、何でこんなことができないのかと思いますよね。だけど、お母さんにしてみれば、これくらいのことだけど、Sくんにとっては、どうなんでしょうね？

母：私にとっては、これくらいのことって思うことが、Sにとっては、これくらいのことではないんですね……。そう考えたら、私もSと同じですね。Sがちゃんとできないと、何でできないのって大騒ぎして、怒鳴り散らしちゃうし。「ひもがこんがらがっちゃったんだね」って、その気持ちをくんであげず、うえから「こうすればできるでしょ」と教えてばかりだったんですね。

　不安な気持ちは他者にくみ取ってもらえると、「わかってもらえた」という安心感をもたらす。しかし、「どのようなことで安心できるのか」は、人によって違う。だからこそ、「どんなことで不安になっているのか」「どんなふうにできないのか」「どのような気持ちで言ったことなのか」「そのことばで何を伝えようとしているのか」を察し、その気持ちを推量し、さらには相手の意図や想いを確認しないと相手を理解はできない。

　中学進学後に、Sくんのお母さんから「Sがいままではうまくできなかったひも結びで、こっちをおさえてやればできることを発見した」と喜びの報告があった。遠回りしながらも自分で乗り越えたSくんも同時にお母さんを支えていた。相談では、「このように対応してみてはどうか」というアドバイスや助言も必要ではある。しかし、こうやればうまくいく、問題なくうまくいくばかりでは得がたい「遠回り」もある。子どももおとなもうまくいかない気持ちを共有し、一緒に悩み考え、苦労の末うまくいったことは、このうえない喜びとして記憶に残る。そして、そのことを他者と共有したい気持ちにさせる。お互いが、支えてもらいながら支えているのである。

4　生活をともにする仲間といっしょに育つ障害児

　Aくんは小学校1年生。特別支援学級に在籍する自閉症の男の子だ。放課後は学童保育で過ごしている。3年間の保育園生活のなかで，会話が少しずつ増え，人とやりとりすることの楽しさを知り，友だちとつながりたい願いがふくらみはじめたところで入学を迎えた。

　入学してからのAくんは"なんでも1番"にこだわっていた。クラスのみんなで一列に並ぶ時，下校して学童保育へ帰ってくる時，遠足で電車に乗る時，大好きなプールに入る時，プールから教室に戻る時…。1番になれなかった時は気持ちがくじけ，突っ伏して泣いたりして次の活動になかなか向かうことができない。1番になることへのこだわりがなくなれば，Aくん自身が楽になって変わることができるのではないか，というのが保護者の思いでもあった。

　夏休みの学童保育で，毎日1番にプールに入りたいAくん。ある日，プールに行くとすでに上級生が来ていた。上級生たちに次々に先を越されながら「1番ばっかりにはなれないんだよ」「我慢しなさい」と言われ，結局その日は泣いてプールに入れなかった。上級生たちのことばにAくんは，「1番がいい。我慢せん」と小さな声で自分の気持ちをことばにしていたらしい。家に帰ってからお母さんはAくんに，「明日1番ではなくても怒らないでプールに入れたら，ご褒美に大好きなウルトラマンの飴をあげる」ことを約束された。Aくんが理解しやすい視覚的手がかりとして，"Aくんが2番目に並んでプールに入る絵"を描いて示しながら説明されたそうだ。

　次の日，Aくんを担当していた学童保育の指導員は，お母さんの思いを受けとめて，「おにいちゃんが1番に並んでいても大丈夫だよね。Aくんが2番になるかもしれないし，6番にも，10番になることだってあるんだよ。それでもAくんが上手に並べたらウルトラマンの飴がもらえるんだよね」と，お母さんが描いた絵のなかのAくんの前に数人書き加えながら，何度も話をされた。

　いよいよプールの時，プール開始の30分も前からプールに行こうとしているAくんに，指導員は「Aくん。早く行かなくても大丈夫だよ。お友だちが先に並んでいても大丈夫だよね。約束したもんね。暑いからゆっくり行こう」と声をかける。そして，10分前に行ってみると，すでに多くの子どもたちが並んでいた。けれども，Aくんは落ち着いてその後ろに並ぶことができたのである。指導員から「Aくんす

ごいね。1番でなくても上手に並べたね」と認めてもらって，にこにこ顔でプールに入っていくことができた。

　Aくんが1番でなくてもプールに入れたのはなぜだろう。大好きなご褒美がみとおしとしてあったからだろうか。あるいは自閉症児にとってわかりやすい視覚的手がかりの絵によって，"1番になれないことだってある"というソーシャル・ストーリーが理解できたからだろうか。そうした視点だけではなく，ここでは，Aくんをめぐる出来事が，学童保育という仲間との日々の生活の場で起きていることに着目したい。

　Aくんは，学童保育のなかで指導員を仲立ちとしながら，遊びをとおして友だちとつながることが楽しいという実感を少しずつ積み重ねてきた。学童保育に入って間もない頃，指導員とのウルトラマンごっこに友だちが加わる形で関係がつながりはじめる。得意な絵描き歌をリクエストにこたえて次から次へと創作するAくんのまわりには，"すごいなあ，次は何ができるんだろう"と興味深く見つめる友だちの輪ができた。また，ウルトラマンのカルタ取りでは"Aくんルール"もつくられた。たどたどしいながらもひらがなが読めるようになって，カルタの読み手になりたいAくん。時間をかけて読み終わる前に，いつも札を取られてしまって，読み手として満足感が味わえない。そこでAくんが読み終わる瞬間まで，みんなは札を取ってはいけないルールにした。緩急が激しいAくんの読みに，いつ読み終わる瞬間がくるのか，取り手の子どもたちもワクワク。これにはみんなが盛り上がった。このようにAくんの好きな遊び，得意なことに，まずは指導員がのっかっていく。その支援をきっかけとして，遊びに友だちが加わり，楽しさが共有され，Aくんの仲間関係が少しずつつなげられていった。

　こうして，Aくんにとってみんなと過ごす学童保育の場が心地よい自分の居場所だと感じられた頃，1番でなくてもプールに入ることを受けとめることができた。学童保育が，自分の思いが仲間のなかで尊重されている実感のもてる場になったからこそ，"安心できるみとおし"がもてたのではないか。その後，「1番じゃなくても，2番，3番でもプールに入れるもん」と言えるようになったAくんのことばにもそれが表れている。そしてAくん自身も我慢できた自分を誇らしく思えただろうし，それが次の頑張りへとつながっていく。1番でなくてもプールに入れた日，Aくんは自分からはご褒美のことは口にしなかったそうだ。

第 *2* 部
学年による発達の特徴と教育の課題

　第2部は，教師や教員志望の学生のあいだで比較的使われやすい「低学年・中学年・高学年」というカテゴリーに沿って章が構成されています。各期の教育的課題に対し，心理学の立場からさまざまな学説や対応を紹介していることが大きな特徴です。

　各章のなかで，1，2節は各学年の発達心理学的なトピックに，3，4節はその学年に導入される教育課程や教育活動に関するトピックになっています。これは，1，2節で各学年（年齢）に対応する発達理論を紹介しながら，3，4節では各学年のカリキュラムや教科のなかで「心理学的視点で捉えなおすとこうみえる」といった内容を展開することで，より教育実践に役立つ心理学を提供できると考えたからです。

　たとえば，総合的な学習の時間の時間数の削減という政策は高学年の心理という視点からみると妥当といえるのか，学校での集団生活への適応という低学年の課題を難しいと感じる背景には何があるのかといった根本的な疑問に対して，改めて理論的な説明とともに向かい合うと，日頃あたりまえに思っていた「〇年生になると〜になる」という図式ですら危ういものであることに気づいたりするものです。

　第2部は単に学年の違いに伴う心理的な特徴を把握するだけではなく，教師が日々向き合っている現象，課題，教育方法に心理学的説明を加え，現状の問題点を考察する展開になっています。日頃接している子どもの姿を重ねながら，トピックを読み進めてほしいと思います。

第1章
1年生—2年生

1 保育園・幼稚園からの移行の問題

1.1 小学生になることの期待と不安

　就学をひかえた幼児に,「小学校に行ったらどんなことをしてみたい？」とたずねると,「べんきょう」に期待を込めた答えが返ってくることが多い。子どもたちは, 学校に行けば, 保育園や幼稚園では経験していない勉強がはじまることを知っており, その未知の活動におおいに期待している。

　一方で,「ひらがな書けるかな」「忘れ物したらどうしよう」「友だちできるかな」などと, 不安をもらすこともある。「もう小学生なのだから」と保護者やまわりのおとなから, 自立したふるまいを期待されるようになった子どもたちは, これから予想される未知の体験に不安も覚えはじめる。

　保育園・幼稚園と小学校とでは, 日課, 活動スタイルなどが大きく異なり, 小学校入学は, それまでとは異質な文化システムへの参入といえる。こうした人生上の大きな移行期には, 期待と不安が入り交じった状態が伴うものであるが, これから出会う新たな体験をみとおして, 自らの期待と不安を語れるようになることに, 就学直前の幼児の発達をかいまみることができる。

　ここではまず, 小学校入学に期待と不安を語りはじめる就学直前までの幼児期において, 子どもたちはどのような発達の道のりを歩んでいるのかを概観する。そのうえで, 幼児期から児童期への移行は, 発達プロセスとしてどのように特徴づけられるのかについて考え, この移行期における教育上の留意点をまとめてみたい（本項のテーマに関して, 岡本〔1983〕も参照のこと）。

1.2 幼児期の発達

わが国の3歳児[1]のうち、およそ35％の子どもは幼稚園に通いはじめ、また同じくほぼ35％の3歳児が保育園に在籍している。多くの幼児たちがいよいよ本格的に集団での保育を受けはじめる3歳以降、どのような発達的変化をたどるのかを簡単にみておこう。

a　3歳児の発達的特徴

(1) 身辺自立と「誇り高き3歳児」

養育のされ方による個人差もあるが、3歳を過ぎる頃から、衣服の着脱や排泄などが子ども一人の力でできはじめる。とはいえ、おとなの目から客観的にみれば、それらの行為は未熟で手助けを必要とするものである。しかしながら、子どもの主観においては「一人前」意識は強く、おとなからの手伝いを拒否する姿もみられる。2歳から3歳頃が「反抗期」とよばれるのも、養育者への依存から一歩独立し、子どもたちが「一人前」意識をもって、自らを尊んでほしいという誇り高き存在であることの現れである。

(2) 言語的思考の芽生え

1、2歳に比べ、3歳になるとことばの数は飛躍的に増え（500〜700語）、おとなとことばを介した会話が成立し、おとなからの問いかけに対してもかなり応答するようになる。それだけではなく、子どもの方から「どうして（何で）」「いつ」といった質問がなされるようになる。身のまわりで起こっている出来事と出来事を結びつけて、その関係をことばを使って理解し判断しようとする。ただ、「お絵かきが上手にできたのは、ゴハンをいっぱい食べたから」などというように、3歳児の思考にはまだ論理性があるとはいいがたい。しかしながら、ことばを用いて、自ら経験したことを理解して説明しようとすることは、確実にその後の思考力の礎となっている。

(3) 仲間と通じあう喜び

---

[1] ここでいう「3歳児」とは年度当初、3歳代の幼児を指しており、年度途中で4歳の誕生日を迎えることになる。保育園・幼稚園における年齢クラスを構成する集団を指すものとして、以下、同様に「4歳児」と「5歳児」も、使用する。

上記のような,おとなからの自立と言語能力の発達によって,3歳児は次第に,クラスの仲間と互いの気持ちを伝え合うことが可能になっていく。食事場面などで,子ども同士がおしゃべりで盛り上がり,ある子の発言で笑い合う様子が見受けられるようになる。あわせて,一人ひとりが先生に遊んでもらうのを楽しむだけではなく,子どもたちだけで遊んだり,わざとおとなを除外して「自分たち」だけで遊ぶ姿も認められる。

b 4歳児の発達的特徴

(1) 心揺れ動く4歳児

自信満々の3歳児に対して,4歳児は少し様子が異なってくる。たとえば,他の友だちがすでに遊んでいるところで,3歳児だとその楽しそうな雰囲気に誘われるように遊びに加わることが多い。ところが,4歳児になると,すぐには参加せず,様子をうかがうようなそぶりをみせることがある。その際,保育者が無理に誘うと「つまらなそうだから,やらない」などと心にもないことを言ったりする。すでに進行している遊びのルールや,友だちの思いをくみとろうとし,それらを理解することに重きを置きはじめているようである。自分なりに納得できないと,なかなか行動に移さず,ジレンマのなかで揺れ動く気持ちをかかえてしまうことがしばしばあるのである。

(2) 事実から学ぶ認識能力の萌芽

上記のような姿は,4歳児が自ら経験した事実をより深く認識しようとする力の現れと考えることができる。その場の雰囲気に流されず,人の行動の背後にある心の状態や,ある出来事の原因といったものまでも,4歳児は理解しようとしている。発達心理学研究において,4歳頃に「心の理論」[2]が獲得される(子安,2000)といわれているが,これも心の状態という直接目では見えないものを,子どもたちが理解しはじめていることを物語っているといえよう。

---

[2] 自己や他者の心的状態(意図,知識,信念など)を理解するための知識や認知的枠組みのこと。「心の理論」の獲得の目安として,「誤った信念」課題が用いられることが多い。この課題では,ある人物が経験したことが,その人の不在時に変化した場合,現在の状態をその人物はどのように思っているのかを子どもにたずねる内容となっている。「心の理論」研究の概要については子安(2000)を参照のこと。

また，4歳児は経験から学びはじめ，すぐに行動を起こさず，自分の行為をふり返ったり，友だちのしていることをよく見たりして，どのようにしたらよいのかを考えるようになる。

以上のように，4歳児は認識能力を伸ばしてくるのであるが，まだ判断が一面的であり，事実と事実の因果関係をじゅうぶんに把握できるわけではない。その結果，いろいろな可能性を考慮した理解ができず，判断が揺れたり，一つの見方にこだわったりして矛盾をかかえやすいのも事実である。

(3) 友だちを求める心

友だちの思いや気持ちが少しずつわかるようになるなかで，友だちとの人間関係を意識するようになる。他児と仲良く遊べなかったことを寂しく思い，逆に友だちから認められたことを喜びとする。幼児期は全般的に，保護者や保育者からの承認を求める時期ではあるが，友だちの励ましが気持ちの揺らいでいる4歳児を奮い立たせることも多い。また，友だちのことが気になるあまり，自分のことはさておいて，援助行動をしたり，けんかの仲裁をしたりすることもよくある。ただ，4歳児の場合，相手の立場に立って多面的に判断することが難しく，「善意のすれ違い」となって，それが新たなトラブルの原因となったりすることもある。子どもたちはこうした経験をとおして，人間関係について学んでいくのである。

c　5歳児の発達的特徴

(1) 「間（あいだ）」の世界を豊かに広げる

4歳児まで「大きい―小さい」「好き―きらい」「できる―できない」といった二分的世界に生きていた子どもたちは，5歳後半頃より中間的な「間」の世界を広げはじめる。「この紙に一番小さい丸から一番大きい丸まで，だんだん大きくなるように，できるだけたくさんの丸を書いてね」という教示をする円系列課題（田中・田中，1988）において，4歳過ぎの子どもは丸の大きさの変化が一定しない書き方になる。5歳児においては，直前で書いた丸よりも少しずつ大きな丸を書き，「中」が認識されるようになるのである（図2-1-1）。こうした認識の広がりは，大中小という知覚のレベルに留まらず，「ちょっと好き（嫌い）」「どっちでもない」など価値判断においてもみられ，あれかこれ

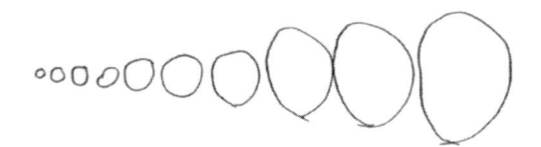

図2-1-1　円系列課題の反応例

かという二分的認識から物事を多面的に捉えることにつながる。

(2) 時間的なつながりと「変化する自分」の認識

「間」の世界を広げていくことは，時間的世界においてもみられる。すなわち，過去・現在・未来の出来事を相互に結びつけて，物事が起こる因果関係を理解し，いろいろな出来事を筋道立てて説明することが可能になりはじめる。5歳児ともなると，「〜のとき」「〜だから」と文と文をつないで，自らの現実体験を語ったり，さらに想像上の世界であるファンタジーを物語るのである。

時間的に広がりのある世界を捉えるようになった5歳児は，自分自身や他者を時間軸のうえにおいて認識するようになる。たとえば，「赤ちゃんの時はできなかったけど，いまはできるようになった」といったように，変化してきたことを自覚できるようになるのである。このような認識に支えられて，自分の変化のみとおしを確かなものにすることは，「いまはうまくいかなくても，工夫や努力をすれば何とかなる」自分への信頼感を高めていくことになろう。こうした自己信頼感は，就学までに培っていきたいものの一つである。

(3) 教えあう関係を築く5歳児

4歳児が友だちに何かを教える際，相手の立場に立てず，自分のやり方を押しつけ，相手に代わってやってしまうことがある。一方，自分の行為をふり返り，友だちとの葛藤をみつめなおすことを保育で大切にされてきた5歳児は，友だちの出来具合や理解の程度を気にかけながら教える姿をみせるようになる。筋道立てて説明する力を発揮してことばでやり方をていねいに伝えたり，自らを「お手本」として見せたりすることで，相手が自分の力でできるように教えることができはじめる。そのようにして，ともに成長・発達することを願う関係が築かれていく可能性を，5歳児集団は秘めているといえる。こうした関係づくりは，協同的な学び[3]を創り出す大切な礎となるだろう。

1.3　発達プロセスからみた幼児期から児童期への移行

　以上のような発達的変化をたどる幼児期は，自分をとりまく世界や仲間とのさまざまな経験をとおして，自分なりに思いをめぐらし，時に矛盾や葛藤をかかえながら，物事を多面的に，かつ相互のつながりを認識しはじめる時期といえる（なお，幼児期の発達に関しては，心理科学研究会〔2000〕ならびに神田〔2004〕も参照のこと）。このような幼児期は，発達プロセスにおいてどのような点で児童期の発達の基礎となり，また両者の時期にはどのような質的な相違があるのであろうか。

a　前操作期から具体的操作期へ

　発達心理学者ピアジェ（Piaget, J.）によれば，児童期のはじまりである7,8歳頃は前操作期から具体的操作期への移行期として位置づけられる。具体的操作とは，具体的にとり扱える事物や事象に関して行う論理的思考のことであり，それ以前の前操作期に比べて，子どもの思考に論理性がより明確に認められるようになる。

　系列化，保存，クラス化は，具体的操作が必要となる論理操作であり，具体的操作の指標としてそれらの課題が用いられている。このうち，系列化は長さの異なる10本の棒を相互に比較して，長さの順に並びかえるというものであるが，A＜B，B＜Cという前提からA＜Cを推測する論理操作が必要とされている。

b　9, 10歳の節と発達の原動力

　具体的操作期は，系列化，保存（特に数の保存）やクラス化ができるようになる第1段階（7, 8歳）と，さらに高次な具体的操作が可能になる第2段階

3）中央教育審議会答申（「子どもを取り巻く環境の変化を踏まえた今後の幼児教育の在り方について」2005年〔平成17年〕1月）において，協同的な学びに関して「幼児どうしが，教師の援助の下で，共通の目的・挑戦的な活動など，一つの目標をつくり出し，協力工夫をして解決していく活動」とある。ただし，その実践的な内容に関してはまだじゅうぶんに検討されていない。そのなかにあって，加藤・秋山・茨城大学教育学部附属幼稚園（2005）は協同的な学びについて，実践をとおした本格的な検討を行っている。

（9,10歳）に分けることができる（ピアジェ,1972）。この第2段階は,ピアジェによれば具体的操作がさまざまな領域での具体物に適用され,より論理的一貫性が思考に認められる時期であり,ピアジェ以外の研究からも「9,10歳の節」として質的転換が起こる時期とされてきている（第2部第2章②項も参照）。

障害児教育実践や乳幼児健診などで数多くの子どもの観察や発達診断を行い,独自の発達理論を構築した田中（1987）は,「可逆操作の高次化における階層―段階理論」を提起し,9,10歳頃に飛躍的な質的転換が生起すると仮定している。そして,この質的転換を達成するための「新しい発達の原動力」が幼児期の5歳後半頃に生まれると仮定している。この理論に関して,実証的な検討がさらに必要であるが,先行する発達段階において生起したものが,後の発達の質的転換を引き起こすというアイディアは,段階移行のメカニズムを説明するうえで重要なものである。

このことを具体的に考えるために,神田（2004）があげている次の問題（尾崎・西,1980）を考えてみたい。

「みかんよりりんごは大きい。りんごよりすいかが大きい。では,この三つのなかで,どれがいちばん大きい？」という問いに,小学校低学年までにほとんどの子どもが答えられる。この質問では,系列化の論理操作がまさに問われている。そもそも,実物がなくても,ことばで質問されて具体的なものをイメージして考えられるのは,幼児期に自らの経験にもとづいてことばによる思考を重ねてきた成果である。

ところが,「もしも,りんごの大きさがみかんより小さく,すいかの大きさがりんごよりも小さいとすると,この三つのなかで,いちばん大きいのはどれですか」とたずねると,小学校2年生では約半数しか正答できず,4年生でようやく8割の正答率になるという（尾崎・西,1980）。みかんより小さいりんごにしろ,りんごより小さいすいかにしろ,子ども自身見たことのないものであり,いわばそれまでの経験を超えた世界を想定して,そのうえで系列化という論理操作を駆使する点にこの質問の難しさがあり,この認識は9,10歳以降に達成されはじめるのである。こうした認識の深まりは,経験から学ぶ範囲を超えた抽象的なものであり,「ことばを駆使した系統的な学習活動によっての

み」(神田, 2004, p.207)獲得され，教師が系統的に教えるという学校教育が不可欠となる。

　ただ，この9，10歳頃の大きな飛躍が達成されるためには，前者のような経験に依拠した問いに答えられる認識能力が，発達的に不可欠であることはいうまでもない。自らの経験をふり返り，ことばを用いてあれこれと考えて，経験できる世界において論理的に思考する能力を備えることは，幼児期，とりわけ5歳後半以降に実を結び，この能力を元手に，より抽象的な思考へと誘う学校教育の土俵に子どもたちはあがることが可能になっていくのである。

c　書きことばの発達的前提

　書きことばは，学校での教授―学習を進めるうえで不可欠なものであるし，その習得は子どもの論理的思考をより精緻にしていく。書きことばの習得に関して，小学校入学をひかえた親子にとって，ひらがなの読み書きができるかどうかという問題として関心事になる。

(1) ひらがなの読み書き

　文字の習得には個人差があるが，絵本やおとなが書いている文字に触れるなかで，特別な指導を受けないでも多くの幼児は文字に関心をもつようになる。なかでも自分の名前の文字への関心から，ひらがなを読みはじめる子どもは多いようである。ひらがなを読む能力の獲得には，語を構成している音節を分解(「いぬ」という語は「い」と「ぬ」という音からできている)して，その音を抽出できる音韻意識の発達が不可欠だとされている(天野，1986)。この音韻意識は，しりとりなどのことば遊びによって促されるものであり，知らず知らずのうちに遊びをとおした文字習得の準備が，幼児期にはなされているといえる。

　幼児期の終わり頃には，自分の名前をひらがなで書けるようになり，5歳代で21文字以上書ける子どもは半数を越えるようになる(天野，1986)。ただ，裏返しになった鏡文字や上下逆転した逆さ文字を書く子どももおり，小学校入学後，認知能力の成熟とともに次第に改善される。

　幼児期において，ひらがなの習得には個人差と性差が大きいが，就学後，特に文字の価値(本が読めるようになる，手紙が書けるなど)に子ども自身が気づくと，急速に習得されていく(内田，1989)。

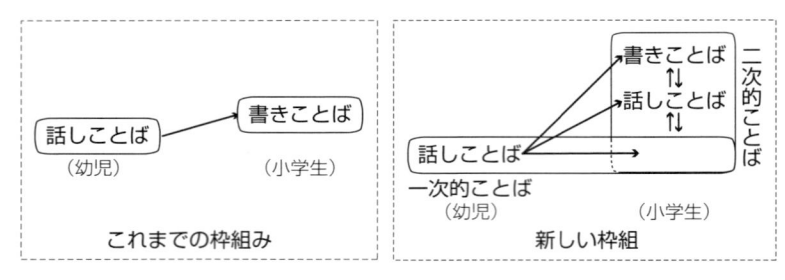

図2-1-2　ことばの重層性（岡本，1985）

（2）一次的ことばと二次的ことば

　幼児期から児童期へのことばの発達は，従来，話しことばから書きことばへの移行として捉えられてきた。それに対して，岡本（1985）は，具体的なテーマについて，状況の文脈に支えられながら，特定の親しい人との一対一の対話によって成立する一次的ことばと，現実場面とは異なるところで，ことばだけの文脈にしたがって，不特定多数の聞き手にわかるように伝える二次的ことばを区別し，前者から後者への移行が幼児期から児童期にみられるとする（図2-1-2）。

　一次的ことばは話しことばであるが，二次的ことばは話しことばと書きことばからなっている。一次的ことばは二次的ことばの出現で終わるのではなく，その後も一次的ことばとして発展し，二次的ことばとしての話しことばと書きことばと相互に影響しあう。

　この提案から，普段話していることをそのまま文字にすれば，書きことばの習得が達成されるというものではなく，あるまとまりをもった内容を筋道立てて話すこと（二次的ことばとしての話しことば）が，書きことばの発達の前提条件となっていることがわかる。またさらに，一次的ことばは二次的ことばの土台となっていることから，性急に二次的ことばへの移行を図るのではなく，一次的ことばを豊かにする対話的関係の形成と，子ども自身が伝えたいと思えるだけの生活経験の積み重ねが求められる。こうした課題は，幼児期から児童期への移行期において留意すべき事項といえよう。

1.4　幼児期から児童期への移行で大切にしたいこと

a　「小1プロブレム」と保幼小連携・接続

　1990年代後半あたりから，小学校1年生が授業中に落ち着かず，騒いだり動き回ったりして学習が成立しないという事象が，「小1プロブレム」として問題にされるようになった。当時，保育園や幼稚園において集団規律が教えられず，しつけができていないことに起因するといった短絡的な見方があったが，この問題の背景には複合的な要因があると考えられるようになってきている（新保，2001）。子どもやその家族をとりまく社会環境の変化によって，幼児の人間関係を築く能力が未形成であり，子ども自身の自尊感情が低くなっていること，他方で就学前教育と小学校教育の間に，教育方法と内容の大きな段差があることなどが，「小1プロブレム」の背景要因として指摘されている。

　この問題に対する対応策が議論されるなかで，幼稚園と小学校の連携・接続の強化・改善（中央教育審議会答申「子どもを取り巻く環境の変化を踏まえた今後の幼児教育の在り方について」，2005年（平成17年）1月）がうたわれ，各地で幼小連携・接続，あるいはそれに保育園も含めた保幼小連携・接続の実践が進められている。あわせて，低学年を中心に少人数学級配置を実施している自治体も2004年以降に増加し，「小1プロブレム」への教育条件面からの対応も進展しつつある。

　保幼小の連携・接続の実践として，幼児と小学生が交流するというスタイルのものが散見される。交流によって，幼児にとって年長の小学生を憧れの対象として捉えたり，小学生からは幼児を気づかい，年少の子どもから頼りにされたりすることで，双方にとって意義のあるとり組みにする可能性はある。ただ，昨今の教員・保育者の多忙化のなか，教員・保育者が実践のための打ち合わせ時間を確保すること自体，困難な現状があり，その意味でも少人数学級の定常的実現やその他教育条件の改善によって，教員・保育者の多忙化の解消は急務であるといえる。

b　移行期の発達的理解

　こうした教育条件の改善にあわせて，保幼小の連携・接続を考えていくうえ

で，子どもの発達的理解を双方の関係者が共有しておくことは重要である。特に，小学校教師サイドは，子どもたちがそれぞれの幼稚園や保育園において，生活経験をとおして獲得してきたもの，そしてその結果，「最上級生」として感じてきた誇らしい自分の形成史を理解しておきたいものである。

さて，保育園・幼稚園における就学前教育においては遊びが，学校教育においては学習が中心的活動と考えられ，両者の接続は，遊びから学習に子どもをいかになめらかに移行させるかという問題設定で語られることがある。その際，幼児期を学習のための準備期と位置づけて，机に向かった学習時間を用意したり，学校教育で扱う教育内容を早期から提供したりする試みがある。すでに述べたように，幼児期は生活経験を豊かにして，それをとおして認識能力を養い，自らの発達に確信を深めていくことが尊重されるべき時期である。就学前教育を学校教育の準備期間として位置づけることで，こうした幼児期固有の発達課題を見失ってしまう危険性があることを指摘しておきたい。

小学校低学年において，ていねいに時間をかけて学習活動の基礎を教えることはいうまでもない。筆記用具の使い方からはじまり，文字や数の基本的な性質など，子どもが生活をとおして獲得した概念を再度わかりなおすようなとり組みが必要となる（たとえば，「1＋1＝2」だけれども，コップ1個と人間一人を足すことはできないなどと加算の意味を理解する）。だが一方で，移行期にいる低学年児童は，まだまだ幼児期の心性を残している。認識能力の到達点と限界は上述したとおりであるし，中学年以上の子どもに比べれば，おとなや教師にわかってもらい遊んでもらいたいという思いもストレートに出してくる。

c 遊びという活動の捉えなおし

このようにみると，低学年の移行期は，幼児期的な心理と少年期的な心理が共存した状態にあるといえる。それだけに，実践を構想するうえで，学習活動のみならず遊びも学校生活にしっかりと位置づける必要がある。とりわけ，「小1プロブレム」の背景要因の一つとして，子どもたちの仲間と交わる力の弱さが指摘されるなかにあって，子どもたちが夢中になって遊ぶ経験を保障，あるいは再保障することはこの時期の中心課題となっている。

遊びの指導を考える際，「遊びをとおして，数や文字への関心を養う」とか

「遊びによって，ルールの大切さを教える」といった目標がたてられることがある。学校教育を準備するための手段として，遊びという活動をみなす発想がここにはある。それ自体否定されるべきものではなく，教師の隠れたねらいとして意図しておくことは必要であろう。ただ，遊びが遊びとして成り立つためには，それぞれの遊び固有のおもしろさを教師自身がふり返り，子ども自身が夢中になって遊べる状態をつくり出すことに重点をおくべきであろう。

仲間とじゃれあうことの心地よさ，別の自分になるごっこ遊びのおもしろさ，おにごっこなどでハラハラドキドキしつつスリリングな気分を味わうために，どのように遊びを工夫したらよいのか。そのことを考えるためにも，保育園・幼稚園，あるいは学童保育の素敵な実践から（河崎，2008；加用，1990），小学校教師もたくさん学んでいきたいものである。

d　安心できる人間関係づくり

年齢にかかわらず，人生の移行期は人との別れと出会いがある。そして，新たな人間関係のもとに入っていくことには多くの不安が伴う。とりわけ，低学年の学級づくりは，教師と子ども，子ども同士が安心できる人間関係をつくっていく必要がある。そのためにも，遊びというのは同じ活動を他者と行い，同じように感情を揺さぶられ合う場であり，子ども同士がつながっていくのに絶対不可欠なものである。

また，子どもが自分の思いを他者に伝えようとする前提には，自分の言ったことばや表現したものが，他者に受けとめられているという実感があるだろう。自分のことばが相手に届いているという「手応え」がなければ，その人に率直に自分の思いを語ることをしなくなる。子どもたち一人ひとりが，家庭や園でこの種の「手応え」をどれほど感じているのか，という問いは，小学校への移行において困難をかかえる子どもを理解するのに，特に考慮したい観点の一つとなっている。

目の前にいる先生に直接話しかけるつもりで「せんせい，あのね……」とはじめる作文指導は，鹿島（1981）によって多くの教師に広まってきた。これは，一次的ことばによる自己表現をふくらませ，それを二次的ことばと重ねて合わせていくものであり，幼児期から児童期への移行にふさわしい指導といえる。

もちろん,「せんせい,あのね……」という形式を踏襲するだけではなく,一人ひとりの思いを教師がしっかりと受けとめていこうとするかかわりがあってこそ,この指導は子どもの心に迫ることができる。

そして,心のつぶやきをクラスの友だちに聞いてもらう経験を意識的に設定することで,子どもたちが相互に認め合う機会を増やし,仲間とともにあることへの安心感と心地よさを,この移行期の子どもたちには味わってほしいと思う。

2 7歳の壁——児童期のリアリズム

2.1 幼児期から児童期へ——知的世界の変化

小学校に入学すると,子どもたちは初めて学習指導要領にもとづいた系統的な学習を経験することになる。そのなかで,科学的な知識や概念,理論を学んでいく。しかし,小学校に入学する前から,子どもたちは,いろいろな経験をもとにさまざまな知識を身につけたり,自分のまわりの世界について独自の見方をつくり上げたりしている。ときには,自分がすでにもっている概念と新しく学習した概念が合わず,混乱してしまうこともあるだろう。たとえば,日常経験から「地球は平ら」だという信念をつくり上げてきた子どもが,理科の授業で「地球は丸い」と学習しても,なかなか両者を統合することができないと報告されているように (Vosniadou, S. & Brewer, W. F., 1992 ; 中島, 1995)。

このような子どもの認識世界について,認知発達という分野で多くの研究がなされてきた。特に最近では,乳幼児を対象とした研究から,かつて考えられていたよりも子どもが有能であることを示す成果が出されている。しかし,幼児期が有能であると評価される一方で,幼児期までの認識世界では乗り越えることができない壁を,小学校の学習のなかで経験することになるかもしれない。

ここでは,まず,小学校に入る前の幼児期と児童期(1,2年生)の知的世界の特徴を概観する。さらに,幼児期から児童期へどのような発達的変化がみられるのかについてとり上げ,学校での学習の影響についても検討する。

2.2 幼児期のものの見方

a ピアジェの認知発達段階理論における幼児期

ピアジェ（第2部第1章①項，第2章②項も参照）は，能動的に自分のまわりの環境や世界について理解しようとする存在として子どもを捉えており，幼児期の認識の特徴を「自己中心性」と表した。ピアジェの発達段階理論では，幼児期は前操作期に属する。前操作期は，具体物の性質や関係についての象徴的な関係の理解が徐々に発達する時期である。また，モノやモノとモノとの関係について，子どもが行う類推や保存課題のような問題解決では，前操作的な思考を示すという特徴がみられる。

ピアジェは，前操作期の思考の特徴として，次の「アニミズム」「リアリズム（実念論）」「人工論」の三つをあげており，これらが順に現れるとしている。

（1）アニミズム

たとえば，「太陽は生きている」「（ぬいぐるみの）くまさんが喜んでいる」のように，本来生きていないものをまるで生きているように幼児が表現をすることがある。このように，生命のないものや自然現象に生命があると思ったり，意識や感情があると考えたりすることをアニミズムという。アニミズムには，次のような四つの発達的段階があるとされている。最初，幼い子どもにとっては，外界に存在するものすべてが生きていることになる。それがやがて，動いているものだけが生きていると捉えるようになる。さらに，自分の力で動くものだけが生きていると認める段階，動植物だけが生きていると認識する段階と順に変化していく。

（2）リアリズム（実念論）

子どもたちに人気のテレビアニメ「ポケットモンスター」。そのなかのキャラクターである「ピカチュウ」が実在すると信じている子どももいるだろう。また，おとぎ話の「しらゆきひめ」の世界が本当にあると思っていたり，自分が夢で見たことが，本当にあったことだと信じてしまう子どもも多い。このように，空想と現実の区別がつかないことから，実在の世界と夢や思考などの心理的世界を混同してしまうことをリアリズム（実念論）という。

（3）人工論

54 第2部 学年による発達の特徴と教育の課題

たとえば,空にある月や星は誰かが作ったものだと考えている子どもがいるかもしれない。このように,人工論とは,世のなかにあるすべてのものは人間が作ったものであると考えたり,もしくは,人間が作ることもできると考えたりすることをさす。

b 素朴理論研究が捉えた幼児期

ピアジェの認知発達段階理論は,数やことばなどの領域にかかわらず,年齢によって認知が段階的に発達していくという領域一般的な発達観に立っている。いいかえると,主要な論理の発達がすべての認知領域に適用されるという考え方である(Goswami, U., 1998)。

それに対して,数やことばなど,領域によって異なる発達をするという領域特殊的な発達観がある。この立場では,多くの認知能力は特定のタイプの情報を処理するように決められており(「学習の制約」ともいう),特定の情報処理の積み重ねによってその領域の知識が発達すると考えられている(たとえば,Gelman, R., 1990)。領域特殊的な発達を主張する立場では,認知発達は領域ごとの素朴理論の発達によるものであるという見方から,素朴理論(naive theory)研究が広まった。子どもでも,バラバラの知識ではなく「理論」とみなすことができるようなまとまりのある知識をもっていると考えられている。ただし,子どもがもっている「理論」は,直観的には正しく感じられたり,理解されやすいものであるだけに,誤ったまま保持されやすく,科学的に正しいとされる理論に変わりにくいという一面もある。つまり,科学的には間違っていることも多く,素朴な考え方であるという特徴があるため,科学的理論との対比から「素朴理論」と呼ばれている。ここで,素朴理論の特徴を整理しておこう。そもそも,「理論」と呼べるものをもっているとみなすためには,存在論的区別,領域固有の因果性の理解,知識の凝集性の三つの基準があるとされている(Wellman, H. M. & Gelman, S. A., 1992)。

(1) 知識の凝集性

まず,理論をもつということは,単にバラバラの知識,概念をもっているのではなく,生物学や物理学,数の領域など,領域ごとの原理によって関連づけられたまとまりのある知識を構築していることを意味する。このことを知識の

凝集性とよぶ。たとえば，イヌやネコ，ライオンなどの個別の動物の事例を「動物」というカテゴリのなかにまとめることができる，ということが当てはまる。

(2) 領域固有の因果性の理解

　理論をもつためには，物事の原因と結果の関係（因果関係）について考えるときに，それぞれの領域の原理にもとづいて考えることができたり，説明することができることも必要とされる。たとえば，「なぜ太郎くんはお腹が痛くなったのだと思う？」という質問に対して，「ご飯の前におかしを食べ過ぎたから」と答えられることである。これは，生物学の領域の問題に対して，生物学的な因果を使って答えた例である。このように，生物学の領域の問題には生物学的な因果を用いて，物理学の領域には物理学的な因果を用いて考えられることが，理論をもつための二つめの基準とされている。

(3) 存在論的区別

　最後の基準として，存在論的区別があげられる。たとえば，「人間は生きているけど，石は生きていない」のように「生きているもの」と「生きていないもの」を存在論的に区別することができること，または「太陽は生きている？」という質問に答えられることなどが当てはまる。

　このような三つの基準を満たした「理論」を，幼児期の子どもでも，「こころの理論」や生物学など，いくつかの領域についてもっていることがわかっている。また，素朴理論研究が盛んになった背景には，ピアジェの認知発達段階理論を中心としたこれまでの研究で考えられていたよりも，子どもがもっと有能であり，自分をとりまく世界について多くのことを理解していると考えられるようになったという動向もある。

2.3　幼児期から児童期に生じる変化

　上記のピアジェの認知発達段階理論や素朴理論研究によって明らかにされてきたように，子どもたちは，生まれてからいろいろな知識や概念，理論を身につけてきたといえる。時には，それがピアジェのいう自己中心的な見方であったとしても，子どもなりの信念によって世界に対する見方をつくり上げているのである。

次のある小学校の1年生のクラスの会話をみてみよう。

　　Aちゃん：（12月22日の朝）昨日の夜，うちにサンタさんが来て，クリスマスプレゼントをもらった（と嬉しそうな様子）。
　　Bくん：そんなのおかしいよ。昨日，サンタが来るわけないじゃん。
　　Aちゃん：だって，来たんだもん…。

　おとなからみれば微笑ましいやりとりであるが，これは，1年生の子どものリアリズムを表していると考えることもできるだろう。AちゃんもBくんもサンタクロースの存在を信じており，さらに，Bくんには，サンタクロースは12月24日の夜もしくは25日の朝にプレゼントを届けるものである，という強い信念ができていると考えられる。このように，低学年では，小学校に入学する前の幼児期につくり上げた認識世界を残していることも少なくない。しかし，子どもたちは，小学校での学習が始まることにより科学的な知識や概念，理論に触れることになる。そのことが，ときに，これまで子どもがもっていた知識や概念，理論の変更を迫ることにもなる。
　それでは，幼児期から児童期にかけて，どのような変化がみられるのだろうか。素朴理論のところで例にあげた，生物学の領域（素朴生物学）についてみてみよう（第2部第1章4項も参照）。

a　素朴生物学の獲得

　素朴生物学とは，生物学の領域に関する素朴理論をさす。そもそも，素朴生物学の研究は，ピアジェが幼児期の子どもの認識の特徴としたアニミズムの捉えなおしからはじまった。ピアジェは，アニミズムについて四つの発達段階があることを示しており，11，12歳頃になってはじめて，「生きているもの」と生きものとが同じ外延[4]をもつことを理解するようになるとした（Piaget, J., 1970）。その後，ピアジェのアニミズム研究に対する多数の批判的研究が行わ

---

[4] 概念は，その構成メンバーである外延と，共通特性である内包によって規定される。たとえば，動物という概念の場合，構成メンバーであるイヌやネコやサルが外延にあたり，生きている，動く，食べるといった共通特性が内包である。

れた。特に，英米を中心とした研究者からは，生物・無生物の区別はピアジェが示したよりも早い段階，幼児期早期から理解可能であるという知見が出されるようになり，ピアジェはアニミズムを幼児期の未熟な思考の現れと捉えたと解釈されるようになった。

このような背景のなかで盛んになった素朴生物学研究では，アニミズムのように誤った認識であったとしても，子ども自身がもつ生物についての一貫した理論にもとづいて生物・無生物の区別をしようとしていることを評価している。つまり，アニミズムをピアジェのように幼児期の未熟な思考の現れと解釈するのではなく，上述のような理論による判断の証拠として肯定的に捉えている（Carey, S., 1985）。素朴生物学の代表的な研究として，稲垣・波多野（2005）の一連の研究があり，多数の研究結果から，5歳頃素朴生物学が獲得されるとしている。この点については，他の研究の結果からもほぼ合意を得ている。

b 素朴生物学の変化

それでは，5歳頃獲得された素朴生物学は，その後加齢に伴ってどのように変化するのだろうか。素朴生物学を獲得することによって，確かに子どもは理論とよぶことができるようなまとまりのある知識体系をもち，生物学的な因果関係にもとづいた推論も可能になる。しかし，素朴生物学は科学的には誤っている知識や概念も多分に含んでおり，科学的な概念，理論に変化させることが必要とされるものでもある。

特に，児童期になると，素朴概念をもっていることによって，かえって学校での学習が難しくなることもある。実際，児童期以降を対象とした素朴概念，素朴理論研究や教授学習の文脈では，科学的教育による学習を阻害するもの，正しく修正しなければならない誤った知識として，否定的に捉えられるようになることが多くなる。ここで，いくつか例を紹介しよう。

素朴生物学の中心的問題である生きているものの理解については，動物に比べ，植物が生きていることを理解することは難しいといわれており（Hatano, G., Siegler, R. S., Richards, D. D., Inagaki, K., Stavy, R., & Wax, N., 1993；村山，1995），幼児だけでなく低学年の子どもでも植物は生きていないと考えている子どもは少なくないようである。また，動物概念については，児童期の子ども

の動物概念は,「縮小過剰型誤概念」[5]であり,クマやウシ,ゾウのような大型の哺乳類に限定されやすい（荒井・宇野・工藤・白井,2001）ことが報告されている。また,低学年だけでなく,高学年の子どもにおいても,動物のなかでヒトが他の動物と区別され,特別視されているという指摘もある（布施,2002）。これらの例は,いずれも児童期の子どもの生物に関する素朴概念であり,学校教育のなかでは科学的に正しい概念に置きかえられなければならないものとされている。

c 科学的な推論の難しさ

クーン他（Kuhn, D., Amsel, E. & O'Loughlin, M., 1988）は,食物と風邪のひきやすさの関係について,図2-1-3のような共変関係を示す証拠の図を用いた実験を行った。たとえば,コカコーラをさして「その飲み物は,風邪のひきやすさと関係がありますか」と子どもに尋ね,共変関係の証拠を正しく評価できるのかを調べている。事例1から事例4をみると,リンゴとフライドポテトは完全に風邪をひくことと共変していることがわかるだろう。それに対して,事例2のスペシャルKとコカコーラ,事例3のグラノーラとダイエットコーラは,一度だけ風邪をひくことと共変しており,風邪との因果関係については不確かであることが図2-1-3から読みとれる。しかし,幼児や11歳の子どもの50％は,たった一度しか起こっていない事柄を証拠として誤った推論をしてしまうという結果が得られた。このように,幼児は科学的推論における証拠の役割を理解していないことや,食物と風邪のひきやすさという因果関係において,誤った因果推論を示すことを明らかにし,幼児だけでなく児童期の子どもでも,科学的な推論は困難であると結論づけている。

以上のように,5歳頃の幼児期に獲得された素朴生物学は,その後,児童期をとおしてさらに変化していく。これは,中学校以降の科学的生物学の学習の

---

5) 概念学習において,学習者が過去の狭い偏った範囲の経験の自成的一般化の結果としてつくられ,ルール命題における前提項や帰結項の選び間違え,選び過ぎ,選び不足や,適用範囲の拡大過剰や縮小過剰などを特徴とする誤概念をもっていることが指摘されている（細谷,1996）。このような誤概念のうち,適用範囲の縮小過剰という特徴をもつものが「縮小過剰型誤概念」である。

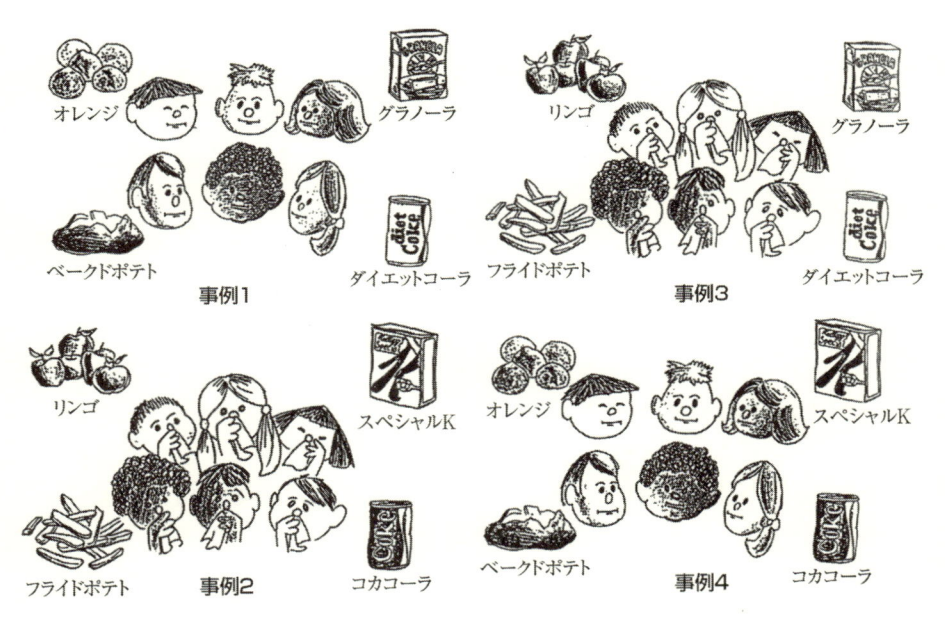

図2-1-3 クーン他（1988）が用いた，食物と風邪のひきやすさについての共変関係を示した図の例（Goswami, U., 1998）

基礎になると考えられる。

2.4　学校教育の影響

　児童期になると，学校教育がはじまる。たとえば，上で述べたような生物に関する内容は，1，2年生の「生活科」に含まれている。生活科の内容として，「身近な自然を観察したり，季節や地域の行事にかかわる活動を行ったりして，四季の変化や季節によって生活の様子が変わることに気付き，自分たちの生活を工夫したり楽しくしたりできるようにする」「動物を飼ったり植物を育てたりして，それらの育つ場所，変化や成長の様子に関心をもち，また，それらは生命をもっていることや成長していることに気付き，生き物への親しみをもち，大切にすることができるようにする」などが盛り込まれている（文部省，1998）。これらの内容は，2011（平成23）年度から実施される新しい学習指導要領（文部科学省，2008）にも同様に含まれている。実際に，アサガオやミニトマトの

栽培を行ったり，ウサギやニワトリを飼育したりしている学校は多い。これらの飼育栽培経験は，植物や動物に対する認識や成長の理解につながると考えられる。また，1，2年生の生活科では，「春さがし」や「秋さがし」などの活動も行われている。これらの活動をとおして，身のまわりの環境に目を向け，自然を理解することがねらいとされている。

　1，2年生の生活科から，3年生になると「理科」の学習がはじまる。小学校での理科教育は，子どもの日常経験などをとおした自発的な概念変化の過程では起こりえない，教授にもとづく概念変化（稲垣・波多野，2005）を引き起こす機会を与える場であるといえる。現在の学習指導要領（文部省，1998）では，小学校3年生からはじまる理科において，身近な植物や動物をとり上げた生物の学習がとり入れられている。理科教育をとおして，素朴概念，理論が科学的な概念，理論に変化することもあれば，科学的な概念，理論を学習してもなお，誤った素朴な概念，理論が強固に残ることもあるだろう。科学的教育の観点から考えると，確かに，児童期の子どもがもっている素朴概念，素朴理論のなかには，学校での科学的教育に対して阻害要因となりうる場合も多い。しかし，子どもなりに理論化された知識をもち，世界を理解していることは事実である。たとえ科学的には誤っていたとしても，子どもなりの理論によって一貫性のある説明をすることもできる。子どものもっている概念，理論に照らした教授方法を考えた方が，工藤（2003）の実践に示されるような，より効果的な教育ができるのではないだろうか。そのことが，7歳の壁と呼ばれる困難な時期を乗り越えることにつながる可能性も考えられる。子どもが学校教育にもち込んでくる独自の世界を理解し，それをふまえた教育が求められるであろう。

③　学級集団づくり

3.1　低学年の学級集団

　小学校に入ると，幼稚園や保育園までと異なり，45分間席に着き，教師の話を聞かなければならなくなるなど急激な環境の変化に子どもは直面する。もっとも幼稚園・保育園と異なるのは，同じ年齢層の子どもたちが集められ，学級

集団が形成されることである。そこでは，子どもは離脱することを許されず，学級集団に適応し，学校固有のさまざまな規範を身につけることが求められる。

一方，教師は子どもの個性や発達だけでなく，学級集団のもつ特徴と発達を理解したうえで，学級集団づくりを行っていくことが求められる。学級集団づくりは，子ども全員を個別に指導することは困難であることからも，教師が指導を効率的に行うためには必要不可欠である。

本節では，まず学級集団の特徴と発達過程を概観し，どのように低学年において学級集団づくりをすすめていくのか，次に学級集団の形成の過程でどのような問題が起きていて，どのように捉えられているのか，最後に学級集団で起こる問題に対してどのような対策や見方が考えられるのかについて検討していく。

a　学級集団の特徴と発達

学級集団の特徴としては，まず，フォーマルグループ[6]であるということがあげられる。自然発生的に成立するインフォーマルグループとは異なり，学級集団は教師によって意図的に構成されたものである。ただし，学級集団が発達していくなかでインフォーマルグループが形成されていくことからも，学級集団はフォーマルグループでありながら，インフォーマルグループを内包するようになる。こうしたフォーマルグループとインフォーマルグループとが互いに影響しあうことが学級集団の特徴である。一般にインフォーマルグループのほうがフォーマルグループよりも子どもへの影響力がある。したがって，学級集団づくりをする際には，フォーマルグループに内包されるインフォーマルグループの子どもへの影響に注意する必要があるといえる。

また，学級集団の発達について，蘭（1993）は，学級形成期（教師主導期），学級安定・変革期（教師から生徒主導移行・委譲期），学級定着期（生徒主導・教師相談期）の三つの段階をあげている。教師は学級集団が以下の三つのどの段階にあるのかをふまえて指導を行っていく必要がある。

---

[6] 学級は，人為的，計画的に編制されるという意味でフォーマルグループであり，そのなかで，成員相互の心理学的関係にもとづいて自然発生的に成立し，相互の期待や個人の特性によって成員の行動が規定されるインフォーマルグループが形成されるのである（会田・内野・横山，1996）。

①学級形成期(教師主導期) この時期は,教師主導による学級集団概念の構築が重要な課題になる。具体的には生活ルールや対人関係の基本ルールの理解と確立や仲間づくりの推進,学級目標への合意形成とその役割行動の決定による組織づくりが行われる。この時期の特徴としては,学級集団づくりにおいて教師が主導権をもち,指導を行うことがあげられる。

②学級安定・変革期(教師から生徒主導移行・委譲期) この時期は,生徒集団による積極的な学級活動が展開され,学級集団の自立化が重要な課題となる。この時期では,子ども主導による学級目標の決定およびその実行が行われ,これにより学級の規範が確立され,学級がまとまりをみせるようになる。この時期の特徴としては,主導権が教師から子どもへ移行するような指導を行うことがあげられる。

③学級定着期(生徒主導・教師相談役) この時期は,学級解散に向けて子どもの自立性の確立が重要な課題となる。子ども個人に学級の規範や他の子どもの規範と自己の規範との比較・照合をとおして,自己価値の選択の妥当性について検討させ,自立性の確立をめざすのである。この時期の特徴としては,子どもが主導権をもち,教師は指導ではなく援助を行うことがあげられる。

b 低学年における学級集団づくりの進め方

　小学校に入学して,学級に子どもたちが集められただけでは学級集団として機能しない。入学したての子どもたちは学級のなかでどのようにふるまっていいのかわからないことからも,学級集団のなかでどのようにふるまうべきかという規範が身につくよう指導しなければならないのである。したがって,低学年の指導では,教科指導よりも学級集団づくりに教師の力の多くが注がれるのである(蘭,1993)。

　それでは,教師はどのように低学年の学級集団づくりを進めていくべきなのだろうか。蘭(1993)が指摘しているように,教師と子どもの信頼関係の形成が基本となる。教師は学級集団における唯一のおとなであり,モデルであることからも,さまざまな機会をとおして子どもとかかわり,互いに理解し合うことが重要になる。また,保護者との関係をとおして子どもを指導したり,子どもたちの仲間づくりを進めて学級集団に適応させることも重要である。

そして，子どもを集団での生活に慣れさせ，学級を集団として機能させることが重要になる。学級では，チャイムが鳴ったら着席をする，椅子に座り机に向かって教師の話を長時間聞くことが求められ，自分の好き勝手に行動をしていいわけではない。したがって，学級が集団として機能するためには，教師は学級のなかで何をしていいのか，何をしてはいけないのかというルールづくりをし，学級集団における規範を子どもに身につけさせることが求められる。このルールを徹底することがポイントになる。しかし，ルールの徹底だけでは，集団での生活に息苦しさを感じてしまう。したがって，低学年の学級集団づくりをする際には，集団では自分の好き勝手にできず窮屈であるが，集団ならではの楽しさを子どもが感じられるように指導することが求められる。

また，現在，低学年では集団へのかかわりだけでは，低学年の学級集団づくりを効果的に行っていくことはできなくなりつつある。個別のかかわりを求める子どもが多いことからも，子どもや学級集団の発達をふまえたうえで，低学年では個別にかかわることも必要である。ただし，教師は個別のかかわりばかりできるわけではないことから，低学年では個別のかかわりもしながら，集団へのかかわりも行うことが必要になる。このバランスとメリハリが重要になってくるのである。

3.2 低学年の学級集団づくりで起こりやすい子どもの適応の問題

学級集団づくりの途上でさまざまな子どもの適応の問題が起きてくる。ここでは，まず，小1プロブレムに代表される学級集団づくりの過程で起こる低学年の学級の荒れの特徴について検討していく。次に，こうした低学年の荒れが教師や保護者にどのように捉えられているのかについて検討していく。

a 小1プロブレムと低学年の荒れの特徴

前述のように，小学校に入学すると急激な環境の変化に子どもは直面する。こうした急激な環境の変化に適応できないと，「小1プロブレム」といわれる授業時間中に私語が絶えなかったり，歩き回ったりするなど小学1年生が集団生活になじめず，担任が学級運営に苦労するという問題が生じてくる。

小1プロブレムと中高学年の学級崩壊[7]は学級集団の形成という観点で捉

えると，まったく異なる性質のものであることがわかる。中高学年の学級崩壊と小1プロブレムは，どちらも「授業不成立を中心として，学級の機能が不全になっている状態」であるが，学級集団が形成されている状態か，学級集団が形成されていない状態かという点でまったく異なる。つまり，学級集団が形成されている中高学年の学級崩壊に対し，小1プロブレムは集団を形成できない学級未形成の状態といえる（新保，2001）。

　それでは，低学年の学級の荒れの特徴とは何だろうか。低学年の学級の荒れと中高学年の学級の荒れの違いを考えると，集団の規範，つまり「学級のなかでしてはいけないことをわかっているか」という点に集約できるだろう。集団の規範をわかっていて問題行動をする中高学年の子どもと異なり，低学年の子どもは何が学級のなかでしてはいけない行動なのかをわかっていないといえる。いけないというのをわかっていて問題行動をするというのは学級で求められる規範を獲得していると考えられ，それに対する反発の意味合いが強い。一方，いけないということをわからずに問題行動をするというのは学級で求められる規範を獲得していないのである。したがって，低学年の学級の荒れの特徴としては，教師への反発よりも教師にかかわってほしいという心理が働いていると考えられる。事実，低学年では教師への反発から学級が荒れることは少ない。教師への反発があったとしても，学級集団の規範への反発ではなく，自身の欲求をくみとってもらっていないことへの不満から起きていると考えられる。

b　教師や保護者の低学年の荒れの捉え方

　低学年の荒れについて，教師や保護者はどのように捉えているのだろうか。一般に低学年の学級が荒れると，単純な因果関係で捉えられ，原因探しが行われる。教師は，話を聞けない子どもや座っていられない子どもがいると，就学前教育や子ども自身の能力や保護者のしつけにその原因を求めてしまいがちで

7）学級崩壊の崩壊という用語には出来上がったものが壊れるという意味合いがあり，小1プロブレムは集団ができていない状態であることからも，崩壊ということばはふさわしくない。また，2年生の学級崩壊は，集団が形成されていても，未発達な集団で起こることから，小1プロブレムと明確に区別せずに，小学校低学年の学級の荒れとして本節では考察していく。

ある。一方，保護者からすると，教師の力量にその原因を求めてしまいがちである。このように教師や保護者の低学年の荒れの捉え方に共通するのは保護者，子ども，教師，就学前教育など明確な責めるべき対象があることである。はたして，こうした一般的に考えられている原因は，実際に低学年の荒れの原因となっているのだろうか。

(1) 就学前教育のあり方によって起こるのか

　低学年の荒れを就学前教育に求めている者は多い（長谷部，2004）。しかし，川田（2009）が指摘しているように，就学前教育の内容や方法が低学年の荒れの原因であるというデータは存在しない。特に，「自由保育」を低学年の荒れの原因とみなす風潮があるが，データからは「自由保育」が低学年の学級の荒れの原因とは考えられない（川田，2009）。全幼稚園児の8割が在籍する私立幼稚園では，教師主導の「設定保育」を中心にしている園が多いことからも，単純に「自由保育」が低学年の荒れの原因と結論付けることは難しい。

　ただし，就学前教育と小学校では，確実に段差（ギャップ）は存在している。就学前教育とは異なり，小学校ではさまざまな学校固有のルールがあり，これに子どもは適応しなければならないのである。そして，このさまざまな学校固有のルールに子どもが適応するための指導が小学校では行われる。その際，小学校教育ではおとなからみて子どもができない（能力がない）ことを前提に指導が行われるのである。こうした結果，就学前教育のようにかかわってほしいという子どものサインとして問題行動が現れているといえる。したがって，就学前教育のあり方によって，低学年の荒れが起きるというよりも，これまでの環境からの急激なルールの変化に適応できず，学級集団のなかでどのように行動していいのかわからないため，混乱を引き起こしている状態と考えられる。

(2) 現代の子どもの能力がないから起こるのか

　現代の子どもはコミュニケーション能力が低いなど，精神的に幼いことが指摘されている（河村・藤村・浅川，2008）。つまり，コミュニケーション能力が低いなど精神的に幼いことが，低学年の荒れの原因の一つとして考えられている。したがって，子どものコミュニケーション能力を高めるようなとり組みの必要性が多くの心理学者によって提案されている。

　しかし，教師が思っているほど子どもたちはできない（能力がない）存在で

はない。教師の指導が子どもたちの現状に合ってないという可能性も考えられる。また，データのうえでも，大久保・山地・澤邉（2007）の研究では，現代の子どもは過去と比べてコミュニケーション能力が特に低いわけではないことが指摘されている。以上のことをふまえると，単純に現代の子どもが幼いなど，子どもの能力の問題として結論付けるのは難しい。

そもそも，学級の荒れは問題を起こす個人の問題ではないという研究もある（加藤・大久保，2006）。仮に問題行動をする子どもが幼くても，それだけで授業不成立などの学級の機能が不全になっている状態になるわけではない。むしろ，学級の荒れは問題行動をしない子どもも含めた学級全体の問題であり，学級の荒れには問題行動をしない子どもの不満がかかわっているといえる。こうした問題行動をしていない子どもが不満をもつということが，学級の荒れ全般に共通したメカニズムである。

（3）保護者のしつけが悪いから起こるのか

学級が荒れると教師は子どもの能力の問題にしがちであるが，そこから保護者のしつけの問題へと原因を帰属することも多い。一般に低学年の荒れはしつけがされてない状態であると考えられており（河村・藤村・浅川，2008），現代では家庭の教育力が低下していると考えられている。

それでは，実際に家庭でのしつけは低下しているのだろうか。広田（1999）は，大多数の家庭は親子関係に満足しており，家庭教育もうまくいっていること，すなわち家庭の教育力は昔と比べて落ちていないことを指摘している。つまり，単純に現代の家庭でのしつけが低下しているとはいえないのである。加えて，保護者によるしつけと教師の指導は，まったく性質が異なることも念頭に入れておく必要がある。保護者によるしつけは，個別のものであるが，教師の指導は集団に対するものであり，家庭のしつけとは異なる。何よりも家では言うことを聞けるにもかかわらず，学校では言うことを聞けないということもある。これは単純に家庭のしつけの問題ではない。教師が保護者のしつけに原因を帰属しても，それにより保護者との関係がこじれれば荒れの解決にはつながらないどころか，さらに悪化することも考えられる。

（4）教師の力量がないから起こるのか

保護者からすると教師の力量がないから荒れが起こると考えがちである。そ

れでは，実際に力量のない教師の学級で荒れが起きているのだろうか。

　これまで低学年，特に1年生は力量のあると考えられているベテラン教師が担当することが多かった。しかし，これまで力量のある教師とされてきたベテラン教師のクラスで荒れが多いという指摘もある（新保，2001）。低学年の学級の荒れが，ベテラン教師のクラスでも起きることは，驚くべきことではない。ベテラン教師のクラスでも学級の荒れが起こる背景には，ベテラン教師の子ども観の固定化があるといわれている。新保（2001）の調査でも明らかになっているように，若手教師が「良くも悪くも時代の流れ」と割り切って現状からスタートしているのに対し，ベテラン教師ゆえにもっている子ども像で学級を運営するために現実の子どもたちの姿に対応していないのである。たとえば，これまでの経験から1年生だからこれくらいできて当然と考えて指導しても，目の前の子どもたちがこれまで培ってきた指導によってできるようになるとは限らない。つまり，ベテラン教師がこれまでの経験で培ってきた指導をマニュアルどおりに行っても，うまくいかないのである。このように考えると，教師の力量がないから荒れが起こるといった単純な問題ではないことがわかる。

3.3　低学年の学級の荒れへの対策とそこで必要な見方

a　関係をつなぐことの必要性

　それでは，低学年の学級の荒れに対してどのような対策が考えられるのだろうか。学級の荒れへの対策を考える際に，複合的な要因で起きているにもかかわらず，単純化した因果関係で考えてもあまり意味がない。原因探しをして，原因をなすりつけあっても解決にはつながらないし，前述のように教師や保護者が考える原因は，低学年の荒れに影響していない可能性がある。仮にどれかが原因として影響していたとしても，非難するのではなく，現状でどのような対策が可能なのかを考えるほうが生産的である。むしろ，どうしたらうまく関係をつなげることができるのかを考える必要がある。このように考えると，小学校教育と就学前教育，教師と子ども，子ども同士，教師と保護者や地域をつなぐことが荒れへの対策として考えられる。

（1）幼小連携

　小学校教育と就学前教育をつなぐための対策として，幼小連携があげられる。

幼小連携は，日本では小1プロブレムなどの問題への対処の文脈で行われるようになったという経緯があり（佐藤，2006），現在，積極的に導入されている。幼小連携は現在，幼児が小学校に慣れるために幼児が小学校に行き，小学校に慣れるというものから，小学生が幼稚園に行き，幼児と小学生が交流するというものまで，子どもたちを対象としたさまざまなとり組みが行われている。また，子どもたちが小学校や幼稚園に行くだけでなく，教員が就学前教育をみるものや幼稚園の教員が小学校教育をみるものなど，教員を対象としたとり組みも行われている。このように子どもたちや教員が交流を行うことで，就学前教育と小学校教育の間にあるギャップを埋めることが課題になる。ただし，単に幼小連携を行えばいいというのではなく，どのように行っていくのかを今後考えていく必要がある。

（2）少人数学級の編制

教師と子どもをつなぐための対策としては，少人数学級の編制があげられる。学級編制の標準人数は，2000年の第七次改善計画まで徐々に縮小され，現在は1学級40名を標準としつつ，一定の条件のもとに少人数学級の編制が可能となっている。少人数学級を推進している県は2004年で43都道府県に及んでおり，全国的な広がりをみせているのが現状である（大谷，2005）。特に低学年で少人数学級が導入されている。

学級規模が児童の学級集団への適応に及ぼす影響については，低学年を対象とした大久保・馬場園・宮前・高尾・田﨑・有馬（2008）の研究で，少人数学級のほうが通常学級よりも，教師との関係も肯定的に認知していることが明らかとなっている（図2-1-4）。このように，少人数学級のほうが教師との関係は良好になりやすいといえる。また，有馬（2007）の研究では，実際の教師と子どもの相互作用の量も少人数学級のほうが多いことが明らかになっており，かかわりの量も増えるといえる。教師のかかわりを求めている低学年だからこそ，学級規模などの学級編制は，低学年の学級の荒れへの非常に重要な対策であると考えられる。ただし，これらの措置にしても，直接的な効果のあるものではない。少人数学級を編制したからといって，学級集団への適応が促進されるわけではなく，少人数学級の枠組みでどのような指導を行っていくかが重要なのである。

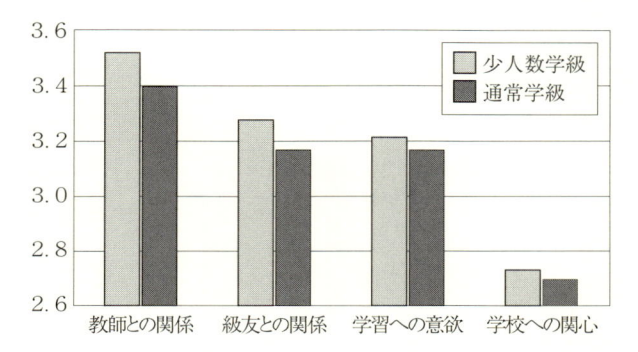

図2-1-4　学級規模による児童の学級適応の差異

(3) 問題行動をしない子への配慮

　一般に学級が荒れると問題行動をする子への対応に目が向きがちである。その際，低学年に限らず，荒れている学級に多くの教師を送り込み，問題行動をしている児童にはりつかせるという対応をとることが多い。しかし，こうした対応がうまくいくことは少ない。はりつかれなかった子どもたちが，教師にかかわってもらいたいため，問題行動をしはじめ，さらに荒れが深刻化するからである。一般に問題行動をする子に対する配慮はされるが，問題行動をしない子に対して配慮はあまりされない。中学生を対象とした加藤・大久保（2006）の研究で明らかになっているように，学級の荒れには問題行動をしない子がかかわっているのである。こうしたことをふまえると，低学年の学級の荒れについても，問題行動をしない子が不満を抱かないような問題行動をする子どもと問題行動をしない子どもの関係をつなぐような学級づくりが必要となる。

(4) 教師集団としての対応

　学級が荒れはじめると，教師個人で対応することは難しくなる。学級に何人もの教師をはりつかせるのならば，学級に入る教師たちが共通認識をもって，対応することが求められる。たとえば，筆者の観察した低学年の荒れた学級では，多くの教師が荒れに対応するためにはりついていたが，ある教師は問題行動をする子どもを注意しても，他の教師は同じ行動をしても何も言わないなど一貫した対応が行われていなかった。当然，そのなかで教師に注意された子どもは不満を表し，さらに学級の雰囲気は悪化していった。ここで注目すべきこ

とは，はりつかされた教師の間で話し合いもなく，学級のなかでさまざまな基準で指導が行われていたということである。こうしたさまざまな基準で指導を行うことは荒れの問題を深刻化させる可能性がある。中学生を対象とした加藤・大久保（2004）の研究によれば，荒れている学校では，ダブルスタンダード化した指導の頻度が高く，子どもが不公平感を抱くことが示されている。したがって，いくつもの基準から対応するのではなく，単一の基準で対応することが求められる。このように考えると，教師個人としての対応ではなく，教師集団としての対応が重要になる。誰かに頼るのではなく，教師同士をつなぎ，共通認識をもってチームとして対応することが重要になる。

（5）保護者や地域に開かれた学校・学級へ

学級で荒れが起きると教師が一人で悩むことや学校側が問題を隠すことがある。この場合，問題をオープンにすることも重要である。こうした対応をとることで，他の教員がアドバイスしやすくなるだけでなく，保護者や地域の住民をまき込んだ対応が可能になる。特に，低学年の学級集団づくりでは保護者との連携が重要になる。低学年の子どもも不安だが保護者も不安なのである。学級での教師のとり組みや子どもの様子を連絡帳などを介してこまめに伝えるなど保護者の不安をとり除くことも必要になる。ここでは，保護者と敵対するのではなく，保護者を味方につけ，協力することが重要になる。そして，問題が起きた場合に，学校のなかに問題を閉じておくのではなく，地域や保護者に開くことで学校と地域や保護者の関係をつなぐことが重要になるといえる。

b 単純な理解からの脱却の必要性

以上のようにいくつかの対策について紹介してきたが，残念ながら，学級が荒れた場合，これをすればかならずうまく荒れが収まるという特効薬はない。最近では，心理学のテクニックを用いた学級づくりマニュアルや質問紙なども多く市販されているが，「マニュアルに書いてある通りにやってうまくいかなかった」「質問紙を薦められてやったが効果がなかった」という教師の声を聞くことも多い。また，荒れた学級で心理学を基礎としたプログラムを行ったが，さらに荒れが深刻化したという話も聞く。こうした心理学のテクニックは，一般的な見方と同じ単純な因果図式で，これをするとうまくいくといったことを

うたい文句にしている。しかし，低学年の荒れに限らず，複雑に要因が絡まっている問題を単純な因果関係で理解し，対策を立てても，うまくいかずに状況が悪化する可能性がある。もちろん心理学のテクニックがうまくいくこともあるが，うまくいかないこともあるということを念頭に入れておく必要がある。

　大事なことはうまくいかないときに見方やかかわり方を変えることのできる柔軟性である。したがって，必要になるのは目の前の子どもたちの発達や学級集団の状態をふまえて，自分の見方やかかわり方をみつめなおすことである。その際，原因を単一の要因に帰属し，それを責めるのではなく，自らの見方やかかわり方を振り返り，柔軟に視点を変え，有効な対策を立てる必要がある。特に，なぜ子どもをそのようにみてしまっているのかを考える必要があるだろう。たとえば，子どもは能力がないという見方ではなく，就学前教育のように子どもは能力があるという見方をとることも可能なのである。教師が子どもの能力不足に原因を求める場合，子どもの能力を過小評価していることが多いといえる。つまり，これまでの教育のなかで積み重ねたものがあるのに能力がないと考えているのである。その背景としては，教師が子どもの発達を知らない，ベースがどこか知らないことがあるといえる。これを解消するため，幼小連携を行うのならば，非常に意義があるが，自分の見方やかかわり方を何も考えずに幼小連携を行っても効果は薄いといえる。このように，何かしらの対策をすればいいという単純なものではないことがわかる。したがって，このように「〜が悪いから」「〜ができないから」という単純な因果関係の見方を別の見方に変えていくことで，現在行われている対策がさらに有効なものになるといえる。

　最後に，学級集団づくりのなかで起きやすい問題を危機ととるのではなく，学級集団が良くなるチャンスと捉えることも可能である。この意味で川田（2009）の研究は興味深い。幼稚園教諭が幼小連携を行い，かつ少人数学級を編制している小学校に入学した「気になる」子を観察したところ，全体的な傾向として集団への適応がよくなっていたことが川田（2009）の研究において示されている。この結果から示唆されることは，ストレスフルであると考えられていた小学校への移行は子どもにとって危機ではなく，幼小連携や学級の編制などの対策次第でチャンスとしても捉えられるということである。

4 生活科と「調べ」学習

4.1 小学校生活科成立と第二次改訂

　1989（平成元）年の学習指導要領改訂により生活科が誕生し，新設からすでに20年が経過しようとしている。いまや，生活科の授業を受けた子どもたちが成人し，社会を支える人材としてその活躍を期待される時代を迎えている。生活科は1998（平成10）年の第一次改訂を経て，2008（平成20）年に二度目の改訂が実施された。2008（平成20）年1月の中央教育審議会答申「幼稚園，小学校，中学校，高等学校及び特別支援学校の学習指導要領等の改善について」において示された改善の具体的事項は以下のとおりである。

（1）　自分の特徴や可能性に気付き，自らの成長についての認識を深めたり，気付きをもとに考えたりすることなどのように，児童の気付きを質的に高めるよう改善を図る。その際，例えば，見付ける，比べる，たとえるなどの多様な学習活動の充実に配慮する。

（2）　身の回りの人とのかかわりや自分自身のことについて考えるために，活動や体験したことを振り返り，自分なりに整理したり，そこでの気付き等を他の人たちと伝え合ったりする学習活動を充実する。その際，活動や体験したことを言葉や絵で表す表現活動を一層重視する。

（3）　中学年以降の理科の学習を視野に入れて，児童が自然の不思議さや面白さを実感するよう，遊びを工夫したり遊びに使うものを工夫して作ったりする学習活動を充実する。例えば，動くおもちゃを工夫して作って遊ぶ活動，ものを水に溶かして遊ぶ活動，風を使って遊ぶ活動などを行うよう配慮する。

（4）　通学路の様子を調べ，安全を守ってくれる人々に関心をもつなど，安全な登下校に関する指導の充実に配慮する。また，自然に直接触れる体験や動物と植物の双方を自分たちで継続的に育てることを重視するなど，自然の素晴らしさや生命の尊さを実感する指導の充実に配慮する。

（5）　幼児教育から小学校への円滑な接続を図る観点から，入学当初をはじめ

として，生活科が中心的な役割を担いつつ，他教科等の内容を合わせて生活科を核とした単元を構成したり，他教科等においても，生活科と関連する内容を取り扱ったりする合科的・関連的な指導の一層の充実を図る。また，児童が自らの成長を実感できるよう低学年の児童が幼児と一緒に学習活動を行うことなどに配慮するとともに，教師の相互交流を通じて，指導内容や指導方法について理解を深めることも重要である。

　生活科という教科[8]の新設に至る経緯を以下に簡潔に紹介する。1970年代以降は社会理科合科論が議論されたが，1986（昭和61）年から1987（昭和62）年にかけて，合科論および社会・自然を対象とする認識形成の思想は姿を消し，代わって浮上した道徳論（自分への気付き）が前面に出されるようになった。そうした緊張関係を経て生活科が登場した時点では，道徳論は揺らいだものの，「自分への気付き」を主な特徴とするものとなっていた。他方，思考未分化論は継承され，活動しながら思考するという言い方が強調された。第二次改訂では，科学的な見方，考え方の基礎を養う観点が改めて加えられ「中学年以降の理科の学習を視野に入れて，児童が自然の不思議さや面白さを実感する」学習活動をとり入れることとされたが，小学校中学年以降の「理科」「社会」との段差を埋める努力と工夫に関する議論が今後も期待される。また，「評価」の対象が「知識・理解」ではなく「気付き」である点も議論の的となってきた。主体的なわかり方こそ気付きである（中野，1991）とされているが，「気付き」とは「わかる」前の段階であり，適切な指導により認識形成が行われるならば，小学校低学年においても「気付き」のレベルよりもさらに進んだ「わかる」のレベルに達することが発達・認知心理学の知見からもみいだされている（藤岡，1992）という指摘もある。その後，第一次改訂において「知的な気付き」を重視するよう軌道修正され，今回の第二次改訂においても「児童の気付きを質的に高める」ために「見付ける，比べる，たとえるなどの多様な学習活動」を設定するよう掲げられた。

---

8) 一般に教科とは，学校で計画される子どもの学習活動のうち，主として認識や技術の側面を深める学習を効果的に行うために分類・整理したものである。人類の文化遺産としての科学や技術や芸術に依拠しながら，それらを系統的に学習させることによって，社会に生きる人間として必要な共通の教養を保障しようとするものである（梅原，1992）。

生活科は，知識を学力とする教科ではなく，意欲や思考力，判断力，表現力などを育成する教科（野田・嶋野・寺尾・浜田・津川・古川・木村・若手・永田・布谷・中野・久野，2005）であり，こうした力は，即座にかつわかりやすい形で確認できるものではない。生活科をとおしたアウトプットをみきわめるには時間と労力と工夫が必要であり，その解明において心理学の果たしうる役割は大きいといえるが，そうしたとり組みはまだ十分ではないようだ。以下，4.2項では就学前後期の子どもの捉え方を概観する。4.3項では生活科において子どもが対峙する3種の対象（自然・他者・自己）と協同の姿勢について言及しつつ，生活科が育てる力について考察する。

4.2　幼児期から児童期へ

a　発達段階における児童期

生活科に臨む小学校低学年の子どもたちはどのような発達段階にあると捉えられるのであろうか。坂元（1976）の発達段階区分によれば，3－6歳においては「役割遊び活動」が，6－9歳においては「具体的思考活動と結びついた系統的学習活動」が，9－12歳においては「一致した目的の達成をめざした自主的・集団的活動」が各時期を規定する活動となる。長島・寺田（1977）は，7歳頃を「時空間の系列化の成立」「成長の価値の自覚」，10歳頃を「抽象的思考の始まり」「自律意識の芽ばえ」，13歳頃を「変数操作の始まり」「自律への確信の時期」と特徴づけている。村田（1990）は，学童期の9歳あたりを境に〈学童前期〉〈学童後期〉とし，物理現象に関する実験をみた場合，学童前期は原因をたまたま見た事象に求めることが多く，成人と同じ論理的な原因に言及することが多くなるのは9－10歳以後になると紹介している。つまり，小学校低学年に相当する時期は，現実世界に密着していて，行為を通じて学ぶという幼児期の学習原理がより強く残っており，抽象的な原理を形成しはじめるもののそれは観察や行為を通じてなされることが多い（村田，1990）ようだ。子どもは就学して初めて思考し学習するのではなく，それは幼児期から積み重ねられている。幼児期の学習活動と児童期のそれとの決定的な違いは，児童期からの学習活動が学校教育のなかで組織的・系統的になされ，しかもそれが子どもの精神発達に多大な影響を及ぼすという点にある（日下，1991）。小学校低学年

という時期は，幼児期の思考や学習の特徴を示しつつも，それが質的に転換していく過渡期にあり，学校教育においてはそうした子どもの制約を理解しつつも，子ども自身がもつ変容の力を過小評価することなく学習内容を構成していく必要がある。生活科が有する弾力性は，この時期の子どもにより適した学習活動の積極的な模索を教師に求めている。

b 小学校生活科と幼児教育

表2-1-1は学習指導要領小学校生活科（文部科学省，2008a）と幼稚園教育要領保育内容「環境」（文部科学省，2008b）の目標とねらいをまとめたものである。両者については，社会と自然を一括して捉える点は共通している一方で，生活科に「自分への気付き」に関する記述がみられる点は異なっている。幼児教育と小学校生活科にみいだせる共通点および相違点については，目標設定に隔たりが生じがちな幼小連携における課題を克服するためにも，「幼児教育から小学校への円滑な接続を図る」ためにも，今後も慎重に検討されなければならない。

1970年代から独自の生活科を開発してきた和光小学校・和光鶴川小学校は，遊びや手仕事などの生活課題中心の幼児教育から書きことば中心の小学校教育への滑らかな移行をめざし，「総合学習」としての「生活勉強」を構想し実践を重ねてきている。行田（1992）によれば，生活勉強は国語，算数などに並ぶ一教科ではなく，教科にセパレートする前の生活そのもの，子どもをとりまく自然や社会を，直接体験を主体にして学習する学習領域だと考えられている。そして，生活勉強の目的は直接経験を主体にした学習で生活や科学の基礎を育てることにあり，自然や社会認識につながる事実認識の芽を育てることがめざされている。そうした視点にもとづいた実践の一つに「お父さん，お母さんの仕事絵本づくり」がある。きっかけはある男児の「うちのお父さんはひまらしい」という生活ノートの発表であった。その発表が学級通信に掲載されたところ，休日が他の職種とは異なる父親が穏やかな気持ちでいられなくなり，早速自分の会社に息子を連れて行き仕事場を見せた。男児は会社の様子を撮影した写真を見せながら「お父さんはひまではなかった」と改めて発表した。教師はその写真をアルバム絵本にして，写真1枚ごとに解説を入れさせた。お父さん

表2-1-1　学習指導要領小学校生活科と幼稚園教育要領保育内容「環境」の目標およびねらい

学習指導要領小学校生活科	幼稚園教育要領保育内容「環境」
［目標］ 具体的な活動や体験を通して，自分と身近な人々，社会及び自然とのかかわりに関心をもち，自分自身や自分の生活について考えさせるとともに，その過程において生活上必要な習慣や技能を身に付けさせ，自立への基礎を養う。	［目標］ 周囲の様々な環境に好奇心や探究心をもってかかわり，それらを生活にとり入れていこうとする力を養う。
［各学年の目標：第1学年及び第2学年］ （1）自分と身近な人々及び地域の様々な場所，公共物などとのかかわりに関心をもち，地域のよさに気付き，愛着をもつことができるようにするとともに，集団や社会の一員として自分の役割や行動の仕方について考え，安全で適切な行動ができるようにする。 （2）自分と身近な動物や植物などの自然とのかかわりに関心をもち，自然のすばらしさに気付き，自然を大切にしたり，自分たちの遊びや生活を工夫したりすることができるようにする。 （3）身近な人々，社会及び自然とのかかわりを深めることを通して，自分のよさや可能性に気付き，意欲と自信をもって生活することができるようにする。 （4）身近な人々，社会及び自然に関する活動の楽しさを味わうとともに，それらを通して気付いたことや楽しかったことなどについて，ことば，絵，動作，劇化などの方法により表現し，考えることができるようにする。	［ねらい］ （1）身近な環境に親しみ，自然と触れ合う中で様々な事象に興味や関心をもつ。 （2）身近な環境に自分からかかわり，発見を楽しんだり，考えたりし，それを生活にとり入れようとする。 （3）身近な事象を見たり，考えたり，扱ったりする中で，物の性質や数量，文字などに対する感覚を豊かにする。

の仕事絵本の完成である。これを見た子どもたちが，自分たちも作りたいと要求するようになり，個人やグループで，新聞社に行ったり運送会社のトラックに乗せてもらったりとさまざまな活動が展開されていった。そして，絵本をもとにした発表会で，子どもたちは父親，母親がそれぞれ違う仕事や生活をしていることを知り，たとえば一つのビルをつくり上げるのにも多様な職種の人のつながりがそこにあることを教師に示されるに至り，実感をもって驚くのであ

る。以上は「お父さんお母さんの仕事」というありふれた実践ではあるが，教師主導ではなく創発的であり，一つの教科に留まらない広がりと深まりを確実に保障している点が特筆に値するといえよう。

4.3 生活科が育てる力，育てたい力

a 自然に迫る：自然に対する認識の変容

子どもは就学後の学習に臨む前に，物体や生物などについて自分なりの考えをもっている。それらは科学的な概念とは異なるという意味で，素朴物理学（生後4カ月で物体の連続性や個体性を理解するなど），素朴心理学（心の理論）（3－4歳までに物理的事象と心理的事象とを区別するなど），素朴生物学（生後10カ月で自力で動く動物と自力では動かない無生物とを区別するなど）などと呼ばれる。ケアリ（Carey, S., 1985）によれば，子どもは4歳から10歳の間に，もともともっている生物に関する直感的理論から，直感的ではあるが生物学的な新たな理論を自らつくり出す。たとえば，「生きている」のは「自己の力によって運動すると思われるもの」であり，それは動物と植物に限定される。また，稲垣（1995）は，6歳までに成立した素朴生物学が，同じ生物学のなかでより科学的な生物学へと概念的変化をすると述べる。生活科においては，子どもの認知発達において果たされる変換と，学校教育において促される変換の両者を視野に入れる必要があるが，生活科の趣旨に添うならば，子どもの認知発達において果たされる変換をみまもり，そして待つ姿勢がより求められそうだ。

小川（2004）は，生活科を学習する子どもの時期は，生物概念が人間の生活や行動に関する知識を中心に構成されている時期から生物学的機能や分類にもとづいて再構成される時期への過渡期であるとし，生活科において，たとえば動物にかかわる事実としての知識を大切にしながら，動物も人間と同じように生命をもって生きているという関連性に気付かせる指導が求められると提起する。そして，小学校2年生生活科単元「ザリガニをとりにいこう」の事例研究において，授業での対話と子どもの「観察記録カード」を分析し，子ども一人ひとりの「知的な気付き」（たとえば，「オスとメス」「赤色，オレンジ」「強いはさみ」「触るとふわふわする」「どこでいっぱい釣れるか」など）の間に，友だちや教師との対話をとおしてリンクが張り巡らされ「知的な気付き」のネットワー

クが形成されていく様子を記述している（小川・森本，2005）。

一方で日下・長谷川・風間（1997）は，幼稚園年長児を対象に，エダマメの栽培経験[9]を経て幼児の「植物の成長プロセスの認識」と「植物の生命認識」が変化することを示した。「成長プロセス」に関してはエダマメの葉と花の成長段階を絵やことばで表現するようになり，「生命認識」に関しては根や双葉の「発生」や「成長」を手がかりにエダマメは生きていると判断するようになった。加えて「生命認識」の変化はヒマワリや木にも及んでいた。日下ら（1997）において注目されるのは，実践において保育者はエダマメも含め植物が生きているとの教示を行わなかったという点である。就学前の子どももある経験を契機に自らの認識を書き換えていく力をもっているということであり，それは小学校低学年の子どもたちも同様であろう。しかし，子どもの素朴な認識は科学的に正しい方向にばかり変換されていくとは限らない。そして，生活科は正しい科学認識への到達のみをめざしているわけではなく，意欲や思考力，判断力，表現力などを育成する教科である。生活科において子どもに自然と対峙する機会を設け，その先に何をめざすのかは比較的教師に開かれており，そこに生活科の難しさと面白さがあるといえよう。

b　他者に迫る：他者の視点から考える

生活科や総合的な学習の時間においては，調べ学習を用いて対象に迫ることが多い。調べ学習では，子どもたちが自身の疑問や興味を掘り起こし，主体的に調査を進めていく。多くの場合，グループで調べ学習に臨み，成員間で調査内容について協議し，得られた調査結果をクラス全体に発信して共有するという手続きをふむ。その過程で子どもたちは，他者と向き合い，他者の意見に触れる機会とともに，他者を意識しながら自分の意見を表明する機会を得る。調べ学習をとおした新たな知識や態度の獲得を考えるとき，生活科は，学習内容に直結する知識や態度の獲得とともに，他者という存在を捉える契機となっていることに意味があるように思われる。

---

9) 保育実践の概要は①畑の耕作，②エダマメの種まき，③根の発生の観察，④発芽の観察，⑤双葉の成長の観察，⑥畑への植え替え，⑦茎・葉の成長の観察および草取り，⑧開花の観察，⑨結実の観察，⑩エダマメの収穫であった。

他者の立場から他者の意図や考えを理解することは，認知的・概念的視点取得[10]と呼ばれ，3歳から始まり5歳までにほとんどの子どもが獲得することがわかっており，また認知的・概念的視点取得は社会性の発達と強く関連することが示されている（大対・松見，2007）。その一方で，話し手が聞き手に自分の意図を伝達する際には，聞き手の能力や観点などを考慮する必要がある。クラウスとグラックスバーグ（Krauss, R.M. & Glucksberg, S., 1969）では，幼稚園児，小学校1年生，3年生，5年生を対象に，聞き手が話し手の発話のみを手がかりに，話し手の指示する順に絵積み木を積み上げる課題を実施した結果，幼稚園児の誤反応数は試行回数にかかわらず多いままであったが，小学生は試行回数が進むにつれて誤反応数が減少し，それは高学年になるほど顕著であった。自分の意図が相手に正しく伝わっていないと判断された場合，幼稚園児は発言内容を修正することが難しいが，小学校1年生から徐々にそれが可能になり，相手を考慮した発言ができるようになる。

　自己の観点とは異なる別の観点からものをみたり考えたりすること（脱中心化）が可能になりはじめた子どもたちは，生活科をとおして事象を複眼的に捉える力や，他者を念頭に置いて協議する力を洗練していくであろう。そしてそれらの経験は，自分とは異なる他者という存在に対する認識を深める好機となるであろう。

c　自己に迫る：自己の客観視と有能感の維持

　2008（平成20）年度の第二次改訂で，学習指導要領小学校生活科の各学年の目標（表2-1-1）に「（3）身近な人々，社会及び自然とのかかわりを深めることを通して，自分のよさや可能性に気付き，意欲と自信をもって生活することができるようにする」という自分自身に関する事項が新たに追加された。野田（2006）は，国立教育政策研究所が2005（平成17）年に全国の研究指定校の教師を対象として実施した質問紙調査では，「自分自身や自分の生活について考えさせることを大切にする授業をどの程度行っていますか」という問いに対

---

10) 他者視点取得として，他に知覚的視点取得（他者の見えを正しく把握する），感情的視点取得（他者の感情を正しく読み取る）が想定されている。

し「行っている」との回答は28％であったことを紹介している。身近な人々，社会，自然とかかわる授業は行われているものの，自分自身への気付きにまで深める学習展開には至っていないという課題が明らかになった。第二次改訂においては，自分のよさに気付くだけでなく，そのことが自信になり意欲的な生活の実現につながるようさらなるふみ込みが求められている。

　自分自身について描出する際に，幼児は身体的・外的属性（顔，心臓，かわいい，かっこいいなど）について述べるが，小学生になると行動（サッカーをする，よくしゃべる，スポーツが苦手など）や人格特性（明るい，やさしい，真面目など）に言及するようになる（佐久間・遠藤・無藤，2000）。また，所有感（「〇〇をもっている」）や有能感（「〇〇ができる」）を中心とする幼児期の自己概念は，児童期に分化・発展し，小学校の高学年になる頃には，他者と自分との比較，現在と過去の自分の比較，将来の自分を思い描くことも可能となり，自分をより客観的に捉えられるようになる（向井，2003）。

　自己を認識するとは自身の有能感を客観的にみつめなおすことでもある。佐久間・遠藤・無藤（2000）では，自分のどのようなところが好きかまたは嫌いか，自分のいいところや悪いところはどこかを問うた場合，5歳児に比べ4年生は肯定的側面のみを描出する子どもが少なく，否定的側面のみを描出する子どもが多くなった。また，5歳児は「いい子」「おりこう」といった肯定的な評価語を用いていたが，4年生では「よくも悪くもないふつうの子」と表現する子どもが多くなった。一方で2年生では5歳児に比べ肯定的側面と否定的側面の両面に言及する子どもが多かった。小学校低学年という自己の客観視が徐々に達成される時期に，「自分のよさや可能性に気付き，意欲と自信をもって生活することができるようにする」ことはそれほど容易ではないように思われる。

　藤井（2007）は，子どもの悩みや不安に目を向けた単元構成にすることで，目の前の子ども一人ひとりの思いや願いに寄り添った生活科になると指摘する。たとえば，単元「秋祭りをしよう」では「秋祭りの計画を立てる」「秋祭りの準備をする」「秋祭りを振り返る」というよくある展開をふまえつつも，「お客さんが来なかったらどうしよう」「お店に来てくれた人みんなが喜んでくれるかな」という不安をとり上げ，子どもたちがその解決方法を話し合い実行していけるよう支援する。活動をとおして子どもたちは「自分では気付かなかった友

表2-1-2 学習者が自覚している「生活科で身に付いた力」の上位下位各5項目（野田ら，2005をもとに滝口が作成）

上位5項目	下位5項目
動物を飼ったり，植物を育てたりするなど生き物に親しむことができるようになった	自分の住んでいる町の人やもの，ことについて関心をもつことができるようになった
自分の得意なことや友だちのよいところに気付くことができるようになった	季節が変わっていく様子に目が向き，季節のものを使って遊ぶなど，自分の生活に季節をとり入れることができるようになった
みんなでひとつのことをすることの楽しさを知り，協力することができるようになった	感じたことや気付いたことを自分で考えた方法で，表し伝えることができるようになった
できないことに挑戦したり，少しくらいの失敗でくじけず，ねばりづよく努力できるようになった	自信をもって生活することができるようになった
健康に気をつけたり，あいさつをしたりなど生活していくうえで大切な習慣が身に付いた	自分なりの考えを大切にして，何かをつくり出していこうとすることができるようになった

だちがもっている悩みや不安の観点から自分の活動を見直すことができる」「自分と同じような悩みや不安をもっている仲間の存在を知り，自分だけではないんだという安心感をもつことができる」「仲間の思いを受け止めやすくなり，仲間の役に立てたという喜びを感じることができる」と想定されている。藤井（2007）の実践は，子どもの自己の客観視をみまもりつつ意欲と自信をもたせるという課題に直接的な回答を与えるものではないが，他者とのかかわりをとおして自身と向き合うということを具体化した実践として評価されるであろう。

d 協同の姿勢：学びの連続性を保障する

野田ら（2005）の調査において，学習者は「生活科で身に付いた力」の一つとして「みんなでひとつのことをすることの楽しさを知り，協力することができるようになった」と報告している（表2-1-2）が，昨今，生活科の実践において"協同的な学び""協同性が高まる学び"の具体化をめざした単元を目にすることが多い。2004（平成16）年の中央教育審議会初等中等教育分科会幼児教育部会において，協同的な学びの経験を幼稚園で推進していくことが，小

学校への滑らかな接続や小学校以降の集団学習の活性化につながると提案されてからは，幼小連携における実践テーマとして掲げられる機会も多くなった。和田・中村・中村（2007）は，幼稚園年長後半を接続期前期，小学校入学後4－7月を接続期後期とし，接続期前期に「協同的な学び」（やきいもレストランの開店など）を，接続期後期に「生活科を核とした合科総合活動」（しゃぼん玉遊びなどをとり入れたわくわくドキドキタイム，学校探検などをとり入れた大単元「がっこうだいすき」）を設定し，小学校への適応，学習意欲の高まり，学習スタイルの獲得，コミュニケーション力の獲得など，その成果を報告している。幼児教育においては，主として遊びをとおして協同を体験する機会が豊富に提供されている。小学校中学年以降になると，協同学習[11]をとり入れた教科的な知識や認識の変容がめざされる。その過程にある小学校低学年の生活科においては，「小学校教育の文脈において協同を学ぶこと」と「協同をとおして学ぶこと」の両者を想定する必要があるであろう。

　本節では，生活科において子どもが対峙する対象として自然，他者，自己をとり上げたが，生活科は，それらを含めた多様な対象の認識の変容を，最終項で触れた協同の場において達成されるよう計画される教科であるといえよう。そして，重要なのは，対象の認識の変容を促す授業でありつつも子どもの協同性を高める授業にすることも可能であり，また時として意図的にそうしていくことが求められているという点である。

　生活科はある種の「小学校低学年児童の認識および認識発達」観を前提としている（日下，1994）といえる。しかし，生活科を発達心理学の観点から丹念に追跡した研究はほとんどみあたらない。理論からではなく子どもの姿から出発するという生活科の真髄を見失うことなく，生活科が支える子どもの変容についての理論化を進めていくことが期待されるが，そのためには子どもの姿に寄り添うことと子どもの発達を客観的に記述することとを自由に往還できるだ

---

11) 杉江（2004）によれば，教育実践における協同学習とは，学習集団のメンバー一人ひとりがよりよく成長することを，メンバー全員が目標にして学ぶことをいい，信頼に支えられた人間関係の元で，学び合い，高め合いが実現される。協同という集団事態がもたらす動機づけによって学習者の習得が高まるばかりでなく，仲間との相互作用をとおして，対人的側面，学習技能の側面など，豊かな同時学習も期待できると考えられている。

けの柔軟さと強靱(きょうじん)さが必要となるであろう。

1節　文献
天野清　1986『子どものかな文字の習得過程』秋山書店
神田英雄　2004『3歳から6歳――保育・子育てと発達研究をむすぶ［幼児編］』ちいさいなかま社
鹿島和夫編　1981『一年一組せんせいあのね』理論社
加藤繁美・秋山麻実・茨城大学教育学部附属幼稚園　2005『5歳児の協同的学びと対話的保育』ひとなる書房
河崎道夫　2008『あそびのちから――子どもと遊ぶ保育者のしごと』ひとなる書房
加用文男　1990『子ども心と秋の空――保育のなかの遊び論』ひとなる書房
子安増生　2000『心の理論――心を読む心の科学』岩波書店
岡本夏木　1983『小学生になる前後―五～七歳児を育てる』岩波書店
岡本夏木　1985『ことばと発達』岩波書店
尾崎勝・西君子　1980『学級担任のための児童理解必携』教育出版
ピアジェ，J.（滝沢武久訳）1972『発生的認識論』白水社
新保真紀子　2001『「小1プロブレム」に挑戦する』明治図書
心理科学研究会編　2000『育ちあう乳幼児心理学――21世紀に保育実践と歩む』有斐閣
田中昌人　1987『人間発達の理論』大月書店
田中昌人・田中杉恵・（写真）有田知行　1988『子どもの発達と診断5――幼児期3』大月書店
内田伸子　1989『幼児心理学への招待――子どもの世界づくり』サイエンス社

2節　文献
荒井龍弥・宇野忍・工藤与志文・白井秀明　2001　小学生の動物学習における縮小過剰型誤概念の修正に及ぼす境界的事例群の効果　『教育心理学研究』49, pp.230-239
Carey, S. 1985 Conceptual change in childhood. Cambridge, MA: MIT Press.（ケアリー，S.（小島康次・小林好和訳）1994『子どもは小さな科学者か――J. Piaget 理論の再考』ミネルヴァ書房）
布施光代　2002　児童期における動物概念の発達『科学教育研究』26, pp.271-279
Gelman, R. 1990 First principles organize attention to and learning about relevant data: Number and the animate- inanimate distinction as examples. Cognitive Science, 14, pp.79-106.
Goswami, U. 1998 Cognition in Children. Taylor & Francis.（ゴスワミ，U.（岩男卓実・上淵寿・小池若葉・富山尚子・中島伸子訳）2003『子どもの認知

発達』新曜社）
Hatano, G., Siegler, R. S., Richards, D. D., Inagaki, K., Stavy, R., & Wax, N. 1993 The development of biological knowledge: A multi-national study. Cognitive Development, 8, pp.47-62.
細谷純　1996『教科学習の心理学』中央法規
稲垣佳世子・波多野誼余夫（著・監訳）2005『子どもの概念発達と変化――素朴生物学をめぐって』共立出版
工藤与志文　2003　概念受容学習における知識の一般化可能性に及ぼす教示情報解釈の影響――「事例にもとづく帰納学習」の可能性の検討『教育心理学研究』51, pp.281-287
Kuhn, D., Amsel, E. & O' Loughlin, M. 1988 The development of scientific thinking skills. San Diego: Academic Press.
文部省　1998『小学校学習指導要領』財務省印刷局
文部科学省　2008『小学校学習指導要領』東京書籍
村山功　1995『素朴生物学研究の持つ意義　児童心理学の進歩・1995』34, pp.259-262
中島伸子　1995「観察によって得た知識」と「科学的情報から得た知識」をいかに関連づけるか――地球の形の概念の場合『教育心理学研究』43, pp.113-124
Piaget, J. 1970 Piaget's theory. P. H. Mussen(Ed.) Carmichael's manual of child psychology (3rd ed.): Vol.1. New York: John Wiley & Sons.（ピアジェ, J.（中垣啓訳）2007『ピアジェに学ぶ認知発達の科学』北大路書房）
Vosniadou, S. & Brewer, W. F. 1992 Mental models of the earth: A study of conceptual change in childhood. Cognitive Psychology, 24, pp.535-585.
Wellman, H. M. & Gelman, S. A. 1992 Cognitive development: Foundational theories of core domains. Annual Review of Psycology, 43, pp.337-375.

3節　文献

蘭千壽　1993　学級づくりの第一歩：教師も子どもも成長する学級づくりを『児童心理』pp.12-19
有馬道久　2007　授業中の教師と児童の相互作用に及ぼす少人数学級の効果　平成18年度文部科学省教員配置に関する調査研究委託『30人規模の少人数学級における学習集団，生活集団の教育効果についての実証的研究』（香川大学）pp.23-28
長谷部比呂美　2004　保育者をめざす学生の幼保小連携に関する意識――「小1プロブレム」の背景要因についての自由記述から『お茶の水女子大学子ども発達教育センター紀要』1, pp.43-52
広田照幸　1999『日本人のしつけは衰退したか』講談社現代新書
加藤弘通・大久保智生　2004　反学校的な生徒文化形成に及ぼす教師の影響：学校

の荒れと生徒指導の関係についての実証研究『季刊社会安全』52, pp.44-57

加藤弘通・大久保智生　2006　問題行動をする生徒および学校生活に対する生徒の評価と学級の荒れとの関係――困難学級と通常学級の比較から『教育心理学研究』54, pp.34-44

河村茂雄・藤村一夫・浅川早苗　2008　『Q―U式学級づくり小学校低学年――脱・小1プロブレム「満足型学級育成の12ヶ月」』図書文化社

川田学　2009　幼稚園教諭にとって「ちょっと気になる」子どもの幼稚園から小学校への移行：第1学年に少人数学級を導入することの効果と関連して『香川大学教育実践総合研究』18, pp. 53-63

大久保智生・馬場園陽一・宮前淳子・高尾明博・田﨑伸一郎・有馬道久　2008学級規模が児童の学級適応に及ぼす影響（3）：少人数学級と通常学級に在籍する児童の保護者を対象に『香川大学教育実践総合研究』17, pp.75-80

大久保智生・山地佑香・澤邉潤　2007　子どものコミュニケーション能力低下言説の検討：社会的スキルの観点から『日本社会心理学会第48回大会発表論文集』pp.560-561

大谷泰照　2005　学級規模と教育効果：その関係を問い直す『滋賀県立大学国際教育センター研究紀要』10, pp.5-20

佐藤学　2006　幼少の学びの連続性から幼児教育の将来像を探る　全国幼児教育研究協会（編）『学びと発達の連続性――幼少接続の課題と展望』チャイルド本社　pp.34-44

新保真紀子　2001『「小1プロブレム」に挑戦する――子どもたちにラブレターを書こう』明治図書

会田元明・内野康人之・横山明子　1996『子どもとむきあうための教育心理学概論』ミネルヴァ書房

4節　文献

Carey, S. 1985 Conceptual change in childhood. Cambridge, MA: MIT Press.（ケアリ, S.（小島康次・小林好和共訳）　1994『子どもは小さな科学者か：J. ピアジェ理論の再考』ミネルヴァ書房）

藤井浩史　2007　『子どもの不安や悩みに着目した生活科の単元構成』学事出版

藤岡秀樹　1992　生活科の評価論と到達度評価『「教育」別冊6　生活科を創りかえる』国土社　pp.228-240

稲垣佳世子　1995『生命概念の獲得と変化』風間書房

行田稔彦　1992　「生活勉強」と小学校低学年の教育課程づくり『「教育」別冊6　生活科を創りかえる』国土社　pp.81-92

Krauss, R. M., & Glucksberg, S. 1969 The development of communication: Competence as a function of age. Child Development, 40, 256-266.

日下正一　1991　児童期の子どもの発達『発達の心理学』学術図書出版社

pp.115-147
日下正一　1994　小学校低学年児童の認識の発達と「生活科」『日本教育心理学会総会発表論文集』36，pp.62
日下正一・長谷川孝子・風間節子　1997　幼児における植物の成長プロセスと生命に関する認識の変化：エダマメの栽培経験の効果『発達心理学研究』8，pp.195-205
文部科学省　2008a『小学校学習指導要領生活編』日本文教出版
文部科学省　2008b『幼稚園教育要領』教育出版
向井隆代　2003　自分をよく知りたい──自己概念とパーソナリティ『子どものこころ：児童心理学入門』有斐閣　pp.131-145
村田孝次　1990『児童心理学入門』培風館
長島瑞穂・寺田ひろ子　1977　子どもの発達段階『小・中学生の発達と教育』創元社　pp.37-122
中野重人　1991　生活科の評価の観点と評価基準『指導と評価』37，pp.13-16
野田敦敬・嶋野道弘・寺尾愼一・浜田純・津川裕・古川鉄治・木村吉彦・若手三喜雄・永田真吾・布谷光俊・中野真志・久野弘幸　2005　生活科で育った学力についての調査研究『せいかつか&そうごう』12，pp.100-109
野田敦敬　2006　次期学習指導要領改訂に向けての1提案──自分自身への気付きを生活科で養う学力の中核に『せいかつか&そうごう』13，pp.24-31
小川哲男　2004　生活科における子どもの論理操作としての自然理解の萌芽の構造に関する研究『学苑』765，pp.40-50
小川哲男・森本信也　2005　生活科における子どもの自然事象に関わる「知的な気付き」の構造に関する研究──第二学年単元「ザリガニをとりにいこう」を事例として『理科教育学研究』45，pp.11-21
大対香奈子・松見淳子　2007　幼児の他者視点取得，感情表出の統制，および対人問題解決から予測される幼児の社会的スキルの評価『社会心理学研究』22，pp.223-233
坂元忠芳　1976『子どもの能力と学力』青木書店
佐久間（保崎）路子・遠藤利彦・無藤隆　2000　幼児期・児童期における自己理解の発達──内容的側面と評価的側面に着目して『発達心理学研究』11，pp.176-187
杉江修治　2004　教育心理学と実践活動──協同学習による授業改善『教育心理学年報』43，pp.156-165
梅原利夫　1992　教育課程から見た生活科『「教育」別冊6　生活科を創りかえる』国土社　pp.116-128
和田信行・中村敦子・中村牧子　2007　幼小の滑らかな接続についての実証的な研究：幼稚園の協同的な学びから生活科を核にした合科総合活動への提言『せいかつか&そうごう』14，pp.58-69

5　どうしてお母さんはおこったのか？
——ことばに対する意識調査から

　子どもたちは日々の会話をどのように意識しているのだろうか。筆者らはある調査で，5歳児，小学2，4，6年生と中学2年生（合計140名）の子どもたちにこう尋ねた。「ふだん，『お母さん，お茶』と言ったらお茶を持ってきてくれます。あるとき，『お母さん，お茶』と言ったら，『そんな言い方はないでしょ！』と言われました。どうしてお母さんはそう言ったのでしょうか。『そんな言い方はないでしょ！』って言われたら，○○さんはどうしますか？」

　この質問に対して，ある5歳児は次のように答えている。

　　「だって，お茶飲むのうそでしょ。うそでしょうるんじゃないの（しているんじゃないの，の意味）。うそでしょうじゃないの」——うそでしょうじゃないの，って？——「それはうそでしょうっていう」——ほかにもある？——「お母さん，お茶って言ったのはな，のどかわいたけんな，お茶のみたいけんな，お茶って言ったの」——うん。でも，お茶って言ったら，そんな言い方はないでしょって，お母さんは言ったんだけど，どうして言ったんだと思う？——「お茶はないよ，煎茶しかないよ」。

　本児は，質問自体にとまどう。自分が「お茶」と言った理由を話し，最後には「わが家にはお茶は煎茶しかない」と，母親からの発言を意識するよりもむしろ生活場面を思い浮かべた回答を行っている。

　「ことば遣い」といった，相手から発せられることばの背景・意図に意識が向くようになるのは中学年以上である。たとえばある4年生は次のように答えている。「うーん，ことば遣いが悪いから」——そんな言い方ないでしょって言われたらSくんどうする？——「お母さんに，ごめん，お茶入れてって言う」。

　では，幼児と中学年とのはざまにある低学年の子どもたちはどのように考えるのであろうか。ある2年生は次のように答えている。「ん？　お母さんはお茶じゃないけ」。また別の2年生は次のように答えている。「お母さんはお茶だと思ったから」。

確かにそのとおりである。お母さんはお茶ではない。5歳児に比べれば質問自体は受け止められ，母親のことばも意識している。けれども中学年以上のようにことば遣いが悪いのだ，と一般化して捉えるわけでもない。おとなはもちろん，母親の発言の意図が「自分はお茶ではない」ことを言おうとしているのではないことは十分わかっている。しかし低学年の子どもにとっては，「お母さんはお茶ではない」「お母さんが（自分のことを）お茶だと思ったから」という発言からもわかるように，字句通り真面目に考えるという特徴がある。そう考えると，ことばそのものに意識を向けはじめるのが2年生頃の特徴といえるのではないだろうか。

　学年があがるにつれて，単に発せられたことばのみを捉えるのではなく，その背後にある他者（ここでは母親）の立場や気分などを意識するようになる。また低学年では母親のことばに対して「逃げる」という行動的解決をあげる子どもも多くみられた（5歳児では50％以上）が，高学年になるにつれ，言語的に表現し，解決を図ろうとするようになってくる。なかには中学生の女子のように，母親の機嫌が悪いのだろうと感じつつも「そんな言い方ってどんな言い方？」と反論するような高等テクニックのもち主もいた。

　ことばは生き物である，とよくいわれる。それはことばの背後にある自分と相手との関係が生み出す意味や意図のずれるさまがそういわしめるのであろう。最初はふだんとは異なる母親の様子を敏感に感じ，場合によっては逃げ出していた子どもたちも，大きくなるにつれ，相手の意図を感じつつ，ことばとことばをぶつけながらコミュニケーションをするようになる。低学年ころに行動から言語への大きな転換があるのではないだろうか。私たちおとなはこうした子どものことばの発達をみすえつつ，とり交わされる意味の「ずれ」を楽しみたいものである。

文献　植木綾子・田丸敏高　2007　子どもの自己認識と言語意識の発達　『地域学論集』（鳥取大学地域学部紀要）第4巻第2号，pp.162-174

第2章
3年生—4年生

1　知的好奇心，情報ネットワークの広がり

1.1　活発で行動派の3−4年生

　3−4年生は，知的好奇心が旺盛（おうせい）で，仲間同士で世界を広げてゆく活力あふれる年齢である。親や先生よりも友だちとの約束や秘密を大事にする自立の時期でもある。ギャングエイジ（Gang Age）といわれるように，徒党を組んで遊んだりケンカをする。

　1−2年生は入学し，学校生活のみとおしをつける時期であり，教師を中心とした家族的学級生活を送っている。また，5−6年生は教育内容が高度化する一方，第二次性徴が現れるため自分への関心が強く，青年の特徴を示すようになる。

　これに対して，3−4年生は学校にも慣れ，体力もついてくるので，大人数で野球，サッカー，ドッジボールをして遊ぶ。なわとびや一輪車も盛んに行われる。集団で羽目をはずすこともある。低学年のケガは転んで擦りむいたという程度であるが，中学年はなんでもチャレンジするので，階段を飛び降りる競争をしたり，鉄棒から飛んだりして，打撲，骨折など比較的大きなケガをすることがある。友だちと自転車で思わぬ遠くまで行ってしまうこともある。迷子になっても名前，住所，電話番号を言う知恵があるので，安心して遠出するのである。

　知力，体力，集団の三つがそろうので，大胆だが無計画な行動を起こすことがある。自立心が知的好奇心と結びつき，学習意欲が高く，なんでもやってみようとする。児童期を代表する時期といえる。

1.2 人間関係の中心は友だち

　1－2年生は、家が近かったり、席が隣であることで友だちになる。これに対して3－4年生は、気が合う、趣味が同じといった性格面が大事になってくる。ただ、クラス替えがあればあまりいっしょに遊ばなくなるといわれており、気が合うとはいっても、あくまで学級や部活動が同じという制約のなかの関係である。

　仲間が大事になる時期なので、仲間に入れないあるいは排除されるということも生じる。1－2年生の不登校は、学校生活や勉強への適応の問題が多く、友だち同士のトラブルもたたく、けるという直接的暴力が多い。3－4年生では悪口や仲間はずれ、無視といった人間関係が原因で不登校になりはじめる。同じ学級の子からのいじめが、訴えの8割を占めるが、残りの2割は上の学年の児童からのいじめである（北海道教育委員会，2006）。学年を超えた活動を行うようになるため起きるといえる。

　論理面では、ピアジェの具体的操作期の完成期に当たり、論理や規則にうるさくなる。さぼりやルール違反がわかるので、友だち同士の指摘が厳しくなる。他人の失敗はしつこく非難するが、自分の失敗には気づかなかったり、気にしない。たとえば、掃除をサボる子どもの告げ口に来る子どもは、その時間、自分も掃除をサボっていることに気づかないのである。

　教師・指導員への告げ口は多くなるが、深刻なものではなく、受けとめてあげればそれで満足する。ただし、子ども集団のなかでは「チクリ」として非難を受けることがあり、その場合は教師・指導員の介入が必要である。

　規範意識も友だち志向になっている。山岸（2006）は、約束を守るということについて1981年と2003年の比較研究を行った。22年前と同じ質問を同じく東京都下の小学2、4、6年生に行い、22年前と得点に差がないことを明らかにした。つまり規範意識は低下していないのである。発達的傾向も変化はなかった。学年とともに約束を守るようになり、またおとなの権威に従う「おとな志向」が減ってゆくのである。

　22年前との違いは、おとなからの圧力で友だちの約束を破ることが減少したことと、約束を守る行動が他人の気持ちを傷つける状況では約束を破るという

点であった。4年生は，上記の特徴に加えて，おとなの気まぐれな命令があっても従わず，友だちとの約束を守る傾向が増加していた。

つまり，友だちとの関係がより強くなってきているのである。

1.3　教師・指導員の役割の変化

低学年の時，教師は学校生活すべての中心人物である。しかし，中学年になると，勉強を教える人に変化する。

低学年では質問も発表も，教師と一対一のやりとりである。教師の発問に対して，児童は教師に向かって答える。

中学年になるとクラス全体に話ができるようになる。発言の際に，体の向きを変え，声を大きくして，「みんな」へ話すことができるようになる。声の小さい子や教師にしか話さない子は「聞こえませーん」と指摘される。

ただ，この変化は，教師の指導の積み重ねや学級会，1分間スピーチといった場の設定によりつくり上げられてゆく（磯村・町田・無藤，2005）。教師は，話し手の児童に聞き手のことを意識させたり，向きを変えさせる。聞き手側の児童たちへも，話し手に集中するように声をかける。教師は一番の聞き手であると同時に，「みんな」の一員であり，子ども同士をつなぐ役割を行うのである。

教師の役割が変化するとともに，子ども集団が強くなるため，任せるところと叱るところが難しくなる。中学年は安定した時期であり，指導しやすいといわれるが，対応を誤れば学級崩壊を引き起こす場合もあるのである。

1.4　心の内面や社会へ広がる読書

人間の行動やことばは，心の動きによって生じている。子どもは，心という目に見えないものに対して，素朴な理論を立てて理解しようとする。心の理論と呼ばれている。3－4年生になると他者の信念が一般化され，本やテレビの主人公が心のなかで考えている内容を扱うことができようになる。

国語の例でいえば，小学校4年生で扱う『ごんぎつね』（新美南吉著）が典型例である。いたずらものの狐が，「孝行息子の兵十は，おばあさんを大切にしようと思っていたのに，自分がいたずらをして池の魚を逃がしてしまった」と

反省する場面がある。狐が回想しながら，人間の心を推測している。兵十の行動から兵十の心を推測するのである。

それ以前の物語では，悪者は姿かたちで悪者であることを明示し，犯罪の意図（心のなか）を説明しながら話が進行する。たとえば「オオカミと子ヤギ」では，悪者であるオオカミが子ヤギを食べようという意図をはじめに表明する。失敗すると，子ヤギをだます工夫を読者に説明しながら物語は進む。テレビアニメでも「ここは世界征服をたくらむ悪の組織……の秘密基地である」と意図も性格も説明してから話がはじまる。

これに対して，中学年は行動や情景描写から心を読みとることができるので，動機や心情を扱った本を読むことができるようになる。推理小説のように，犯行場面や証拠品という物から推理して，犯人の動機（心のなか）を説明する本も好まれるようになる。

知的好奇心が旺盛になり，社会や宇宙や心といった見えない世界へ関心が広がる時期である。

幅広いジャンルの本に接して，読書好きにする良い時期のため，本に接する場づくりを行い，本を読むことを推奨するべき時である。

1.5 社会的知識を使ったテレビ視聴

映像が身のまわりにあふれ，市民がインターネットを使って映像で発信することが当たり前になってきている。児童も簡単に映像の発信者になることができる。しかし，それに対応した教育はほとんどなされていない。そもそも，映像はどのようにして読めるようになるのであろうか。

村野井（2002）は，小学校低学年では，テレビから出る音声と映像の組み合わせを間違う場合があることを示している。児童は，テレビのなかの人物を制作者の想定とまったく異なるキャラクターと捉えている場合があるのである。

また，アニメで使われる空間や時間を切り替える道具（たとえば，タイムマシン）を手がかりに使えないことも示している。本でいえば，場所の移動や段落区切りにあたるものである。さらに，テレビでは刑事物やドキュメンタリーで再現映像が使われているが，低学年では再現映像がどこからはじまるかわかっていないことも指摘されている。低学年は，映像を読む力が弱いのである。

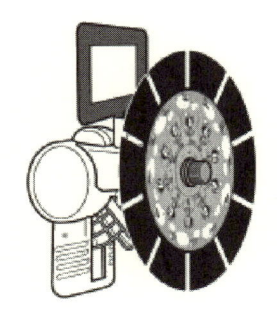

図2-2-1　学習研究社『2年の科学』11月号　ものの見え方の体験・実験教材「くるくるびっくりアニメ」の組み立て方とつかい方より

　3-4年生は，高学年にくらべ，同じような番組を視聴しているので，子ども同士で会話が生じ，理解の程度や生活の様子もわかりやすい。高学年になると，番組の好みが多様化し，ザッピング（zapping）[1]しながらテレビを見るようになるため，子ども同士で会話ができなくなってゆく。

　中学年の実践に奥野・村野井・宮川（1995）のものがある。奥野らは，小学3年生の体育で自分たちの動きを客観化するために，アニメ作りにとり組んだ。事前にアニメはどうして動くのかワークシートに書かせたところ，「電池で動く」とか「人形劇」と思っている子どもが23％いたのである。

　そもそもアニメは絵柄が少しずつ異なった絵を1秒に24コマ見せることで，絵がまるで生きているように見せている。仮現現象を利用しているので，その仕組みは目で見てわかるものではない。子ども一人で，アニメの仕組みに気づくのは難しいのである。

　一人で理解できないものが，なぜわかるのであろうか。児童は社会的知識を獲得して解決するのである。図2-2-1は学習雑誌の付録「くるくるびっくりアニメ」である。この付録はフェナキトスコープ[2]といい，絵を動かそうとした初期の器械の1種である。児童は，見えない世界とその仕組みを知ろうとして，自分で本や学習雑誌から知識を得て，疑問を解決するのである。

1）ザッピング（Zapping，米俗語）は，チャンネルの頻繁な切り替えのこと。チャンネルの切り替えで，放送されてないチャンネルを通過するときに「ザッ，ザッ」と音がしたためにザッピングと呼ばれるようになった。

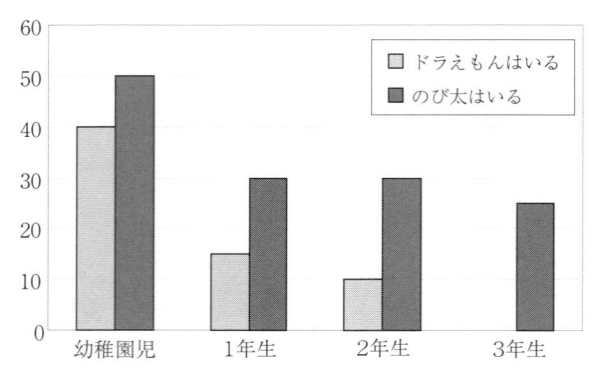

図2-2-2　ドラえもんはいるか（足立，2008より著者作成）

　次は，実在性に関する研究である。足立（2008）は，アニメ「ドラえもん」（テレビ朝日系）のドラえもんとのび太が本当に実在しているかどうか，幼稚園年長児30名，小学1年生20名，2年生20名，3年生20名にインタビューを行った。結果を図2-2-2に示す。
　1・2年生にはドラえもんが実在すると思っている子どもがいることがわかる。3年生になると実在するは0％になる。ドラえもんが実在していないことは確実にわかっているといえる。
　ところが，脇役ののび太は確実でなく，3年生でも25％が実在すると答えている。いままで子どもは，わかりやすいものから順にアニメ，実写戦隊もの，ドラマと実在か虚構かが区別できるようになると思われていた。しかし，番組単位で一括して判断できるのではないことがわかったのである。
　のび太の実在を否定できた子どもたちも，その論理は根拠が弱い。たとえば，「のび太って名前はない」（2年生）というものや，のび太は片えくぼに描かれるので「（人間は）こんな口していない」（3年生）といった理由である。
　当然，のび太は実在すると答えた児童の根拠も薄弱である。「どっかで聞いたことがあるんだけどな〜」「似てる人はいるけど……」といった理由である。脇役になればなるほど，論理で否定することが難しいのである。

2）フェナキストスコープ（Phenakistoscope）は，円板にアニメのコマにあたる絵が数枚描かれており，コマとコマの間のスリットがある。この円板を鏡に映し，回転させてスリットから見ると絵が動いて見える。

実は，3年生になると53.4%が番組制作の知識で否定するようになる。アニメのつくり方や番組制作という概念で否定するのである。個別に実在するか，しないか考える段階から，社会的知識を使った一括否定に移るのである。

番組制作の知識は一般化できる。したがって，この時期にメディアリテラシー教材を使うことは有効であろう。

1.6　携帯電話

身近なメディアで子どもに影響を与えているものに携帯電話がある。ベネッセ教育研究開発センター（2008）は，携帯電話の保有率について首都圏の子ども6000人を対象に調査した。その結果，2002年は小学3－4年生の所持率は10.9%であったが，2007年には25.5%と増加している。

三菱総合研究所（2007）が2007年11月に行ったインターネット調査では，自分専用の携帯電話を持っている児童は，小学校3年生で22.4%，4年生で27.3%いた。

携帯電話は，帰宅時の犯罪への心配や塾の送り迎えの連絡に必要ということで購入されている。また，友だちを遊びに誘う道具は，電話からメールへ替わっている。しかし，日本の携帯電話は，インターネットにつながっており，情報検索機器という側面が強い。携帯電話の問題は，電話機能というよりも，次に述べるインターネット教育の問題といえる。

1.7　教師・指導員の役割

メディアが青少年に与える影響が論議された結果，主力メディアは自主規制や教材づくりを行っている。国に任せることなく，業界や市民が自分たちで規制するのは，民主主義の基本といえる。自主規制が定着できるか，また，市民参加が進むか，日本の民主主義の力量が問われているといえる。

テレビやゲームは自主規制を行っており，市民の声が反映できる体制になっている。テレビもゲームも自分たちの文化なのであり，自主規制についてよく知り，保護者に伝えるとともに，積極的にかかわって良いものにしてゆく必要がある。

また，インターネットを使ったフィッシングや架空請求などの犯罪が増加し

ており，児童が被害者になる場合がある。また，児童が盗み撮りやいじめで加害者になる場合もある。保護者や警察と協力して，子どもを守る必要がある。

a テレビの自主規制

2000年より，17時から21時は，「青少年の時間帯」になっており，番組は子どもが見ていることを前提につくっている。性や暴力の表現が配慮されている。ただし，それ以後は，おとなの時間である。それを知ったうえで視聴する必要があるといえる。違反すると思った場合や不適切な表現と思った場合，テレビに対する苦情は，放送倫理・番組向上機構（BPO，ビーピーオー）[3]が受けつけている。ここは，正確な放送と放送倫理の高揚に寄与することを目的とした非営利・非政府の団体である。そのなかの青少年委員会は，青少年に悪影響を与える品位のない番組をなくしたり，放送局へ提言・勧告を行い，多くの実績を上げている。

また，総務省はメディア・リテラシー教材[4]の開発を行い，無料で貸し出しを行っている。ダウンロードできる教材もある。

b ゲームソフトの自主規制

ゲーム機の使い方も家庭まかせになっている。親がいっしょに遊ぶことや親がゲーム内容を十分理解する必要を伝えなければならない。子ども部屋のような孤立した環境でゲームをさせない，時間を決めるなど家庭のルールづくりや保護者同士で情報交換する場をつくる必要がある。

ゲームは，コンピュータエンターテインメントトレーディング機構（CERO,

---

[3] 放送への意見は以下の方法で述べることができる。電話：03-5212-7333，FAX：03-5212-7330。電話受付は，平日10時より12時，13時より17時である。また，以下のホームページからインターネットで意見を送ることができる。http://www.bpo.gr.jp/bpo/overview/tvcm.html

[4] 情報があふれる現在，メディアを正しく読み取り，発信する力が求められている。総務省は，青少年健全育成の観点から放送分野におけるメディア・リテラシー教材を開発し，教材の貸し出しを行っている。小・中・高等学校向け11本を借り出したり，ダウンロードできる。http://www.soumu.go.jp/main-sosiki/joho_tsusin/top/hoso/kyozai.html

セロ）が，一般市民によるレーティング（rating）審査を行っている。日本国内で販売される家庭用ゲームソフト（携帯型ゲームを含む）の本編，隠しコマンド，裏技などすべての表現を審査している。レーティングの知識や年齢区分や「暴力的」「性的」などの表示を示すコンテンツアイコンの意味を教え，購入の際に参考にすべきである。審査員は公募されるので，市民・教師として参加すべきといえる。

c　サイバー犯罪

　子どもが携帯電話で見るサイトには，商品やファッション，アイドルグッズの宣伝がつけられており，そのなかには詐欺的方法で購入の事実をでっちあげたり，脅迫的な文章とともに架空請求が送られてくるものもある。児童がおびえたり，被害にあう例が生じている。

　逆に，学校裏ネットでいじめをする例もある。それだけでなく，児童・生徒が学校にカメラを持ち込んで，盗み撮りをして学校裏サイトやブログに乗せたり，他人のIDを使ってネットオークションで商品を購入したりと加害者になる例も生じている。

　わいせつ画像や児童ポルノ画像，架空請求詐欺，電子メールを利用した脅しなどのサイバー犯罪については，都道府県警察本部にサイバー犯罪相談窓口があり相談に乗っている。また，ネット上のサイトに対して，サイバーパトロールを行っている。盗み撮り等はコピーされる前に，保護者・学校・警察が協力してすばやい対応をする必要がある。

d　チェーンメール（Chain Mail）

　昔は，「不幸の手紙」が郵送されてきた。代表例は「この手紙をもらった人は……日以内に同じ内容の手紙を五人に出さなければ不幸になる」といった内容である。現在はメールで送られてくる。他の人へ転送して，つながってゆくのでチェーンメールと呼ばれている。文字を書くより入力が簡単なため，不幸の内容が具体的に書かれているうえ，画像が添付されているものもある。メールは転送が簡単なので，チェーンメールは増加している。児童は怖がるとともに，転送してはいけないという気持ちも強いため悩むことになる。最近の

チェーンメールは「輸血の呼びかけ」といった一見チェーンメールのようでないデマや転送しようとするとワンクリック詐欺が仕掛けられているものもある。

　財団法人日本データ通信協会は，「撃退！　チェーンメール」というホームページをつくり[5]，児童・生徒に呼びかけてチェーンメールの捨て場をつくっている。児童が自分の所で止められない場合は，おとなが引き受けるという姿勢は大切である。このようなホームページは，市民団体や教育委員会がつくり，身近なものにしてゆくべきである。

1.8　今後の対応

　今後は，コンピューターや携帯電話だけでなく，ゲーム機やおもちゃ，家電製品がすべてインターネットにつながってゆく。あらゆるところからネットを見ることができるようになるのを想定しておくべきであろう。個別メディアに対する教育でなく，インターネットに対するメディア・リテラシー教育が必要になるといえる。

　情報の洪水から子どもを守る最良の防波堤は，子どものことを良く知る身近なおとなが築かなければならないのである。

2　9，10歳の節（ふし）

　みなさんは，9，10歳の節ということばを聞いたことがあるだろうか？　子どもの教育や発達について議論する際に，たいへんよく使われる用語である。「9，10歳の節を越えたことで，抽象的思考が可能になった」「9，10歳の節を越えることができないため，学業不振に陥ってしまった」「非行少年は，9，10歳の節でつまずいていることが多い」「9，10歳の節を過ぎてから，絵画に奥行きとテーマが現れるようになった」等々。

　実はこの用語，日本生まれの日本育ちである。欧米依存傾向の強い心理学の世界で，発達段階を表す表現として認められている日本オリジナルな用語であ

---

[5] 財団法人日本データ通信協会の迷惑メール相談センタートップページは以下であり，http://www.dekyo.or.jp/soudan/　「撃退！　チェーンメール」のホームページは以下である。http://www.dekyo.or.jp/soudan/chain/tensou.html

る。しかも，このことばは，研究者だけでなく，学校や学童保育のような場で子どもと直接かかわって仕事をしている人たちの間でよく使われている，つまり「現場」で受け入れられる数少ない心理学用語である。9，10歳の節というのいい方は，小学校中学年から高学年にかけての発達的変化や発達途上での問題を平易な表現で示しているといえよう。

2.1　9，10歳の節の起源

　子どもの発達段階を表す用語はいろいろある。たとえば，ピアジェのいう具体的操作などは，理論的・実験的起源をもった用語である。感覚運動的知能から始まる知能の発達段階論があり，おとなに至るまでの中間段階として，具体的操作期が想定される。それを検証するために，容器の形を変えても液量は変わらない（元に戻せば同じ）ことがわかるかどうかを確かめる保存実験も存在する。そうした子どもの事実をふまえて，具体的操作という発達段階についての考え方は，カリキュラムづくりなどに影響を及ぼしている。子どもの発達段階論はピアジェ以外にもヴィゴツキー（Vygotsky, L.S.）やワロン（Wallon, H.）等さまざまな研究者によって提案されてきたが，研究室から教育現場にという方向性は共通しているのではないか。

　ところが，9，10歳の節は反対の道，つまり教育現場から研究室へという道をたどってきた。

　生まれたときの名前は，「9，10歳の節」ではなく「九才の峠」であった。名付け親は，聾（ろう）教育学者であり，聾学校の校長であった萩原浅五郎である。萩原（1964）いわく，

　　聾学校において「生徒が現在使っている教科書相応の普通学校の対応学年のものと，それと併行して該当学年以下の学年についても系統的に調べるという目的を加えて実施した」アチーブ・テストの結果，「おどろき」「不可解」の事実，すみやかに解決しなければならない事実が明らかになった。「約言すると，ろう児の学力水準は，普通児なみのスケールでみると「九才の峠」で疲労困ぱいしているという現実」であった。

日々子どもと教師とが格闘している聾学校——聴覚障害児のための特別支援学校——において，教師の努力を拒む壁のような存在として，「九才の峠」が立ちはだかっていたのである（そのため，「9才の壁」といういい方がされた時期もあった）。その峠を越えれば次の峰がみえるので，峠という用語はなかなか的を射た比喩表現であった。

もちろん，萩原は学力水準の停滞の原因を聴覚障害それ自身に求めたわけではなかった。そうではなく，その原因を教育に求め，教育を変えることによって聴覚障害のある子どもの学力の改善を図ることに全力でとり組もうとしたのであった。

2.2　9，10歳の節の展開

もともと小学校6年間を同一の発達段階としてまとめて理解することにはかなり無理があった。小学校1年生と6年生とを比べてみれば，体格も違えば，興味や考え方も違う。研究者たちは，小学4年生ころを境に起こるさまざまな発達現象に注目し，その記述や理論化を試みていった。心理科学研究会（1984），子どものしあわせ編集部（1986），加藤直樹（1987），日下・加藤（1991），内海・田丸・中村・須藤・村越（1994）などは，それらを記した代表的著作といえよう。

先に述べたように，9，10歳の節は，聴覚障害児における学力形成上の困難を示す「九才の峠」という呼称を起源としている。なぜ，聴覚障害があると小学4年生以上の学力形成が難しいのか？　考えられることの一つは，聴覚障害児は音声による言語表現を補うため身振りを伴う手話を用いるが，身振りは状況依存的な表現方法であるため，抽象的な内容を伝えにくいということがある。子どもからすれば，広いとか多いとかを理解することには慣れていても，密度のような抽象度の高いことばを理解することには抵抗があるということになる。つまり，状況依存的な言語に起因する発達上の困難である。そして，この困難は聴覚障害児にとってのみならず，健聴児にとっても予想される困難である。なぜなら，彼らもまたリズムや調子，身振りを伴う言語に慣れていて——小学校低学年までの子どものことばは歌のように，また身振りを伴って表現され理解されるからである——，意味関係だけに特化した記号としての言語には慣れ

ていないからである。

　考えられる二つめのことは，学力形成を支える思考の特徴である。小学校高学年ともなると科学的内容の学習が増えていく。科学は，現象と本質とが一致しないことを知っている。燃焼とさびとは現象としては全く異なるが，酸化という本質を共有している。したがって，科学を理解するためには，こうした現象の背後に潜む過程に分け入る思考が必要とされる。そこでは，事実をみきわめながら，それを仮象としてとり扱い，その背後にある過程について推理したり，仮説を立てたり，論証したりする思考が求められる。そのためには，言語（数学的記号などを含めて広い意味での言語）を概念装置として用いざるをえないが，言語活動の制限は思考の制限と結びつく。

　考えられることの三つめは，人格の問題である。科学が権威からの自立が必要であったように——ガリレオ・ガリレイ（Galileo Galilei）は教会の権威に対立して「それでも地球は回っている」とつぶやいた——，子どもは教師の権威から自立して自分の頭で考えることが要求される。児童期は，おとなから一定程度自立した集団のもと，おとなとは異なる世界をつくる。このことによって，何でも先生に決めてもらうのではなくて，自分たちで考えて行動し，結果についてもある程度責任を引き受ける覚悟をするようになる。これが，児童期の人格形成の課題である。障害がある場合，どうしてもおとなの管理や指導が厳しくなり，子どもの自立を阻む可能性がある。もちろん，児童一般についても同様の可能性がある。

2.3　9，10歳の節の三つの側面

　このような事情から，ここでは，9，10歳の節が聴覚障害児だけでなく児童期一般にかかわる発達過程であると考え，ことば，思考，人格の三つの面から9，10歳の節について検討してみよう。

a　ことばの発達

　国立国語研究所（1964）の調査がわかりやすい。課題は，次の絵（図2-2-3）を見て題を決め，お話をつくること。各学年の代表的な作品をみてみよう。

つぎのえをじゅんばんに見て，一つのまとまったおはなしをつくってください。

図2-2-3　テストに用いた絵（国立国語研究所，1964）

各学年の具体的作品
〈1年〉うさぎばやし

うさぎがひとりでしいそうをしていました。そこにねこがきました。そこにいぬがきました。そこにぶたがきました。そこにぞうがきました。（H女）

〈2年〉しーそー

うさぎがひとりでしーそーにのっています。そこへねこがやってきたのでしーそーがうごきはじめました。そこへまたいぬがやってきてねこがのっているほうにのったのでしーそーがうごかなくなりました。またぶたがやってきて，こんどはうさぎのほうにのったのでまたしーそーがうごきました。こんどはおおきいぞうさんがきました。ぞうさんがむこうがわにのってうさぎさんたちが，こちらがわにのったのでしーそーがぎったん　ばったん　うごきました。（Y女）

〈3年〉おもさくらべ

　うさぎが　一ぴき　シーソーに　乗ました。うさぎの　乗った方が　さがっ

て うごきません。ねこが 乗りました。うごきません。ねこの 後に いぬが 乗りました。うさぎが 上に 上りました。うさぎの 後に ぶたが 乗りました。また おなじに なって 動かなくなりました。次に うさぎ，ねこ，いぬ，ぶたが 左に 乗って 右に ぞうが 乗りました。すると ぞうが おもいので ぞうさんが 下で みんな上に なりました。（S女）

〈4年〉動物のシーソー遊び

　ある所で，うさぎさんが，シーソーにのりました。あいてがいないので，「つまんないな」といっている所へ，ミケのねこさんがやってきて，「いっしょにのりましょう」といって二人でのったら，ちょうど重さがあいました。うさぎさんは，「あってよかったね」といいました。そしたらまたそこへ，ワンクンがきて，ねこさんの方へ乗ったら，うさぎさんの方は，かるくなってしまって，ガタンと，上ってしまいました。そこへ，また，うさぎさんをたすけに，ブタくんがきてこんどは，うさぎさんの方へきました。そしていっしょにのったら，やっとまた，つりあいが，よくなりました。みんなは，ほっとして「よかったねぇ。」といっていたら，ぞうさんが，やってきて，「おもしろそうだね，ぼくにものせてよ。」ときたのでみんなは，「ぞうくんは，重いので，一人にして，ぼくたちは，いっしょにのろうよ。」といって，のったところ，やっぱり，ぞうさんのが，ちょっと重いので，あまりよくつりあわないが少し，「ガタンゴトン」と動いたので，みんなは「ちょっとでも動けばおもしろいのだからいいや。」といって，なかよく，のって遊びました。みんなは，とても，なかよしなので，「ぞうさんは重いからだめだ」なんていわないで，たのしくわらいながらのって遊びました。終り（Y女）

〈5年〉ある日のシーソー

　うさぎがシーソーにのってだれかーしょにする動物をさがしていました。そこへねこが来たのでいっしょにシーソー遊びをしました。ちょうど水平になった。ねこが「うさぎさんと目方が同じだ」といった所へいぬがねこの方にのったのでうさぎはぐんと上がりました。「わーこわい，こわい。」とうさぎはさけびました。するとぶたがそのこえをきいてとんできました。「ぼくもいれておくれよ。」といってうさぎの方にのりました。「あ，つりあったぶたさんといぬさんとは目かたが同じだね。」とうさぎがいいました。そこへ大きなぞうがどしん

どしんと大きな音をたてながら来ました。「おれも入れてくれ。」とみんなに言ったらねこが「じゃあぞうさん一匹で私たち四匹はいっしょにのろうといいました。「それじゃあぼくたちが勝つにきまっているよ。」とぶたがいうとぞうが「それじゃあ一度やってみよう。」といったのでみんなのりました。そしたらぞうの方が下りました。ぶたが「あれー，ぼくたち四匹でもぞう君にはかなわないやぼくたちそんなに軽いのかなあ。」とおどろきました。ある日の公園のシーソーでした。（S男）

〈6年〉動物遊園地のシーソー

　ある動物村に遊園地がありました。そこへ　とことことうきの赤目君が一人でやってきました。シーソーに乗りました。でも，一人では　おもしろくありません。「おーい，　だれかこいよう。」とよびました。そこへ　チリン，チリンとすずをならし　ねこの　ニャン子ちゃんがやってきました。二人で　乗ると　ちょうど　つり合が　とれました。そこへ　クンクンと　はなをならし　犬の　ワン公が　やってきて　ニャン子ちゃんの方へのりました。すると　どうでしよう。赤目君の方が　上にきてしまいました。「たすけてー。」と　よぶと　そこへ　プワ，プワ，とはなを　ならし　ぶたの　ブワ助君が　きました。「ようし，かせいするぞ。」と　ばかり　赤目君の方へ　のりました。すると　ゆらゆら，ゆれて　お同じく　つり合が　とれたではありませんか。しばらくあそんでいると，ノッシ　ノッシと丸いふとった　ぞうのデブ君が　のったので　むこうの方へ他の全部がのり　シーソーをしました。するとどうでしよう。丸い　ふとった　デブ君の方が　下になったでは　ありませんか。ようしこんどこそはと「えい。」と力を　いれても　どうにも　しょうが　ありません。「おーい　だれか　きてくれ。」（6年T男）

これらの作品については，種々の観点から分析できるが，低学年から高学年にかけて，とりわけ小学4年生の変化がよくわかる。1年生では羅列であった記述が，4年生では起承転結を伴う物語になっている。もちろん，個人差もあり，読書や物語制作の経験も大きいだろう。それであって，児童期の言語能力の発達をよく示している資料といえよう。

b　思考の発達

　さまざまな事象について質問することで，子どもの思考の特質を明らかにできる。事象に応じて，自然認識，社会認識，自己認識などと研究上区別するが，いずれの領域でも小学4年生ころ回答に変化がみられる。筆者は，社会認識の研究を続けてきたので，そこから事例をとり上げてみよう。買い物をするとき，なぜお金を支払うのか，払ったお金はどうなるのか（何に使われるのか）について，さまざまな年齢の子どもたちに質問してきた。次の回答は，小学校低学年の特徴がよく現れている（田丸，1993）。

M.N.（小学2年生）

お菓子を買うときはどういうふうにして買う？―「お金を出して買う」―どうしてお金を出すと思う？―「わかりません」―どうして？―「店のもん勝手にとったらいけん」―なんでお金払わんといけんだあ？―「どろぼうしたらいけん」―そこのお店の人はな，Mくんがお金を払ったらそのお金をどうするんだと思う？―「お店の人がお金を払う。……お店のおばさんは，おつりに払ったり，おつりを入れておいておつりを払うときに出して」―そしたらその残ったお金はどうするん？―「残ったお金は今度来た人がおつりを……うーん，わかりません」―みんなおつりで出しちゃう，あとお店に残らんか？―「わかりません」―そのお金をどうするだろうなあ？―「やっぱりわかりません」―わからんか？―「店のおばさんじゃないとわからん」

　本児は，おつりの場面を越えてお金が流通することを想像できない。また，支払われたお金がどう使われるのかは当事者である「店のおばさん」しかわからないと思っている。中学年になると，こうした場面を越えた想像が可能になる。

F.T.（小学4年生）

どうしてお金をお店の人に払うの？―「買うから」―買うと，どうしてお金を払わなきゃいけないのかなあ？―「お店の人がごはんや食べられなくなるから」／バスに乗りたいときはどうする？―「お金を払って乗ります」―どうしてお金を払うのかなあ？―「バスの運転手さんの給料なかったらいけないか

ら」——じゃあ，運転手さんはそのお金をどうするんだと思う？——「子ども
のおこづかいやごはんを買って食べさせたりする」

　本児は，支払いの理由として働いている人の生活費の必要を考える。お金の
流通過程を想像している。小学4年生ころを転機に，目に見える具体的な事象
の背後に，物事の本質をみいだすようなタイプの思考が出現するのである。

c　人格の発達

　人間は個人で環境に適応するのではなく，他の人々と関係することによって
人間にふさわしい環境をつくり出す。したがって，個人の発達の第一の課題は，
物理的環境への適応ではなく，他者とのかかわりにある。それは，母子関係に
はじまり，親子やきょうだいなどの家族関係，保育所や幼稚園・学校における
先生との関係やピア関係，さらにはおとなからある程度自立した仲間関係，友
情や恋愛感情にもとづく親密な関係，仕事の責任を引き受ける関係……へと発
展していく。こうした他者との関係を築く資質や能力が，人格[6]である。

　いうまでもなく，児童期において重要なことは仲間集団の形成である。仲間
集団が本格的につくられるのは，小学4年生以降のことである。その特徴は，①
遊びをとおして形成される，②数人からなる仲良し集団で，③その成員の入れ
替わりは比較的少なく安定して，④おとなの監視を逃れて活動し，⑤秘密や合
いことばなどを共有している，ことである。こうした仲間集団は，おとなに依
存的な幼児期と特定の相手に親密な関係を求める青年期との間の時期，すなわ
ち児童期に特徴的である。早くから異年齢集団に混じって遊ぶことが可能で
あった時代，地域社会が子ども集団を認めていた時代，放課後の塾通いなどの
時間的束縛も少ない時代，性の発育がそれほど早くなく性的な視線を感じるこ
ともなく過ごしていた時代には，たしかに仲間集団のある児童期は存在してい

---

[6] 人格（パーソナリティ）というと，他から区別される個人の特徴を指すことが多い。
ラルース臨床心理学辞典では，「個人の行動において安定した部分で，これによって個
人が特徴づけられ他から区別される」と記述されている。しかし，他から区別される
のは他と関係していることが前提であるし，また独自性といってもそれが他にとって必要
な特徴であることが必要である。そのため，ここでは，他からの区別の前提として他
とのつながり方に力点を置いて，人格を検討している。

た。そこで，子どもはさまざまな社会的能力を高めていったのである[7]。

2.4　9，10歳の節によって見えるものと見えないもの

　ないと思えば見えず，あると思えば見えるのが，人間の性である。推理小説では，あまりにもありふれたところにあったため発見されなかった，つまり，そんなところにはないと思われていたのでみつからなかったという手法がよく用いられる。隠すなら人目につくところへという逆説である。反対に，幽霊やUFOのようにいったんあると思われると，いろいろな人がいろいろなところでその存在を「発見」する。錬金術のように，他の物質を金に変える方法があると信じることによって，化学が発展するといったおまけがつくこともある。

　いったん9，10歳の節があると想定されると，いろいろな発見が相次ぐことになる。実は，9，10歳の節によって実にさまざまな過程が説明されていった。たとえば，菅沼（1986）は，2枚の絵（図2-2-4）をあげて，絵画表現における「知的リアリズム」から「視覚的リアリズム」への変化を指摘している。一方は，「ぼくおよげたよ」という「かきたいことを頭の中にイメージし，

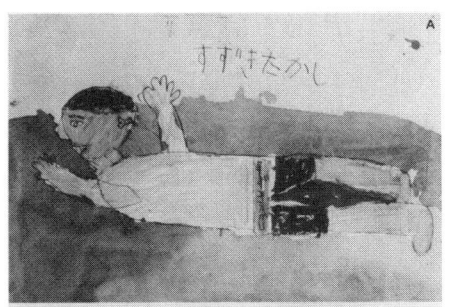

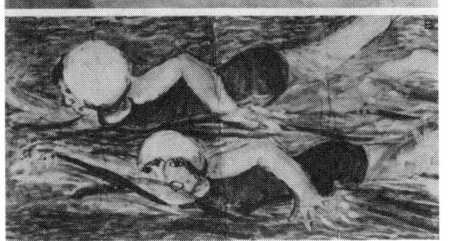

図2-2-4　知的リアリズム（上）と視覚的リアリズム（下）（菅沼，1986）

7）ラッド（Ladd, G.W.）は，子どもの仲間関係と社会的能力の発達について，100年間の研究史をレビューしている（Ladd, 2005）。そのなかで，①仲間関係は，子どもの社会的能力の発達と社会化との手段であり，仲間集団により，攻撃，自己主張，性役割，葛藤処理について経験できること，②仲間と相互作用したり関係したりするなかで，子どもは，向社会的行動や攻撃的行動，仲間入りの戦略，指導性発揮の試み，性役割など，多様な社会的行動を経験すること，③仲間は生き生きとした感情を引き出すこと，④仲間関係が貧しいと不適応問題を起こすリスクが高いこと　等を指摘している。

組み立てながら描いている」といい、他方は質的に異なり「イメージを構築した後、再び現実にてらして検証し、より確かなイメージの世界をつくりだしていく力」が誕生しているという。こうした指摘は、絵画表現の発達を単なるスキルの習得から捉えるのではなく、子どもの全体的発達に位置づけようとする重要な指摘である。

しかし、他方で「落ちこぼれは小学4年生から急増する」「非行少年は小学3・4年生頃家庭崩壊していることが多い」「9, 10歳頃は問題行動を起こしやすい」「9, 10歳の節はギャングエイジのはじまり」等々といろいろな事象が9, 10歳の節によって解釈されたため、種々の問題が個人的な要因に還元される傾向も生まれた。9, 10歳の節というと、子どもの成長過程で必ず経なくてはならないものというニュアンスがあるためである。しかし、見逃してはならないのは心理学的概念の歴史性である。

小学校の6年間にあたる児童期は一つの発達段階として捉えられることが多かった。たとえば、ハヴィガースト（Havighurst, R.J.）は中期児童期と呼んで、発達課題を整理している（Havighurst, 1972）。幼児期に比べ、身体も丈夫になり、親が目を離しても子ども同士で遊ぶことができ、性的な関心も低く、目上の人に従順である等のことから、比較的安定した時期として扱われてきた。

もっともいま考えれば、そうした安定した発達の時期区分を保障できた地域社会が存在していたということであろうが。この半世紀にわたる産業構造や経済システムの変化、国際競争の激化とバブル経済、世界金融危機によって、地域社会・学校・家族といった子どもを守る場は崩壊ないし変質してしまった。それにかわって、テレビの家庭への進入とおとな区別のない情報の乱入、一人でも自宅で遊べるテレビ・ゲームやコンピューター・ゲーム、ポケベルやケータイなどの通信手段、いつでもすぐにほしいものが入手できる24時間営業のコンビニが登場し、子どもの世界と生活を大きく変えていった。子どもは社会の一員となる前から消費者の一員となり、儲けの対象として扱われるようになった。

こうした一連の変化は、子どもが子ども同士で群れ、子どもらしく過ごせる時代を消去していった。その過程で、児童期に潜在していた異なる発達段階を露わにしていったのではなかろうか。その現れの一つが、9, 10歳の節といえ

2.5 9, 10歳の節による発達理論の再検討

　そもそも，ある年齢を境に，能力や人格が入れ替わってしまうというのは，信じがたいことである。「行きつ戻りつ」それでもいつの間にか大きく成長していたというのが実感だろう。あるときは子どもっぽくあるときはおとなっぽく見えるのが子どもの姿である。こうした子どもに対する実感と9, 10歳の節による質的転換とはどのように関係するのであろうか。一方が正しく他方が間違っているのだろうか。

　ビネーテストといわれる年齢別知能尺度では，年齢ごとにその年齢で半数程度の子どもが正解できる問題が割り振られている。たとえば，林檎(りんご)と梨，鉄と銀などの類似点をあげるという問題は，8-9歳の課題である。直径6cmの円の1方の切れた図を使って，それを広い運動場にみたて，ボール探しをするというのは，9-10歳の課題である。前者に解答するためには，林檎と梨を果物の一種と考えるような概念的思考が求められる。後者に解答するためには，広い場所をくまなく探す計画性が求められる（鈴木，1956）。9歳前後にこうした能力が出現することは，以前からわかっていたことであった。しかし，9, 10歳の節の議論は，こうした能力が単なる量的な変化（たとえば，4数の反唱が5数の反唱にかわるように）ではなく，質的な変化であることを示した点が画期的であった。

　実は，こうした概念的思考や計画性といったものは，ある日突然可能になるのではなく，さまざまな領域において先行したり遅れたりしながら進行するのである。このことは，発達心理学の古典を注意深く読むと気づくことが可能である。ピアジェ（1964）は，保存概念の獲得が質量や体積や重さによってデカラージュすることを指摘していたし，ヴィゴツキー（1934）は，生活的概念と科学的概念によって発達が異なることを明らかにしたし，ワロン（1945）は，5歳半から9歳の子どもに質問し，思考の諸起源を示そうとした。つまり，児童期は複数の発達段階が併存する時期であり，認識領域や質問の仕方によって，異なる発達段階が現れるのである。

　こうした現象は思考だけでなく，人格についてもいえる。家族と一緒のとき，

学校で先生の前で，友だちと一緒の時や学童保育のなかで，子どもはそれぞれ異なる人格を示す。多面性を表現できる環境が，子どもに必要なのである。

3 クラブ活動と個性の発見

3.1 クラブ活動が育むもの

　授業時間内に組み込まれ全員参加の形態で実施されるクラブ活動が，2002（平成14）年度施行の学習指導要領から中学校では廃止になった。小学校でのクラブ活動は，特別活動の一部として，2008（平成20）年3月公示の学習指導要領（文部科学省，2008）のなかでも存続している。

　今回の改訂でクラブ活動を含む特別活動全般の目標は，よりよい人間関係を築く力，社会に参画する態度や自治的能力の育成を重視する方向へ改善された。こうした態度や能力の育成は「自己の生き方についての考えを深め，自己を生かす能力を養う」ことにつながるとされている。

　こうした特別活動全般の目標を受けて，クラブ活動では「個性の伸長」「異年齢の人間関係の構築」「（異年齢集団内での）共通の興味・関心の追求」といった目標が重視されている。クラブ活動は主として小学校4年生以上を対象として行われるが，児童数が少ない場合3年生や低学年も含めて活動を行うことができる。つまり，本章の対象学年である3，4年生から，クラブ活動を通じて得意な領域あるいは才能を発揮できる領域や自分の興味・関心が向く活動に参加しながら自己の個性を発見し，異年齢集団のなかで良好な人間関係を築くことが子どもたちに求められているのである。

　こうした教育目標に対応する心理学的知見は，職業選択に結びついた才能教育実践の下支えとなっている知能や創造性の捉え方，また「集団への参加」という視点から再構築された学習理論などであろう。「自己を生かす能力」とは，自分を客観視できるようになるだけでは発達しない。自分が生きているこの世界には，さまざまな専門領域＝ドメインが存在することを知ること，その領域で活動してみること，自分の活動の成果を社会的基準と照らし合わせて評価することが必要とされる。

この節ではアメリカで1990年代以降「才能伸長型」教育モデルが採用している知能理論・創造性理論を紹介しつつ，日本の教師の「才能伸長型」教育モデルへの抵抗や葛藤をとり上げながらその問題点を検討する。また，集団参加とアイデンティティ構築の関係を主軸にした学習理論を通じて，異年齢集団の効用について考えていく。

3.2 才能をみつけるための〈知能〉と〈心〉

a 多重知能理論

これまでいわゆる知能テストで測定される知能指数は，国語・算数・理科・社会といった教科の学業成績と相関があることを前提に，知能指数に比して学業成績が低い生徒を指す「アンダー・アチーバー」に着目し才能発見の必要性がいわれてきた（トーランス & シスク，2000）。これは知能テストで測定される能力が，言語，数，空間，記憶，推量など比較的領域普遍的な論理的思考能力であったことによる。

こういった知能観からの脱却を図り，職業的才能の〈潜在能力〉として知能を再定義したのがガードナー（Gardner, H.）の多重知能理論（Multiple Intelligence Theory；MI理論）である（ガードナー，2001）。多重知能理論は次の八つの知能領域より構成される。各知能は〈最終状態〉として熟達者に運用される職業領域が想定されている。〈最終状態〉とは当該知能に大きく依存し，社会的に認められ尊重される役割であり，熟達者の職業として表される。

(1) 言語的知能

話しことば，書きことばへの感受性。言語を学ぶ能力。ある目標を達成するために言語を用いる能力。言語的知能の〈最終状態〉は，弁護士，演説家，作家，詩人などである。

(2) 論理数学的知能

問題を論理的に分析する能力。数学的な操作を実行する能力。問題を科学的に究明する能力。論理数学的知能の〈最終状態〉は，数学者，論理学者，科学者などである。

(3) 音楽的知能

音楽的パターンの演奏や作曲，鑑賞の能力。音楽的知能の〈最終状態〉は，

演奏家，歌手，作曲家，音楽批評家などである。
（4）身体運動的知能
　問題を解決したり何かをつくり出すために，身体全体や身体部位を使う能力。身体運動的知能の〈最終状態〉は，ダンサー，俳優，スポーツ選手，工芸家，外科医，機械工などである。
（5）空間的知能
　広い空間のパターンを認識して操作する能力。限定された範囲のパターンについての認識・操作能力。空間的知能の〈最終状態〉は，航海士，パイロット，彫刻家，外科医，チェス・プレーヤー，グラフィック・アーティスト，建築家などである。
（6）対人的知能
　他人の意図や動機づけ，欲求を理解して，その結果他人とうまくやっていく能力。対人的知能の〈最終状態〉は，外交販売員，教師，臨床医，宗教的指導者，政治的指導者，俳優などである。
（7）内省的知能
　自分自身を理解する能力。自分自身の欲望，恐怖，能力も含めて，自己の効果的な作業モデルをもち，その情報を自分の生活の統制に効果的に用いる能力。内省的知能の〈最終状態〉は示されていないが，人間の多くの生活場面において必要とされる。特にこの知能は，ライフコースでの決断を迫られた場面において重要となる能力である。
（8）博物的知能
　自分の環境の多数の種を見分けて分類する能力。ある種の法則に従いカテゴリ化する能力。博物的知能の〈最終状態〉は，博物学者，生物学者，芸術家，社会科学者，人文科学者，狩人，漁師，農夫，庭師，コックなどである。
　多重知能理論の特長は，〈最終状態〉として職業と知能を結びつけて考えられていること，成果を重視して考案されていること，そして現在提唱されている領域は八つであるが今後増減する可能性があることである。この特長は，時代や社会，文化の変容を反映させ，とり込んでいける知能観をめざしていることから生じている。日本のクラブ活動で扱われる領域はここ何十年もほとんど変化がない。情報化や環境問題への認識などに代表される社会的ニーズの変容

をクラブ活動の領域設定に反映できているだろうか。ある特定の知能領域に固執して、子どもの得意・不得意や興味・関心のあり方を評価する機会にしかなっていないのではないだろうか。

さらにもっと問題なのは、成果を重視した才能発見という教育目標自体が日本の学校文化のなかでは立てにくいということにある。次の教師の発言は、その点についての葛藤を表している。

> （サッカーの能力の評価に関して、対外試合に向けて放課後に行われる）クラブ活動ならいいんですよ。ただ学校の体育でやっちゃった場合は、やっぱりその一人の（才能ある）わがままな子が点入れるばっかりじゃ困るわけですよ。やっぱ、女の子も男の子もテクニックの無い子も、どうやったら活躍できるかっていうのを、ルールとね、場を設定して、検討しながらつくり上げていくのが学級でとり組む体育のレベルだと私は思うんですけど。そういうなかでね、うまい子はあえて「お前、シュートしなくてもいいじゃないか、パス出してみなよ、そしたらあの子が点入れれば3点入るんだよ、君だと1点だけど」とかね、そういうちょっと歪曲したルールを提供せざるをえないので、やっぱそこでね、日本はミッドフィルダーが育っちゃうんじゃないかな、とかね。思いますよね、点とり屋がいないっていうのは。学校の体育でやっちゃうとそうなっちゃうんですよね。そういう意味じゃ、学校、体育やりづらいところですね。うちもサッカー、都大会レベルのチームあったんでね。でも、やっぱそういうところで、うまいこと場に合わせてやれる子もいれば、わがままな子もいるしね、そういうなかで、やっぱ技術的レベルはすごく違うんですよね。難しいですね。
> （教職歴11年、男性）

この節でとり上げるクラブ活動は、時間割のなかに設定される全員参加のクラブ活動である。上記教師の発言にある「授業としての体育」と都大会に出るための放課後に行う「特別クラブ活動」とは異なる。しかし、正規授業枠のなかで行われる活動である以上、上記のように「みんないっしょ」になるような配慮が必要とされていることは否めない。こうした学校文化の制約のなかで、活動を通じて自分の才能に気づかせ伸ばすかかわりをしていくのは容易ではな

いだろう。
　職業的専門性につながる知能観を採用し，活動を組み立てていくには，教師はさまざまな領域の専門家と連携をとる必要がある。また成果としての得意・不得意を集団内で価値として共有するための教育的配慮も必要となる。

b 「望ましい集団活動」に必要な五つの〈心〉

　クラブ活動では，「個性の発見・伸長」と同時によりよい人間関係を構築し，「望ましい集団活動」を行えることが求められる。しかし，その目標はともすれば先述した「みんないっしょ」であればよいという短絡的な平等観に陥ってしまいがちである。そこで，才能伸長と協調性をともに育むことを支える理論が必要となる。

　先の多重知能理論や社会的評価の獲得を本質とする創造性理論（Csikszentmihalyi, M., 1999）をもとに，ガードナー（2008）はそこから導きだされた成果を結合して，「五つの心（Five Mind）」を提唱している。次の「五つの心」は，「自己の利益だけを追求するのではなく，その仕事の本当の中枢を支えようとする働き手をどのように育てるか」「自分たちの住む社会，そして子孫に譲り渡す地球について情熱的に考えられる市民をどのように育成するか」といった問題意識から提唱されたものである。これは，今回の改訂が「集団の一員として自己をよりよく生かすことができるようにするなど，道徳的実践の指導の一層の充実を図り，豊かな人間性や社会性，自律性を備えた児童を育てることを目指したことによるものである」（文部科学省，2008，p.8）という特別活動のめざす方向性が打ち出された問題意識と重なるのではないだろうか。

　「五つの心」の内容は以下のとおりである。
（1）熟練した心
　ある分野に特有の思考方法に精通し，それを使いこなす。長期にわたって着実に物事をやりつづけ，技術と理解を深める。
（2）統合する心
　さまざまな情報源から得た情報を，客観的に理解，評価する。自分のためだけでなく，他の人々にも役立つ形に情報を統合する。

（3）創造する心

新しい発想，斬新な視点からの問題提起，画期的な考えの創出を行い，情報を豊富にもつ消費者に最終的に受け入れられる。

（4）尊敬する心

個人や集団の間の差異に目を向け，それを歓迎し，異なる「他者」を理解しようと努め，共同作業を円滑に進めようとする。

（5）倫理的な心

自分の仕事の性質と自分の住む社会のニーズや欲求について思索し，利己的欲求を超えた仕事の仕方を概念化して考える。

これら「五つの心」は，相互に関連している。また，先の三つは領域特殊な認識にかかわるものであるが，後の二つはどの仕事においても「良き評価を受け続ける」ために必須のものであるとされる。

ガードナーらは Good Work Project の研究成果を通じて，継続的に創造的な仕事を行うのに必要なことは他者との協調や倫理観であることを示した。このことに対応するように，知性，熟練技能，学問を豊かに身につけることと同時に，「目的，方向性，動機づけなどの面で，自己を大きくつくり変える」必要性や，「自分の仕事，自分の水準，自分の課題とそれに対する自分の対応につねに不満をもっている」「主流派と違う存在であることを楽しんでいる—少なくとも受け入れている」「打たれ強さ」といった気質，人格，姿勢の面もあげている。

こうした〈心〉の養成は，職業的専門性を鑑みながら「個性を発見・伸長」させることと，「よりよい人間関係」の構築をつなぐことになる。クラブ活動については，時間数の増減や全員参加か否かが議論されることが多いが，むしろこうした学校と社会の橋渡しを担う機能として子どもの発達を促す場であることを重視すべきだろう。

3.3 才能教育実践と異年齢集団の教育的効果

クラブ活動の改訂のポイントとしてあげられているのが，異年齢集団による交流の強調である。先のガードナー（2001）が多重知能理論をベースにした才能教育実践である MI スクールでも，「ポッド」とよばれる異年齢集団による

活動を教育装置として採用している。「ポッド」は，児童の興味にもとづく異年齢のグループワークであり，手話，劇などの各グループのトピックの追求とともに，年2，3回学校中の児童の共通テーマ（たとえば「パターン」「雨林」など）について，各グループの領域でプロジェクトを組み表現する発表会を設けている。

クラブ活動ではなく「総合学習」においてであるが，筆者が調査でかかわっていた都内私立小学校でも，毎年4年生，5年生，6年生が代々同じ課題にとり組む（たとえば4年生は「多摩川」，6年生は「沖縄」）が，年度末に次の学年に今年の課題のなかで自分たちがやってきたことをグループ間で教えるという発表会を設けていた。これによって，次の学年には「来年になったらこの課題にとり組む」という動機づけとなり，今年その課題にとり組んだ児童は「教える」ことを通じて自分たちの得た知識の体系化を図ることになる。

こうした異年齢集団での活動は，その参加水準の違いから，さまざまな教育的効果があると考えられる。集団への参加を学習の本質とみなす概念として，正統的周辺参加（Legitimate Peripheral Participation：レイヴ＆ウェンガー，1993）がある。この概念にもとづく学習論は，正統的周辺参加論（LPP論）とよばれ，1990年代に心理学や教育学の世界で注目された。正統的周辺参加論は，一言でいえば「学習とは，文化的実践共同体への，正統的な，周辺からの，参加によって，その共同体の成員としてのアイデンティティを確立していくこと」とする考え方（佐伯，2001）である。最初は誰であっても，その実践コミュニティに対し周辺的参加者として参加する。そして，年月が経つごとに十全的参加者へと移行する。その変容にアイデンティティの変容が対応していると考え，参加水準の移行を学習と捉えるのである。実践コミュニティあるいは実践共同体という概念は，その後変遷があるが，「人々がともに学ぶための単位」であり社会的な集団をさす。つまり，クラブも実践コミュニティであると考えれば，学年による参加水準の違いを含み込んで活動全体を組み立てることが，クラブ活動における学習の本質となるのである。

しかし，クラブ活動には先の異年齢集団による実践と大きく異なる点がある。それは年度を越えた「活動の継続性」という問題である。たとえば，先の「総合学習」の例であれば，図2-2-5のように，伝統的に同じ課題と学年が対応

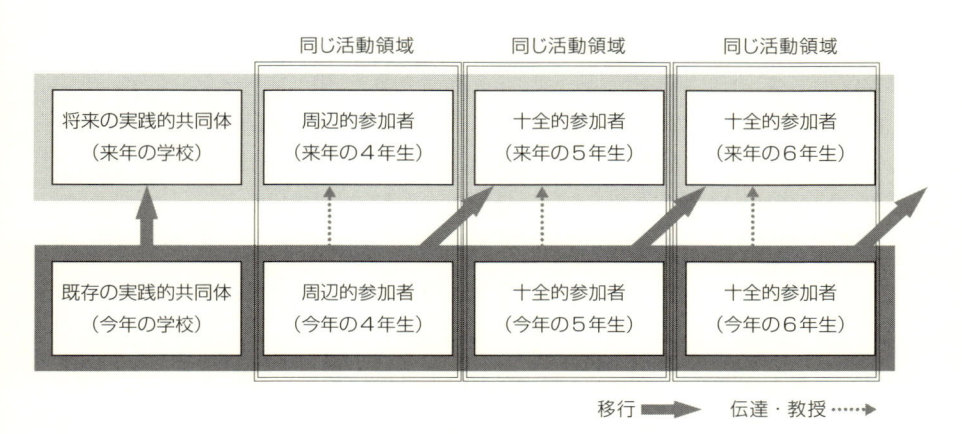

図2-2-5　正統的周辺参加と異年齢活動の関係

していくなかで，子どもたちは「来年になったら，○○ができる」といった展望をもち，それが活動への動機づけとなるのである。年度単位で参加する活動領域を変更するクラブ活動の場合，この「活動の継続性」を保障することが難しい。継続性が保持できない活動で，単に異年齢間の交流のみで発達を促すことが可能であるのか。

　筆者（2008）は，縦割り保育実践において保育者が期待する子どもの学習効果について，1年間の実践記録の分析から検討した。その結果，実践記録のなかで年度はじめの保育者のねらいでは年長児が年中児・年少児に対して「お世話する」という関係が強調され，年度終わりのねらいは年長児と年中児がそれぞれの役割をもって「協働する」という関係が強調されることが示された。つまり，こうした活動を設定する保育者のねらいのなかで，子どもの「お世話」から「協働」へという関係性の変化が期待されており，縦割り保育という異年齢集団の活動が幼児にとって関係性の発達を促すものとして設定されていると考えられるだろう。児童期のクラブ活動における異年齢集団の交流において，子どものどのような育ちが期待されているのかを詳細に検討し，必要があるならば「活動の継続性」の視点を含めて実施システムの改善も考えるべきであろう。

3.4　中学年とクラブ活動開始の妥当性

　田中（1988）は，この章で扱う中学年，つまり9，10歳の発達の重要性を次のように主張している。生後第一の新しい発達の力を「人しりそめしほほえみ」，第二の新しい発達の力を「はなしことば」をともなう「我しりそめし心」，そして第三の新しい発達の力を「書きことば」が将来身につくことを可能にする「理しりそめし力」とそれぞれの次元で発達の力は特徴づけられ，9，10歳という年齢はこの第三の新しい発達の力が充実し飛躍する非常に重要な時期である。そしてこの第三の新しい発達の力の飛躍は，物事の連関を知るといった学校教育で「教わる」ことだけで育つのではなく，「教える」ことによって育つことができる。したがって，この中学年の時期には特に「教える」力を発揮できる場を設けていくことが飛躍につながる。

　この「教える」力を重視した活動には，先の「総合学習」の例でも示したように，学んだ知識を体系化するという「メタ学習」が必然的に伴う。異年齢集団での交流には，確かに年齢が上の子どもから下の子どもへと「教える」行為が含まれてくる。しかし，前述したように次に自分が「教わる」立場から「教える」立場になることが展望できなければ，異年齢集団による環境構成の教育効果は半減してしまうだろう。

　また，田中は発達の下部連関（いちばん土台のところ）で，走力，跳力，投力，背筋力が顕著に伸び，不随意行動がなくなっていき，複雑なバランスと調整をとることが可能になっていくにつれて，中学年の子どもにはいろいろな行動をとるときに「巧みさに対する挑戦」がみられると指摘している。中学年の子どもがとり組む活動領域として，ただ「できるようになる」ことが求められる領域ではなく，「熟達」が可能になる領域を用意しなければ「巧みさに対する挑戦」は生じない。この点においても，中学年の子どもにとって，「熟達」の世界としてのクラブ活動の領域が必要とされるのである。

　以上二つの田中の指摘，「教える」力の重視，「巧みさに対する挑戦」の尊重から，中学年でクラブ活動を開始することには発達的な妥当性があるといえるだろう。しかし，「全員参加」に重きをおきすぎて，「みんないっしょ」のレベルでできるようになることを目標とする，あるいは「熟達」ではなく「経験す

ればよい」という課題設定や評価基準設定にするといったことがあれば，クラブ活動の妥当性はなくなってしまう。教科教育ではないクラブ活動であるからこそ飛躍を援助できることがあるはずである。教師はその点に配慮して，環境設定としての異年齢集団の運営システム，活動領域，動機づけのための教育装置などをつくり出すことが必要となるだろう。

4 授業参加行動と動機づけの変化

4.1 授業に対する参加行動

3，4年生になると，1，2年生に比べて，授業時間数が大幅に増加する。現行の学習指導要領（文部省，1998）では，学校教育法施行規則にもとづき，1年生の総授業時数は年間782時間，2年生は年間840時間，3年生は年間910時間，4年生校は年間945時間と定められている。また，2009（平成21）年度から小中学校で移行措置がはじまり，2011（平成23）年度から完全実施される新しい学習指導要領（文部科学省，2008）では，授業時間数の増加に伴い，1年生850時間，2年生910時間，3年生945時間，4年生以降980時間とされている。今回の改訂で授業時間が増加した理由は，全国学力調査，学習状況調査の結果もふまえ，子どもたちがつまずきやすい内容の確実な習得を図るための繰り返し学習や，知識・技能を活用する学習の時間を充実するためであると説明されている。

このように，3，4年生になると授業は子どもたちの学校生活のなかで，より中心的な位置を占めるものになっていく。それでは，授業に対する子どもたちの参加行動には，どのような行動がみられるのだろうか。また，授業に対する意欲と授業中の参加行動はどのような関連があるのだろうか。また，学年によって違いはみられるのだろうか。この節では，これらの問題について考えていく。

　　　授業中，よく手を挙げて発言するA君。先生に指名されないと，「なんで当ててくれないの」と不満そうな顔を見せることもしばしば。宿題を含め，忘れも

のでは，クラスのなかで１位，２位を争っている。
　　授業中は，指名されない限り，自分から手を挙げて発言することはないBさん。先生や他の友だちの話はよく聞いていて，自分の考えをノートにしっかり書くことができる。

　A君もBさんも同じクラスで学ぶ４年生である。どちらの子どもが，授業に対して積極的に参加していると考えられるだろうか。学校では，挙手をしたり発言したりすることが，授業に対する積極性として評価されるのではないだろうか。たとえば，これまでの研究から，授業に対して，教師が子どもたちの挙手行動を重要視していることが明らかにされている（藤生，1991他）。さらに，藤生（1992）は，算数の授業場面をとり上げ，児童の挙手行動を規定する要因を検討した結果，自己効力，結果予期，結果価値の三つの要因が関連していることを明らかにした。また，授業場面での子どもたちの質問行動に着目し，子どもたちが自ら質問をつくり出すための介入を試みた研究もある（生田・丸野，2002，2004）。

　確かに，挙手や発言，質問は授業のなかで重要な行動であり，促進されるべきものであると考えられる。しかし，挙手や発言をしない子どもは，授業への意欲が低いと判断しても良いのだろうか。集中して教師の話に耳を傾けたり，黒板に注目することもまた，授業に積極的に参加していると評価できるのではないか。

　そこで，布施・小平・安藤（2006）は，従来から積極的であると評価されてきた挙手や発言のような行動に制限することなく，授業に集中して話を聞くなどの行動も含めた授業への参加行動を検討した。授業に対する積極的参加を表す行動を「積極的授業参加行動」と名づけ，その様相や加齢に伴う変化を検討した。その結果，「積極的授業参加行動」とは，「注視・傾聴」「挙手・発言」「準備・宿題」の三つの行動が含まれることが明らかになった。「注視・傾聴」とは，先生や他の子どもの話を聞く，のように余計なことはせずに授業に集中して話を聞き，教師の指示には従うなど，授業参加において最初に問題となる基本的な行動を指している。「挙手・発言」とは，発言や返答などの授業中の意見の表明や授業関与に関する行動である。「準備・宿題」とは，授業が始ま

る前に授業の準備をしておく,などのように授業時間外における授業の準備や課題をこなすことを表す行動を指している。

　これら三つの行動は,教師から把握しやすい行動もあれば,教師から捉えにくい行動も含まれている。また,どのような行動が教師から「積極的である」「意欲的である」と評価されるのかについては,教師によって観点が異なる可能性が考えられる。たとえば,上記のA君とBさんについて,A君の方が積極的であると評価する教師もいれば,Bさんの方をより高く評価する教師もいるだろう。このような教師の評価の観点について,筆者は特に授業に対する意欲と強く関連していた「注視・傾聴」に焦点を当て,教師に対するインタビュー調査を行った。その結果,「『注視・傾聴』行動を児童の評価(通知表などの成績としての評価)にどの程度反映させているか」という質問に対しては,次のような回答が得られた。

　　発言,挙手,書くものに比べて,集中しているとか聞いているとかは,主観的な判断になってしまうから,評価に含めるかどうかは,先生次第かも。低学年なら,主観的判断も含めるけど,高学年なら何らかの形で表現してほしい。あと,最終的にはテストをやってみるとか。ただ,意欲と成績は比例しないと思う。意欲はあってもできない子,授業は聞いていないけど,テストをやったらよくできる子もいる。(教職歴10年,30代男性)

　　通知表では,「ちょっと集中が続かない」とか,もっと集中できていれば力がつくのに,という書き方をすることがある。集中しているかは,「関心・意欲・態度」的なところに含まれる。自分としては,「挙手・発言」もそれほど高く評価していない。必ずしも評価していない。それほど重要視していない。しなければまったくダメかというとそうではない。「注視・傾聴」と成績や学力は,ある程度は関連すると思う。「注視・傾聴」ができればもっと力はあるのに,という子はいる。ただ,ある程度がんばれば,みんなできるというものではない。理解できていない,定着していかない子もいる。(教職歴21年,40代男性)

　　国語の場合だったら,「聞きとり」の項目に反映させるとか。多少は反映させ

る。授業中に目が合わないとか，何回も聞きに来るような子は，やっぱり聞きとりのテストもできない。何気なく，自分のなかでは，「挙手・発言」の方に重きを置いている。(理由は)「注視・傾聴」は，主観的な判断になってしまうから。「挙手・発言」は，確かに手は挙げた，と客観的にわかるから。学力や成績とは，大部分の子は関連すると思う。たまに，まったく聞いていなくても，当てると答えられるとか，自分でやっているという子もいる。そういう特別な場合を除けば，やっぱり「注視・傾聴」は大事だと思う。だからこそ，自分の主観に重きはおけない。(教職歴8年，30代男性)

このように，教師によってどのような行動を重視するのかには違いがみられた。このような教師の考えは，授業中の教師の指導行動に反映されるだろう。また，教師のかかわり方は子どもの意欲や行動に影響する。子どもと教師の相互作用のなかで，子どもの示す行動が重要な架け橋となっているのは確かであろう。先述のように，積極的授業参加行動とは子どもの授業に対する意欲の表れであると同時に，教師によって認知され，指導行動に反映されるものでもある。そこで，次では，授業参加行動と授業に対する意欲との関連をとり上げる。

4.2 授業参加行動に及ぼす動機づけの影響

a 学習に対する動機づけ

学習指導要録では，すべての教科において「関心・意欲・態度」を評価する項目が設定されている。この「関心・意欲・態度」について，心理学では「動機づけ」として研究が積み重ねられている。動機づけとは，いわゆる「やる気」のことである。ある欲求を満たすために，特定の目標に行動を定め，その行動を維持したり，調整したりすることをとおして，一定の方向に導くプロセスを指す。

b 内発的動機づけと外発的動機づけ

動機づけ研究では，「内発的動機づけ」と「外発的動機づけ」という二つの動機づけによって人がもっている動機を捉えようとしてきた。「内発的動機づけ」とは，「算数を勉強することが楽しいから勉強する」のように，内側にあ

動機づけ	非動機づけ					内発的動機づけ
調整スタイル	調整なし	外的調整	とり入れ的調整	同一化的調整	統合的調整	内発的調整

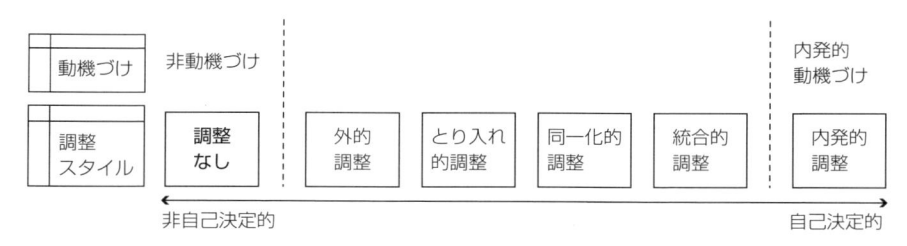

非自己決定的 ←——————————————————→ 自己決定的

図2-2-6　自己決定理論における動機づけモデル
（Ryan, R.M. & Deci, E.L., 2000をもとに作成）

る知的好奇心や楽しみから学習が生じるという動機づけを指している。それに対し、「外発的動機づけ」とは、「ゲームを買ってもらいたいので、テスト勉強をがんばる」のように、外側にある報酬を得るため、もしくは罰を避けるために生じる動機づけである。「内発的動機づけ」が学習や課題へのとり組みそのものが目標となるような動機づけであるのに対し、「外発的動機づけ」は学習や課題へのとり組みが報酬を得るため（罰を避けるため）の手段にすぎず、目標は別にあるという特徴がある。

このような「内発的動機づけ」「外発的動機づけ」という区分で進められてきた動機づけ研究は、その後、さらに動機づけを詳細に捉える方向に発展していった。たとえば、「内発的動機づけ」と「外発的動機づけ」の間にある動機づけを捉えるため、「自己決定（自分の欲求の充足を自由に選択する程度）」という変数で整理した自己決定理論（Self-determination theory）が出されている。自己決定理論は、これまで、対立するものとして考えられていた内発的動機づけと外発的動機づけを統合的に捉える理論の一つである（Deci, E. L. & Ryan, R. M., 1985; Ryan, R. M. & Deci, E. L., 2000）。自己決定理論では、内発的動機づけと外発的動機づけを自律性（自己決定性）という一次元の連続体上に配置しており、外発的動機づけを自律性の低い順に「外的調整」「とり入れ的調整」「同一化的調整」「統合的調整」という段階に区分している（図2-2-6）。

（1）外的調整

まったく自己決定がなされていない段階であり、「先生がうるさいから勉強する」のように、行動の動機は外的な刺激によるものが中心となる。

（2）とり入れ的調整

「不安だから勉強する」のように，直接的な外的刺激ではなく，個人の内面から生じるような刺激によって動機づけられる段階である。
（3）同一化的調整
　たとえば「自分にとって重要だと思うから勉強する」のように，行動を自分の価値として同一化する段階である。
（4）統合的調整
　外発的動機づけのなかで，もっとも自己決定の程度が高いものが「統合的調整」である。この段階では，行動することが自己概念（いまの自分の状態）に一致する，価値のあるものとして捉えられていることになり，行動に喜びを感じることになる。
　（1）から（4）の段階よりも，さらに自律性の高い動機づけとして，内発的動機づけを位置づけている。このように，自己決定の程度によって捉えることで，多様な動機づけを統合的に捉えることが可能となっている。

c　授業に対する動機づけ

　子どもたちは，授業に対して，どのような動機づけをもっているのだろうか。また，授業に対する動機づけは，授業中に子どもたちがとる行動にどのように影響するのか。たとえば，達成動機づけ理論[8]（Atkinson, J. W., 1964, 1974），原因帰属理論[9]（Weiner, B., 1985），内発的動機づけ理論[10]（Deci, E. L., 1971）など，多くの動機づけ理論が示すように，動機づけは行動に変化をもたらすものである。また，学習場面における子どもの意欲もまた，態度や行動という形で表れるであろう。そして，教師は子どもの態度や行動をみて子どもの

---

8) 学習に対する達成動機とは，学業達成場面において優れた学業成績を上げようとする動機である。アトキンソン（Atkinson, J. W.）は，目標に対する接近傾向と回避傾向の葛藤から達成遂行行動が生じるとしている。

9) 原因帰属とは，物事の成功，失敗の原因を何かに求めることである。ワイナー（Weiner, B.）は，学業達成場面で使われる原因帰属の要因として，原因が本人の内部にあるのか外部にあるのかという「原因の位置」，原因が時間的に変化するかどうかの「安定性」，原因をコントロールできるかどうかの「統制可能性」の三つの次元に分類している。

動機づけを推測しようとするであろうし，逆に，教師のかかわり方が子どもの動機づけや行動に影響することも考えられる。

　布施ほか（前掲書）が積極的授業参加行動と授業に対する動機づけの関連を検討した結果，「注視・傾聴」行動ともっとも強く関連することが明らかとなった。上述のように，通常，授業に対する積極性の評価は，「挙手・発言」のような行動にもとづいてなされることが多いと思われる。しかし，授業に対する高い動機づけの現れとして，「挙手・発言」よりも「注視・傾聴」に着目した方が適切な評価ができる可能性があることを示したといえる。

　さらに，安藤・布施・小平（2008）は，積極的授業参加行動と動機づけとの関連をより詳細に検討した。動機づけについては，上述の自己決定理論の視点にもとづく検討を行った。その結果，「注視・傾聴」行動と「準備・宿題」行動は，自律性の高い外発的動機づけ（高自律的外発的動機づけ），内発的動機づけのいずれとも関連がみられた。一方，「挙手・発言」行動は，内発的動機づけとは関連していたが，高自律的外発的動機づけとの関連はほとんど得られなかった。このことから，高自律的外発的動機づけをもっており，「注視・傾聴」を行うものの「挙手・発言」を行わないという児童の存在が示されたといえよう。布施ほか（前掲書）で指摘した「授業への動機づけは高いが，黙って授業を聴いている児童」の存在が改めて確認されたといえる。したがって，従来のように授業のなかで「挙手・発言」行動を重視して児童の意欲・動機づけを評価してしまうと，高い自律的な動機づけをもっている児童を過小評価してしまう危険性が指摘できる。

　また，「積極的授業参加行動」の学年差，性差および，「積極的授業参加行動」と授業に対する動機づけとの関連を調べたところ，次のような結果が得られた。まず，全体的に学年が上がるにつれて，積極的授業参加行動は減少していくようである。また，性差については，「注視・傾聴」と「準備・宿題」は，

---

10) デシ（Deci, E. L）は，内発的に動機づけられている行動に外発的動機づけが加わったとき人の行動がどう変化するのかという問題について，パズルを用いた実験を行った。最初，おもしろさからパズルを解いていた人に外的な報酬を与えると，次第に報酬をもらうためにパズルを解くようになるという結果が得られた。このことから，外的な報酬などによって外発的に動機づけられると，内発的動機づけが低下することが示されている。

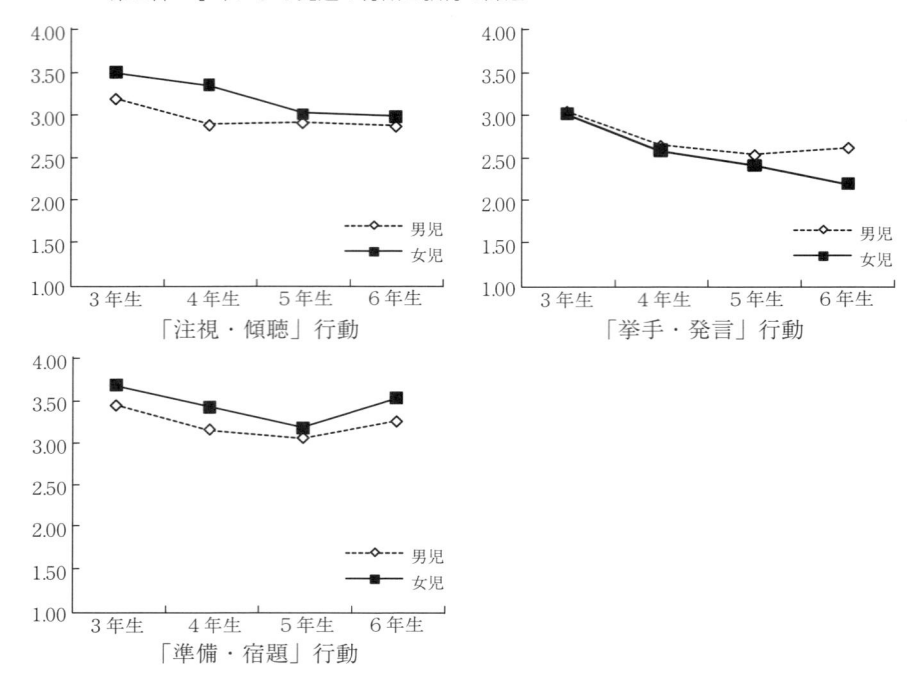

図2-2-7 「積極的授業参加行動」の学年による変化（布施ほか, 2006）

男児よりも女児の方がよく行っているが，「挙手・発言」は女児よりも男児で多くみられる傾向があった（図2-2-7）。

4.3　3, 4年生の特徴

　布施ほか（前掲書）の結果では，積極的授業参加行動の頻度がもっとも多いのは3年生であり，高学年になるほど低下する傾向がみられた。動機づけについても，3年生から学年が上がるにつれて減少するという傾向にあり，動機づけの低下が積極的授業参加行動の減少につながっていると考えられる。また，

11）アサーションとは，自分も相手も大切にしようとする自己表現を指す。自分の考えや意見を率直にその場にふさわしい方法で表現すると同時に，相手の主張も聴こうとする態度を伴うものである。近年，子どもにアサーションの力をつけるために，教育現場の中にアサーション・トレーニングをとり入れる動きもみられる。

積極的授業参加行動の三側面について，特に，中学年の「注視・傾聴」，高学年の「挙手・発言」で著しい性差がみられた。男児はより発言・返答するのに対し，女児はより静かに授業を受け，宿題や授業の準備をしっかりと行うようである。これは，女児では挙手に関する自己効力感が高学年になるほど低下するという藤生（1991）の結果と対応している。また，自己呈示やアサーション[11]について，女児はより思慮深く慎重な行動をとるようになることが指摘されている（塩見・庄田，2004）。このようなことが，積極的参加行動の性差として表れた可能性が考えられる。

また，安藤ほか（前掲書）では，3年生から6年生まで学年が上がるにつれて何らかの方向性をもった変化が生じているわけではなかった。しかし，4年生では，他の学年とは異なる特徴がみられた。具体的には，低自律的外発的動機づけから積極的授業参加行動への関連がまったくみられなかった。また，高自律的外発的動機づけから「挙手・発言」行動への関連がみられた一方，「準備・宿題」への関連はないことが示された。4年生は，認知発達において，具体的思考から概念的理解をしつつ，抽象的思考への移行期である。このような思考の発達は，自己を捉える視点や友だちとの関係，学級集団における自分の位置の認識など，社会性の発達とも関連している。このように，さまざまな側面において，4年生は発達の移行期（過渡期）であり，他の学年に比べ質的な違いが顕在化する時期と考えられる。それぞれの学年の発達的変化をふまえた指導が必要となるだろう。

1節　文献

足立絵美　2008　「日常空間で出会う非日常的存在に対する認識――リビングのテレビに登場する四次元ポケットを持ったドラえもんという存在に対する認識」　発達心理学会第19回ラウンドテーブル「魔法と科学の世界を生きる子どもたち」資料

ベネッセ教育研究開発センター　2008『第3回子育て生活基本調査速報版』
　http://benesse.jp/berd/center/open/report/kosodate/2007/soku/index.html

北海道教育委員会　2006　いじめに関する実態等調査報告書『教育アンケート調査年鑑』2007上，pp.97-124

磯村睦子・町田利章・無藤隆　2005　小学校低学年クラスにおける授業内コミュニケーション：参加構造の転換をもたらす「みんな」の導入の意味『発達心

理学研究』第16巻，第1号，pp.1-14
三菱総合研究所，NTT レゾナント　2008　子どもの携帯電話利用に関する調査結果『教育アンケート年鑑』上巻　創育社　pp.95-98
村野井均　2002　『子どもの発達とテレビ』　かもがわ出版
落合幸子編著　2000『小学4年生の心理　十歳——二分の一の成人式』New 心理学ブックス　大日本図書
奥野美恵子・村野井均・宮川祐一　1995　アニメ作りが児童のアニメ理解におよぼす影響『福井大学教育実践研究』No.20, pp.51-64
山岸明子　2006　現代小学生の約束概念の発達——22年前との比較『教育心理学研究』54, pp.141-150

2節　文献

萩原浅五郎　1964　今月の言葉『ろう教育』19-3, p.3
Havighurst,R.J. 1972 Developmental Tasks and Education(Third edition). David McKay Company Inc. (ハヴィガースト，R.J. (児玉憲典・飯塚裕子訳) 1997『ハヴィガーストの発達課題と教育』川島書店)
加藤直樹　1987『少年期の壁をこえる——九，十歳の節を大切に』新日本出版社
国立国語研究所編　1964『小学生の言語能力の発達』明治図書
子どものしあわせ編集部編　1986『子どもはどこでつまずくか——9, 10歳は飛躍台』草土文化
日下正一・加藤義信編　1991『発達の心理学』学術図書出版
Ladd,G.W. 2005 Children's Peer Relations and Social Competence : A century of progress. New haven and London : Yale University Press
Piaget,J. 1964 Six études de psychogie. Gonthier (ピアジェ，J. (滝沢武久訳) 1968『思考の心理学』みすず書房)
心理科学研究会編　1984『児童心理学試論（改訂新版）』三和書房
菅沼嘉宏　1986　ほんとうらしく描きたい——9, 10歳ごろの子どもの発達と絵画表現の課題　子どものしあわせ編集部編『子どもはどこでつまずくか』草土文化　pp.33-40
鈴木政太郎　1956『知能測定法』東洋図書
田丸敏高　1993『子どもの発達と社会認識』法政出版
内海和雄・田丸敏高・中村和夫・須藤敏昭・村越邦男　1994『子どもの発達段階と教育実践』あゆみ出版
Vygotsky,L.S. 1934 Thought and Language (in Russian). (ヴィゴツキー，L.S. (柴田義松訳) 2001『思考と言語』　新読書社)
Wallon,H. 1945 Les Origines de la Pensée chez L'enfant. Presses Universitaires de France (ワロン，H. (滝沢武久・岸田秀訳) 1968　子どもの思考の起源　明治図書)

3節　文献

Csikszentmihalyi, M. 1999 Implication of a System Perspective for the Study of Creativity. In R.J. Sternberg (Ed.) Handbook of creativity. Cambridge University Press. pp.313-335.

Gardner, H. 1999 Intelligences Reframed ; Multiple Intelligences for the 21st Century. Basic Books.（ガードナー，H.（松村暢隆訳）2001『MI：個性を生かす多重知能の理論』　新曜社

Gardner, H. 2006 Five Minds for the future. Harvard Business School Press.（ガードナー，H.（中瀬英樹訳）2008『知的な未来をつくる「五つの心」』ランダムハウス講談社

レイヴ，J.＆ウェンガー，E.（佐伯胖訳）1993『状況に埋め込まれた学習——正統的周辺参加』　産業図書

文部科学省　2008『小学校学習指導要領解説；特別活動編』東洋館出版社

夏堀睦　2008　縦割り保育において保育者が期待する子どもの発達『富士常葉大学研究紀要』8，pp.79-91

佐伯胖　2001　学習とは実践共同体への参加である——正統的周辺参加の意味するところ　子どもの文化研究所編『子どもの文化』33（8），pp.36-43

田中昌人　1988　京都教職員組合養護教員部（編）『子どもの発達と健康教育②：「我しりそめし心」から「理しりそめし心のいとなみ」』かもがわ出版

トーランス，E.P.＆シスク，D.A.（野津良夫訳）2000『才能を開く；その考え方　見つけ方　伸ばし方』文芸社

4節　文献

安藤史高・布施光代・小平英志　2008　授業に対する動機づけが児童の積極的授業参加行動に及ぼす影響——自己決定理論に基づいて『教育心理学研究』56，pp.160-170

Atkinson, J. W. 1964 An introduction to motivation. Princeton, New Jersey: Van Nostrand.

Atkinson, J. W. 1974 Strength of motivation and efficiency of performance. In J. W. Atkinson & J. O. Ranor (Eds.) Motivation and achievement. Winston & Sons.

Deci, E. L. 1971 Effects of externally mediated reward on intrinsic motivation. Journal of Personality and Social Psychology, 18, pp. 105-115.

Deci, E. L., & Ryan, R. M. 1985 Intrinsic motivation and self-determination in human behavior. New York: Plenum

藤生英行　1991　挙手と自己効力，結果予期，期待価値との関連性についての検討『教育心理学研究』39，pp.92-101

藤生英行　1992　算数授業場面における挙手行動を規定する要因についての研究

『教育心理学研究』40，pp.73-80
布施光代・小平英志・安藤史高　2006　児童の積極的授業参加行動の検討――動機づけとの関連及び学年・性による差異『教育心理学研究』54，pp.534-545
生田淳一・丸野俊一　2002　授業での小学生の質問生成プロセスは課題志向性の水準によってどのように異なるか　『九州大学心理学研究』3，pp.77-85
生田淳一・丸野俊一　2004　小学生は授業中に質問を思いついているのか――疑い知ろうとする気持ちの生起と教師に対する質問生成・表出との関連『九州大学心理学研究』5，pp.9-18
文部省　1998『小学校学習指導要領』財務省印刷局
文部科学省　2008『小学校学習指導要領』東京書籍
Ryan R.M., & Deci, E.L. 2000 Self-determination theory and the facilitation of intrinsic motivation, social development, and well-being. American Psychologist, 55, pp. 68-78.
塩見邦雄・庄田明子　2004　児童のアサーションと学校ストレスの関係についての研究――新しい「児童版アサーション測定尺度」を用いて『兵庫教育大学研究紀要』24，pp.59-73
Weiner, B. 1985 An attributional theory of achievement motivation and emotion. Psychological Review, 92, pp. 548-573.

6　非日常体験のなかで子どもたちがみせる姿から

　子どもたちは，さまざまな時間・空間のなかを生きている。そして，そのなかでいろいろな人の影響を受けながら，日々成長している。

　筆者のかかわっているNPO法人アサヒキャンプ名古屋では，対象児の異なるいくつかのキャンプを実施している。キャンプの種類によって実施する内容や期間は異なるが，どのキャンプも大学生のボランティアスタッフが中心になって，これらのキャンプ事業をつくっている。また，このキャンプでは，キャンプネームというそのキャンプの時だけ自分が呼ばれる名前を使っている。アニメのキャラクターや自分が好きなものの名前などをつける子どもが多いが，なかには自分の名前をそのまま呼び名とする子どももいる。また，何回かキャンプに参加している子どものなかには，毎回同じ名前で呼んでもらいたい子どももいれば，毎回違う名前を考えてくる子どももいる。このキャンプネームは，その子の個性がみられる瞬間でもあり，キャンプの非日常性を高めてくれるものでもある。そして，さまざまな人との出会いがある大自然ののびのびとした環境のなかで，子どもたちは実にさまざまな姿を見せてくれる。

　このコラムでは，特に川のほとりキャンプと呼ばれるキャンプをとおして感じたことを述べる。川のほとりキャンプは，高機能自閉症・アスペルガー障害（症候群）・注意欠陥／多動性障害（ADHD）・学習障害（LD）などのある小学校3年生から中学校3年生までの子どもを対象としたキャンプである。四-五人で1グループの小グループをつくり，野外炊事・キャンプファイヤー・川遊びなど実にさまざまな経験をする。また，このキャンプの大きなプログラムとして，スタンツ大会がある。スタンツ大会とは，小グループごとに自分の得意なことや好きなことなどをみんなの前で発表する企画である。発表したくない子には無理強いすることはないが，その子がどのような形でならスタンツ大会に参加できるのかを大学生のボランティアスタッフたちは必死に考える。スタンツだけではなく，3日間，あるいは4日間をとおして，「できたあ」「やったあ」という気持ちをたくさん感じてもらおうと，子どもたちに寄り添う学生の姿が随所にみられる。

　参加している子どもたちのなかには，スタンツ大会では大声を出せる子どもであっても，うまく自己表現できない子どもたちが少なくない。それは，日常生活で

失敗経験が多いためであったり，人間関係がうまくいかないためであったり，一人ひとり理由はさまざまである。そのような子どもたちが，キャンプのなかでは，いきいきとした表情をみせる。保護者の感想を聞いてみても，普段みせたことのない表情をしていることもあるという。

　また，このキャンプは3泊4日という短い期間だが，キャンプから帰った後，日常生活のなかで変化がみられることがあるようである。たとえば，新しいことにはあまりとり組もうとしなかった子どもが，いろいろなことにチャレンジしてみようという気持ちになったり，料理の手伝いを自分から進んでするようになったりするらしい。キャンプで何を体験したかについては，うまくことばでは伝えられず，保護者が「何をしたの？」と聞いても「楽しかった」としか言わない子どもも少なくないなかで，それでもキャンプから帰ってきた後の子どもの様子をみていると変化を感じるというのである。このような変化は，キャンプ中に教えられたスキルが日常生活に活かされているというよりは，自分からやってみよう！　とか，ああしたい！　こうしたい！　という気持ちが強くなったからではないかと思われる。キャンプのような非日常の時間・空間での体験が，自己表現の苦手な子どもたちが自分を表現する方法をみつけていくための一つのきっかけになっているのだろう。

　もちろん，発達障害のある子どもたちの成長のためには，普段の生活をいかに過ごすかということや，日常的にかかわる方々の支援が一番大切である。ただ，このような非日常のなかでの体験が，彼らが自己を表現し成長していくうえで一つのきっかけになるのではないかと思う。

　発達障害支援法の施行や特別支援教育が完全実施される時代の流れのなかで，発達障害のある子どもたちの支援方法について，さまざまな方法論や技法が提案されてきている。もちろん，このような方法論や技法は生活を支えるうえで非常に役立つことであり，発達障害のある子どもたちへの支援を考えるうえで知っておかなければならないことである。しかしながら，方法論や技法だけでは肝心なところにはたどりつけない。支援のベースとして大切なことは，のびのびと自分らしさを表現できること，いろんなことをやりたい！　知りたい！　という気持ちを育むことである。そのためには，子ども一人ひとりの姿を見て，一人ひとりの気持ちに目を向けることが大切である。これは，発達障害のある子どもたちだけでなく，すべての子どもたちにかかわるときに必要な姿勢であろう。

第3章
5年生—6年生

1 少年少女期の問題——思春期への移行

1.1 児童期と青年期をつなぐ思春期

　「高学年」という響きから想像される児童の姿には，思い描く人の経験や立場によって大きな幅があるかもしれない。小学校のなかでは児童会の活動等において模範的あるいはリーダーとしての役割を期待される一方で，家庭や地域を含む社会のさまざまな場面では，「まだ子ども」であると同時に「もうおとな」として扱われることもあり，自分の存在の位置づけが難しく感じられるかもしれない。理論的にも，一般的な発達段階の区分としては児童期の後期に位置するとともに，身体的には第二次性徴を迎えて思春期に入っていくという，位置づけが不安定な移行期である。

　本節では，最初に児童期や青年期，思春期といったことばの意味を整理したうえで，小学校高学年にかかわりの深い概念や現象をいくつかとり上げ，その重なり合いがどのような意味をもつのか，そしておとなはどう向き合っていったらよいのかを考えてみたい。

a　青年期の歴史的誕生と思春期ということば

　乳児期，幼児期，そして児童期に続く発達段階は，青年期（adolescence）である。現代では主に中学生から高校生・大学生にかけての時期を指しているが，長い歴史のなかでは，時代によって青年期ということばの意味する内容が変化してきた。白井（2003）によると，そもそも中世には今日いわれるような青年期はなく，子どもは小さなおとなであり，身分や出身によって職業が決まる社

会であった。それが産業革命を経て，19世紀後半から20世紀初頭にかけて，過酷な児童労働が規制されるとともに，職業選択の機会が増し，モラトリアムという就労義務の猶予期間における役割実験を経てアイデンティティの確立に至るという今日的な青年期が登場したという。

このように，青年期はまさに歴史的に誕生した概念であり，その意味は現在もなお変容し続けていると考えなければならない。たとえば，青年期の終わり，すなわち成人期のはじまりの指標は経済的自立といわれてきたが，大学・大学院進学率の上昇や非正規雇用の増加など，いわゆる自立は遅延傾向にあり，成人期との境目が不明瞭になっているようにも思われる。また，青年期のはじまりの指標として第二次性徴がとり上げられることもあるが，これも個人差のみならず時代による差異が大きく，後述するように，次第に早期化してきた歴史がある。青年期は始期が早まり，終期が遅くなるという形でその期間が長期化している。これを「青年期延長」ということがある。その青年期への移行という観点からみるならば，小学校高学年の位置づけもまた時代とともに変わってきていると考えるべきだろう。

一方，この節のタイトルにある思春期（puberty）ということばは，元来，身体発達とそれに伴う心理的な変化の特徴に注目する生物学的な用語である。語源の pubes が陰毛を意味することからも，その意味合いは想像しやすい。おおよそ10代前半を指す形で使われてきているが，児童期や青年期といった発達段階を表す用語とは位置づけが異なっていたように思われる。いわば新しく生じた変化とそれに伴うさまざまな不安や葛藤などの危機に焦点を当てている概念と考えればよいかもしれない。この時期の一過性の精神状態や不適応行動等に注目して思春期危機といういい方も用いられる。そして「思春期外来」と称して精神医学的な治療・相談を行っている病院もみられる。

このように出自の異なる青年期と思春期の用語であるが，今日では両者の重なり合いにむしろ注目し，青年期延長という状況もふまえて，青年期前期と思春期をほぼ同義に捉えるのが現実的であるだろう。ゆえに，本章で扱う内容は，広くは児童期から青年期への移行であるのだが，小学校高学年に焦点を当てるならば，青年期の前半である思春期への移行と表現する方が内容をよく吟味できると考えられる。

b 第二次性徴とその早期化——発達加速現象

　思春期・青年期のはじまりの指標とされている第二次性徴には，さまざまな身体的変化が含まれており，実際にはその期間にも相当の幅がある。具体的には，身長や体重の増加（成長スパート），陰毛の発生，生殖機能の獲得を意味する初潮や精通，さらには変声といった現象があげられる。

　一般に第二次性徴の時期は女子の方が男子よりも若干早い。文部科学省（2008a）の学校保健統計調査によると，小学5年生と6年生の平均身長は，男子が138.9cmと145.3cm，女子が140.3cmと146.8cmとなっている。これが小学4年生では男子133.7cm，女子133.6cm，中学1年生では男子152.6cm，女子152.1cmであり，小学校高学年の2年間だけ女子が男子を上回っていることになる。これは横断的データであるが，女子は小学4年から5年にかけて，男子は小学6年から中学1年にかけて身長増加がピークを迎えていることになる。

　大阪大学大学院人間科学研究科の比較発達心理学研究室による第11回全国初潮調査（2005年2月実施）によると，小学6年で初潮を迎えるケースがもっとも多く，小学校卒業までに6割近い児童が初潮を経験している。平均すると12歳代前半になるが，個人差は非常に大きく，小学4年生までに初潮を迎えるケースも約5％ある。そして中学1年生の時点では既潮率が8割を超える。

　この個人差がもたらす問題については後述するが，実は個人差に加えて時代差もまた大きいことにここで注目しておきたい。初潮を例にあげると，先の大阪大学の調査では，1961（昭和36）年時点で小学6年生の既潮率は2割余であったのが，1982（昭和57）年の4割余，2002（平成14）年の6割弱と次第に高まってきたことがわかる。初潮年齢の平均は現在12歳代前半だが，いまから約150年前には，国によって異なるものの15-17歳代であったといわれており，性的成熟が早まってきているといえる。

　このように，時代とともに身体的成熟が早期化することをさして発達加速現象といい，身長や体重の増加が早まることは成長加速現象，生殖機能の獲得が早まることは成熟前傾現象と呼ばれることがある。この発達加速現象の要因としては，気候説，栄養状態の改善や生活様式の変化（栄養説），音や光といった物理的刺激の増加（都市化外傷説），そして移動範囲が拡大して遺伝的に遠い人同士が生殖することによるヘテロシス（雑種強勢説）など，さまざまな説が

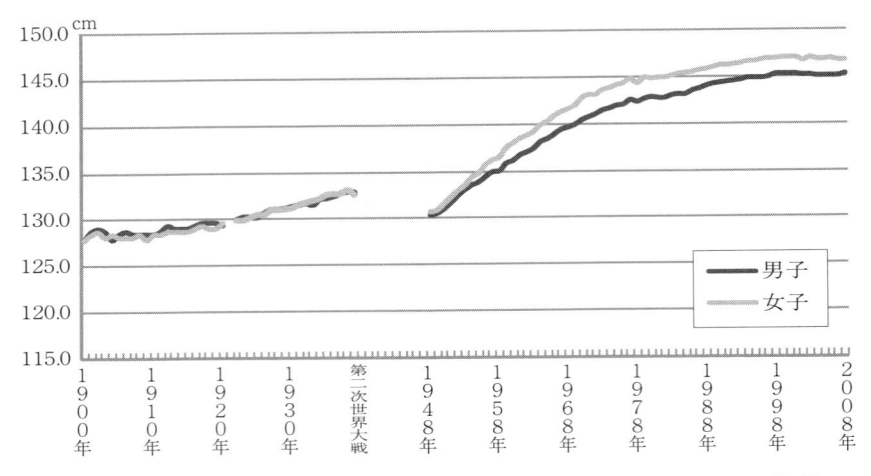

図2-3-1　11歳児童の平均身長の経年変化（文部科学省，2008aより作成）

指摘されている。

　これらの要因のなかで，少なくとも栄養状態がおおいに関連していることを推測させるのは，第二次世界大戦の前後の変化である。たとえば，学校保健統計調査の年次推移をみると，戦前最後の統計である1939（昭和14）年の11歳児（現在の小学6年生相当）では，平均身長が男子132.9cm，女子132.7cmであった。それが戦後最初の調査が行われた1948（昭和23）年には，男子130.4cm，女子130.8cmになり，大正時代末期の水準まで落ち込んでいる。青年期の概念自体が歴史的・社会的に考察されなければならないことは上述したが，身体的成熟もまた社会的条件と無関係ではないことを示すデータといえよう。ちなみに，1939（昭和14）年の平均身長で男子が女子を上回っているのは，当時の成長スパートの時期がいまよりも遅い12歳以降だったためである。

　さらに，こうした縦断的データからわかるのは，早期化のペースは徐々に緩くなってきているということである。小学6年生の男子の平均身長は，1968（昭和43）年から1978（昭和53）年の10年間で139.7cmから142.4cmへ，1988（昭和63）年には144.1cmと伸びているが，1998（平成10）年と2008（平成20）年はともに145.3cmでほとんど変化がみられない。

c 移行期への移行

さて、ここまで主に身体的成熟の観点から思春期の様相をみてきたが、青年期研究の観点からは心身両面に注目していく必要があるだろう。もともと青年期は子どもからおとなへの移行期という不安定な時期を指す用語であり、その入口がまさに身体的変化に基礎を置く思春期と重なる。このように、おとなでも子どもでもないという不安定な青年像を指して、レヴィン（Lewin, K.）がマージナルマン（境界人）と表現したことはよく知られている。そして、心理的離乳や脱衛星化といった精神的自立を表す用語も青年期の特徴を描くときによく用いられる。また、そのプロセスは「疾風怒濤(どとう)の時代」と呼ばれるように、反抗期を伴う荒々しいイメージがかつて語られていたが、このような「青年期危機説」に対して、近年では「青年期平穏説」の方が有力という見方もある。

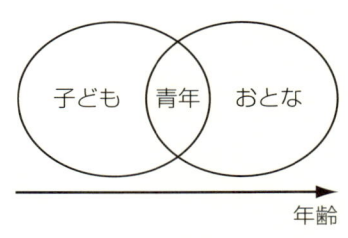

図2-3-2 マージナルマン

本来は移行期あるいは過渡期として考えられていた青年期も、先にみたようにそのはじまりが早くなるとともに終わりが遅くなり（青年期延長）、現代では10年に及ぶ一つの発達段階として定着してきた。小学校高学年は、いわば「長い移行期への移行」のはじまりがその特徴といえそうであるが、一般論としての「青年期危機説」か「青年期平穏説」かという議論にとどまらず、さまざまな意味での個人差を考えないわけにはいかない。

1.2 思春期入口の諸相――社会化と個性化の狭間で

a ギャングエイジの変貌

児童期の発達を語る重要なキーワードの一つと考えられてきたのが「ギャングエイジ」である。小学校中学年頃から高学年にかけてみられ、11歳がピークとされてきた同性同年代の自然発生的な結束力の強い仲間集団がギャングである。いわゆるインフォーマル集団であるがゆえに、児童の社会化に寄与する側面が強調されてきた。そして、第二次性徴を機とする異性への関心の芽生えとともに、ギャングエイジは終わりを迎えるというのが従来の知見であった。

しかしながら、都市化の影響で「秘密基地」を作ることさえ空間的に難しく

なっていることは想像に難くない。秘密の共有によって結束力が保たれてきたならば，おとなにみつからない自前の遊び場所の喪失は仲間集団の形成にとって影響は大きいだろう。一方で，都市化の影響を受けにくいと思われてきた郡部においても，ギャングエイジは変貌を余儀なくされている。過疎化の著しい郡部でこそ少子化の影響で放課後の遊び仲間が徒歩圏内にみつからず，子どもたちの遊びが危機的な状況にあるという見方も必要であろう。いずれにしても，ギャングエイジという豊かな子ども時代を送ることが困難になっていると考えられる。

b　通塾率の上昇

　ギャングエイジ衰退の背景の一つとして，特に時間面でかかわっているのが学習塾やならいごとであると考えられる。2007（平成19）年11月に行われた文部科学省の「学校外での学習活動に関する調査」が2008（平成20）年8月に公表された。その結果によると，通塾率が小学5年生で33.3％，6年生で37.8％となっている。1985（昭和60）年ではそれぞれ21.2％と29.6％であったことから，長期的な視点では増加傾向にある。また，大都市になるほど通塾率が高く，中学受験等の地域事情の動向や親の期待や経済力といった家庭の階層による通塾率の違いなども注目される。

　ちなみに，同調査（文部科学省，2008b）では，学習塾の好き・嫌いについても尋ねている。「とても好き」と「まあ好き」を合わせると5割を超え，「あまり好きではない」と「嫌だ」は合わせても1割余である。この背景として通塾動機の多様性が考えられる。乾・伊田（2004）は小学5年生から高校3年生までを対象として通塾開始動機と通塾継続動機を自由記述によって尋ねた。回答には親からの強制や受験を意識しての成績向上をめざす内容もみられたが，通塾開始動機として先に通っている友だちから紹介されたことをあげたり，通塾継続動機として塾で友だちと会えることに意味をみいだしたりしているケースが少なからずみられた。上記の文部科学省による調査でも，学習塾が好きな理由として「友だちに会えるから」という項目の選択率が半数近くに達していることから，ギャングエイジが形を変えて学習塾を軸に展開している側面も考えられる。

c　ならいごとの変化

　ならいごとをしている小学5年生は73.6%，6年生は66.9%で，過去20年余の経年比較ではほぼ横ばいであり，中学進学後に30%台に半減する傾向も変わっていない。しかしながら，ならいごとの種類は大きく変化してきている。たとえば，ならいごとをしている者のうち，習字は1985（昭和60）年の小学生男子で42.3%，女子で45.0%であったのが，2007（平成19）年にはそれぞれ16.3%，28.6%まで減っている。そろばんも25%前後から8%前後に大きく減った。一方，スポーツ関係は男子55.6%から86.3%へ，女子も18.8%から29.2%へ，この20年余で大きく増加している。外国語会話も5%未満だったのが10%前後にまで伸びた。女子に多くみられる音楽関係は61.1%から51.5%へ減少し，逆に舞踊関係（ダンス含む）が2.8%から10.5%に増加した。

　手指の技術を身につける伝統的なならいごとが減少し，全身で表現するものが増えたといえるだろうか。良し悪しの議論は別として，少なくともならいごとをとおして獲得される精神性にも何らかの変化が生じるように思われ，今後の研究の展開が望まれる。

d　思春期とジェンダー

　思春期を論じるうえで重要になる視点がジェンダー（gender）であろう。先にみてきた統計における男子と女子の区別は生物学的な性（sex）による集計であるが，心理学的には社会・文化的に形成された性であるジェンダーに目を向ける必要があるだろう。たとえば，身体がどのように成熟し変化するのかという現象それ自体は生物学的であるが，その変化をどのように意味づけて受容するのかという問題はきわめて社会的あるいは文化的である。田口（2008）は，連続と非連続をキーワードに，ジェンダー研究から心理学研究のあり方を論じている。発達研究においてもこのような視点がこれから大きく広がってくるだろう。

　さて，身体発達の受けとめ方についての研究に触れておきたい。コールマンとヘンドリー（Coleman, J. & Hendry, L., 2003）によると，10歳代では，身体的魅力の規範を理想化し，たとえその規範が非現実的なものであっても，それに合わないことで自己否定したり，自尊感情が低下したりすることを指摘して

いる。その規範はメディアによってつくり出されたイメージである側面が大きいといわれ，まさに社会・文化的に形成されたものであるといえよう。さらに，特に女子は男子よりも容姿が自己概念の重要な要素となっており，女子は男子よりも身体に不満があるといったことも述べられている。今日，おとなの社会では「性の商品化」が横行し，身体の商品価値をもつかという視点が少年少女をまきこんでいるように思われる。さらに，性の教育を実践している医師の岩室（2008）は，「恋人がいないことが格好悪い」「セックスをしていないのは遅れている」という友だちからの無言の圧力（ピアプレッシャー）を感じている若者の存在を指摘し，正しい知識を伝えるだけでは性に関する考え方や態度を望ましい方向に導くことは難しいという。自らの経験をもとに語るおとなを含めた関係性やコミュニケーションを再構築することが課題であるといえる。

　加えて，社会学者の土井（2008）は，『友だち地獄──「空気を読む」世代のサバイバル』という本のあとがきで，「わが国における新自由主義の浸透は，生得的な属性にウエイトを置く決定論的な人間観の広がりと密接に連動している」（p.230）と述べている。この本は思春期の性を直接とり上げたものではないが，周囲から浮かないようにその場の空気を読むという状況は，上述した岩室が指摘するピアプレッシャーそのものであり，その大きく遠い背景として新自由主義という社会・経済的状況までみとおすことの必要性を示唆したものと思われる。

e　不適応行動をめぐって

　一般に，不適応行動は，犯罪や非行など社会の秩序を意図的に乱そうとする反社会的行動と，不登校やひきこもりなど社会とかかわることが難しい消極的な行動としての非社会的行動に大別される。学年の進行とともに，さまざまな事情や状況により，こうした不適応行動に至る児童が増える傾向にあるが，ここでは不登校をとり上げて現況をみてみたい。

　不登校の児童生徒数は，中学進学後に急激な増加を示すのだが，小学校においても学年進行とともに増加のペースが上がっている。文部科学省が2009（平成21）年8月に発表した統計によると，2008（平成20）年度に30日以上欠席した不登校児童生徒数は全国で小学5年生が5712人，6年生が7727人となってお

り，1年生1052人から4年生の3961人までの数値を大きく上回る。なお，中学1年生では2万3149人，2年生で3万8577人，3年生で4万2427人と大幅に増加する。統計上，不登校の「原因」はさまざまで，特定できないケースも少なくないが，現実にはあらゆるケースが複合的な背景をもっていると思われる。そして，中学進学後に増えるからといって，中学校教育の問題として片付けるわけにもいかないだろう。小学生時代かそれ以前からの問題の「積み重ね」や獲得すべきだった何かの「積み残し」が，中学校に入ってから「ようやく」ちょっとしたきっかけで顕在化するという話なのかもしれない。

　こうした統計や数値を読み解くことは大局的な視点から問題を考えるうえで非常に重要であるが，いうまでもなく，不登校の児童にとっては，自分一人の苦境に向き合ってもらえるかどうかが何より大切であることも忘れてはならない。そして，その向き合い方が特に教師をはじめとするおとなにとっては難しいのかもしれない。長年，不登校の子どもたちやその親の会とかかわっている高垣（2008）は，消費社会・消費文化における「心の商品化」を危惧し，「苦しみ」という問題に向き合うことを避けて「苦しみ」を消してしまうことは問題の解決にならないと警鐘を鳴らしている。それに対して，結果重視や効率優先のやり方から脱し，自分自身の試行錯誤のプロセスからしか学べないものの価値を復活させる必要性に言及している。そして，不登校やひきこもりの子どもたちは，人との交わりに傷つき，時には信頼さえ失っており，そうしたなかでの不登校を「表現」としてみる必要があるという。これを「レースからの脱落だ」とみてしまうならば，彼らとのコミュニケーションは成立しないという。時間を共有し，ともに待つというコミュニティのなかでこそ，その「表現」を聴きとり，信頼関係が回復し，子どもが自分の物語を書き換えるというコミュニケーションが成立するのだろう。

1.3　一つずつ危機を乗り越えることの大切さ
　　　　　　　　　　　　　　――自己肯定感をはぐくむには

a　コールマンの焦点理論

　ここまで，いくつかの切り口で小学校高学年の児童が置かれている状況をみてきたが，学業以外にも多くの課題が子どもたちに押し寄せていることに改め

(それぞれの曲線は異なる種類の問題を表し，重なる部分は複数の問題に同時に直面する人の存在を示唆する。)

問題に直面する人の割合

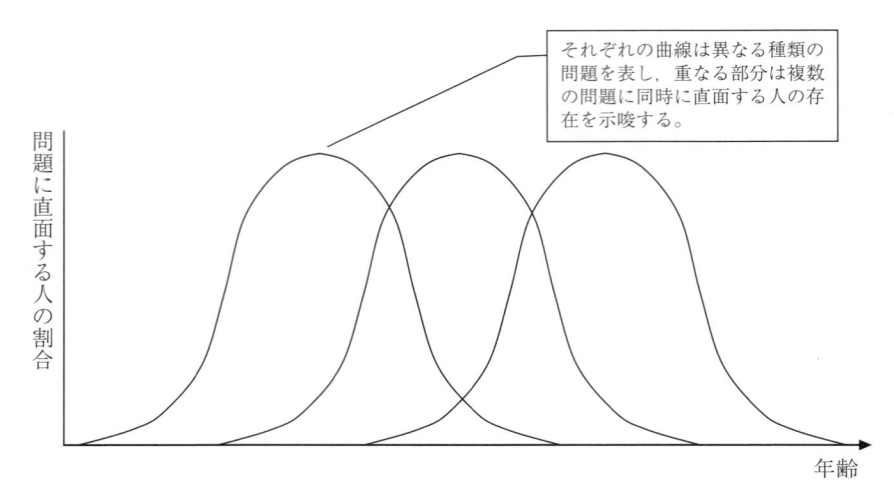

年齢

図2-3-3　コールマンの焦点理論（Coleman, J.C. & Hendry, L.B., 1999を改変）

て気づかされる。ここで，青年期研究の知見としてコールマン（Coleman, J. C. & Hendry, L., 1999）の焦点理論を紹介したい。コールマンによると，青年は広い範囲の対人関係のなかで，自分に関すること，異性との関係，親との関係，友情，より大きな集団にいるときのことなど，多くの問題とかかわっているという。そして，多くの青年はこの多くの問題に一つずつ焦点を当てて，それを乗り越えているのだという。逆にいえば，一度に二つ以上の問題に直面する人は少数であるが存在し，先に述べた不適応行動等に至る可能性が高くなると考えられる。

　たとえば，不登校と一口にいっても，幼少期からの親の期待を受け，過剰に努力し，ギャングエイジを犠牲にし，対人関係が脆弱になっていたところで，親の失業やそれに伴う転居・転校があり，他の人よりも早く第二次性徴を迎えたことが重なったとしたら，どれも一つずつであれば乗り越えられることであっても，複数の問題が重なって生じた結果として，優先的に解決する問題を絞りきれなくなることは容易に想像できる。

　上述した大阪大学の全国初潮調査でも，近年の初潮年齢の低下は体格の向上がみられないなかで生じており，朝食を抜いているなどの健康習慣の悪化が関係していると考察されている。その背景には家庭の事情や階層，さらにはそれ

を規定する保護者の労働環境といった問題が想定され，単に「早寝早起き朝ご飯」と唱えても，それが困難な個別の状況，しかも複数の問題が同時に生じているという側面に目を向けていかなければ問題の本質を見落とすことになりかねない。

　また，障害児にとっての思春期という切り口も，こうした複数の問題の重なりを考えるうえで重要であろう。赤木（2006）によると，第二次性徴の時期には健常児との大きな違いはみられないが，受けとめ方は障害の種類によって異なり，知的発達の遅れによる受けとめにくさは「二重の危機」として位置づく可能性もあるという。

b　自己肯定感をはぐくむセラピー文化――小学校高学年を豊かに

　小学校高学年は，思春期への移行の入口であり，その意味では中学校に行くための準備期間といえなくもないが，決してその準備にのみ汲々（きゅうきゅう）とすべきではないだろう。備えるとは，問題を予防・回避するという視点だけではなく，むしろさまざまな問題が生じる可能性もみとおしつつ，おとなと子どもが向き合いながら成長することまでをみとおす営みであってほしい。先にとり上げた医師の岩室（2008）が提唱する性の教育は，HIV の感染拡大防止をはじめとする病気の予防や早期発見にとどまらず，WHO が提唱した「ヘルスプロモーション」の理念にもとづいて，QOL（Quality of Life）の向上をめざしたとり組みであった。そして不登校のところで紹介した高垣（2008）がカウンセラーとしてめざしているのも，問題の回避ではなく，人々の自己肯定感をはぐくむことにある。より一般化して考えるならば，明るく元気にポジティブであることが本当に子どもらしくて望ましいといえるのか，ネガティブ感情といかに付き合うかという視点も求められることになるだろう。

　高垣（2008）は，自分が自分であっていいという感覚を自己肯定感と呼んでいるが，これを競争的自己肯定感と共感的自己肯定感の二つに区分している。いうまでもなく，前者は本当の意味での自己肯定感ではない。競争の激化と格差の拡大をもたらしつつある新自由主義とそこから生じている人々の不安の高まりという状況のなかで，多くの人がみすてられる不安にかられている。これはおとなもそうであるし，そこから影響を受けている子どもたちもまた，時に

おとなよりも顕著であるかもしれない。そんな時に，その不安から逃れようとして，人より優れていることに自分の価値をみいだす競争的自己肯定感に走っても，問題の解決にはならず，また，競争に勝てなければ深い自己否定に陥らざるを得なくなる。小学校高学年の子どもたちの，まさに子ども時代としての豊かさを保障する視点は「もっとゆっくり」にあるのではないだろうか。共感的自己肯定感をはぐくむことが急務の課題である。

2 「見られること」「評価されること」と自己

2.1 少年少女期と自己意識の発達

　高学年は思春期の入口だといわれている。第二次性徴の表れや心理的変調や不安などで特徴づけられる時期である。ヴィゴツキー（1992）は本章で扱う11，12歳も含めて16歳までの青年期への過渡期を少年少女期とし，過渡期に特有の「発達の危機」をかかえ込んだ年齢として説明している。

　この時期の心理的な発達特徴は，自己意識の領域から語られることが多い。たとえば，梶田（1983；2002）は児童期の自己意識の形成に影響を与える要因として，①学習活動での経験，②教師の態度と言動，③教科書等の教材，④友人たちの態度と言動，⑤親の態度と言動，⑥テレビ／ラジオ／新聞／雑誌の6点をあげ，こうした要因が影響を与えるメカニズムは，モデリング，レッテル貼り，人々のまなざしに映った自己像，体験や経験の自己吟味などが考えられると指摘している。そして特に児童期後半には，自己中心的思考から脱却し，他者の視点を考慮に入れた行動が可能になる，あるいは他者理解の能力の向上に伴い，友人関係の構築もかなりスムーズに行えるようになるといった，他者理解の発達とのかかわりで自己意識が形成されていくといわれている。

　ルイス（Lewis, M., 1997）は，自己意識的情動を記述するための構造モデルを示した（図2-3-4）。このモデルは，A．基準と規則，B．これらの基準に従った成功・失敗の評価と，C．自己への帰属の次元が全体的帰属なのか特殊的帰属なのかを組み合わせて，自己意識的な情動状態を区分するものである。A．基準と規則とは，何が自分自身や他者にとって受け入れられるかについて

A. 基準と規則
B. 評価

	成功	失敗	
	思い上がり	恥	全体的
	誇り	罪	特殊的

C. 自己への帰属

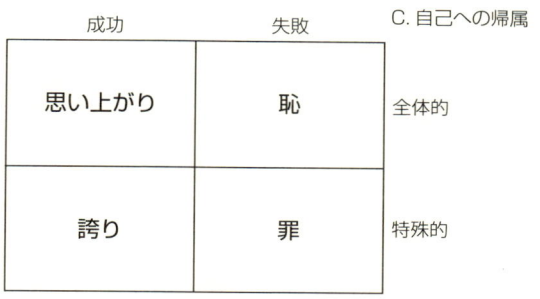

図2-3-4　自己意識的情動のモデル（ルイス，1997）

の信念を形成する際に用いられる。行為，思考，感情の基準に即して私たちはこうした信念を形成するのであり，特定の文化のなかで人が文化化されることを通じて獲得する情報から派生するものである。B. 評価は，基準に即して自分の行為，思考，感情を評価した結果である。そして，C. 自己への帰属は，評価が全体的自己へと向かうのか，それとも「そのときの行為に対してだけ」というように特殊的な帰属を行うのかということである。子どもの場合，年長になるほど全体的自己へと帰属がなされやすいといわれている。

梶田（1983/2002）が指摘するように，児童期後期，つまりヴィゴツキーの少年少女期を，人々のまなざしに映った自己像や自分が体験したこと経験したことの自己吟味という反省的，推量的なメタ認知によって他者の理解が可能になる時期であり，かつルイス（1997）の自己意識的情動モデルに示されたような全体的自己への帰属がなされやすい時期であるとするならば，他者のふるまいに対して思い上がりや恥といった情動が生じやすい時期であると考えられるだろう。

こうした認知発達にともなう自己意識の特徴を一言でまとめるならば，他者や環境といった「外的な評価に対する敏感性」が反映されやすい自己意識であるといえるのではないだろうか。そしてこうした自己意識は，子どもの活動にどのように表れるのだろうか。

2.2 少年少女期と創作活動

a ヴィゴツキーの「発達の危機」

児童期後期は，9，10歳の節を越え，手先のコントロールや抽象的なシンボル操作も流暢(りゅうちょう)になる。高学年を対象とした教育実践では，さまざまな創作活動にとり組む。こうした創作活動において，「外的な評価に対する敏感性」が反映されやすい自己意識はどのように表れるのかをここでは検討したい。

先に述べたように，ヴィゴツキー（1992）は「少年少女」期（＝児童期後期，12歳－16歳）を，性的成熟に伴う過渡期の年齢としている。そして，創造生活のいちばん重要な「危機」の時期だという。過渡期の年齢はアンチテーゼ，矛盾性，両極性が特徴であり，子どもとしての生体の平衡が破られ，まだ成人としての生体の平衡が発見されない年齢である。

創作活動においては想像，イマジネーションは根本的な変革を迎える。その根本的な変革とは，主観的なものから客観的なものへと変わることである。この時期になると，児童は自らの主観的経験を，客観的な諸形式，具体的には詩や小説といった成人の文学の形式に具象化しようとめざす。その結果具体的な行動レベルとしては，自分の作品に対して批判的な態度をとりはじめ，「文筆の仕事をみすてる」者とそうでない者に分岐するようになるという。つまり，この時期の創作活動における「発達の危機」とは，自分の作品を「外的な評価」にさらしたうえで自分の活動に対する評価を形成し，その結果成功であるならば職業につながる領域として活動にとり組み，失敗であるならばその活動領域に必要な能力を自分は備えていないとみかぎってしまうことにある。まさに「将来」も含めた全体的な自己への帰属である。

またこの年齢の特徴としてヴィゴツキーは「情動性」をあげる。悲哀や生真面目な気分を表す学校での作品は家庭での作品と比べて5倍に及ぶことをあげて，この時期の子どもの作品が外的な諸影響によって変わっていくことに注意を促してもいる。学校内の創作物に対する評価基準がこの「外的な諸影響」に相当すると思われる。

こうした創作活動における「危機」をかかえた時期と説明される少年少女期の作品には，どういった特徴がみられるのだろうか。次に児童期の物語創作活

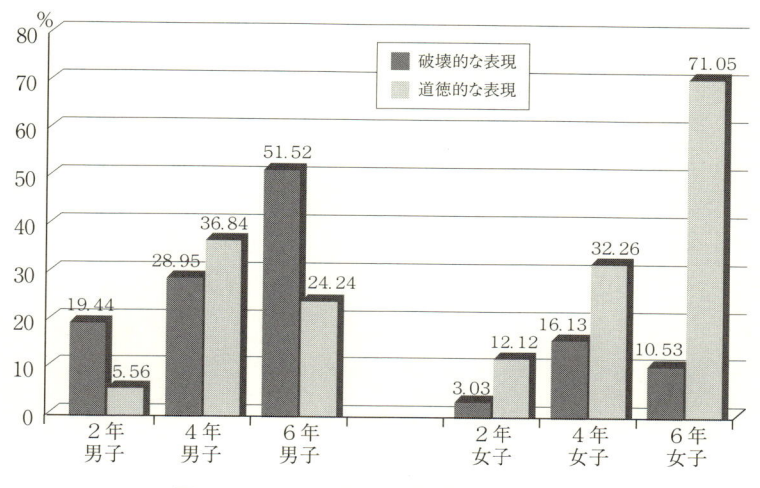

図2-3-5 破壊的／道徳的表現の出現率

動を通じて、この特徴を具体的に考えたい。

b 高学年の物語創作における特徴

　図2-3-5は都内私立小学校2年生，4年生，6年生209名の創作した物語を分析し，物語中に破壊的な表現を使用した子どもの比率と，道徳的な表現を使用した子どもの比率を表したものである（夏堀，2005）。破壊的な表現とは「死ぬ」「殺す」「食べられる」といったものであり，道徳的な表現とは主に援助関係を表した表現で，「困った人を助けてあげる」あるいは「助けられる」といったものである。

　性別によって，両表現の使用比率が異なっていくことがわかる。4年男子では道徳的表現の使用のほうが破壊的表現の使用より多かったのに対し，6年男子では破壊的表現を使用した子どもが半数以上になっている。6年女子は7割を超える子どもが道徳的表現を使用している。児童期の物語創作の発達的特徴として，6年になると性差にもとづき破壊的表現の使用による破壊的な印象をもった物語と，援助関係の表現の使用による道徳的な物語が多くみられるようになるのである。

　問題なのは，両表現への偏りによってどちらも似たような印象の物語ばかり

になってしまうことで，6年生の物語は個性が感じられなくなることである。

ここでこの6年生の二つの志向がなぜ生まれるのか，という問題を考えてみたい。まず，創作主体の外側から説明を試みてみる。チクセントミハイ（Csikszentmihalyi, M., 1999）によれば，評価機能をもつ場をフィールドというが，この場合フィールドは学校となり，子どもの物語は教師によって評価される。このフィールドは社会の下位システムとして位置づいている。

それでは，社会のなかで一般的に学校での物語創作の評価の特徴はどのように考えられているのだろうか。一般成人を対象とした質問紙調査の結果から，学校の評価は道徳性を重視していると一般的に考えられていることがわかった（前掲書）。学校のなかでは，道徳的な物語は高く評価され，破壊的な物語は低く評価されると一般的に考えられていた。この内容をここでは仮に，物語評価についての社会的信念とよぶ。

次に，学校内で教師は実際にどう物語を評価するのだろうか。教師50人にインタビュー調査をした結果，破壊的な物語の評価に関して，教師が二つの群に分かれた（前掲書）。一つは，社会的信念と一致して破壊的な物語を低く評価する一致群，もう一つは社会的信念の内容を把握しているが，それに反発するあるいは疑問を抱いていて，破壊的物語を低く評価しない不一致群であった。一致群は社会的信念そのままに道徳的な物語を高く評価した。不一致群は破壊的な物語を低く評価しないが，それではどのような物語を高く評価するのかという点で，社会的信念とは違う評価内容をもっていなかった。

したがって，創作主体である子どもは，教師によって媒介された道徳性の奨励という社会的信念を反映した評価基準にさらされる形で，学校のなかで創作を行っていたことが推測されるのである。

こうした評価基準をもった学校文化のなかで，「外的な評価に対する敏感性」が反映されやすい自己意識で特徴づけられる高学年の子どもが，基準の受容あるいは拒否といった態度を形成したことの表れとして，道徳的表現・破壊的表現の使用を選択しているのではないだろうか。

2.3 他者の視点を取ることと自己の認識

自己中心的な視点から他者の視点，第三者の視点，そして社会全体・集団全

表2-3-1　社会的視点取得能力の発達段階（荒木，1992）

段階	年齢	役割取得の内容	人間の捉え方	関係の捉え方
0	3-6	未分化で自己中心的な役割取得	未分化	自己中心性
1	5-9	分化と主観的な役割取得	分化	主観的
2	7-12	自己内省的／二人称と二者相互の役割取得	自己内省的／二人称	相互的
3	10-15	三人称と相互的役割取得	三人称	相互的
4	12-おとな	広範囲の慣習的―象徴的役割取得	広範囲	慣習的―象徴的

体をみることができるようになる発達の指標を，社会的視点取得という。荒木（1992）はセルマンの社会的視点取得能力の発達段階を，次の5段階に簡潔にまとめている（表2-3-1）。

段階0：未分化で自己中心的な役割取得（約3－6歳）
　他者の単純な感情を理解できるが，自己の視点と他者の視点を，時として混同する。他者が自分と違った見方をしていることがわからない。

段階1：分化と主観的な役割取得（約5－9歳）
　他者の思考や感情が自分と異なることに気づく。しかし，この段階の子どもには他者の感情や思考を主観的に判断して，他者の視点に立って考えることができない。

段階2：自己内省的／二人称と二者相互の役割取得（約7－12歳）
　他者の視点に立って自分自身の思考や感情を内省できる。しかし，双方の視点を考慮し，関係づけることができない。

段階3：三人称と相互的役割取得（約10－15歳）
　それぞれの個人が自己と相手を対象としてみることができる。そして第三者の視点から自己と他者の思考や感情を調整できる。

段階4：広範囲の慣習的―象徴的役割取得（約12歳－おとな）
　自己の視点を社会全体や集団全体をみる視点と関係づけることができる。

　本章で扱う高学年の社会的視点取得能力の発達は，段階2から3，4への移行を中心として考えることができるだろう。簡単にいうと「私―あなた」の関係のなかで「私」を位置づけていた段階から，第三者の視点から「私―あなた」の二者関係を眺めることができるようになり，さらに社会や文化，状況，時代といったなかで「私」を位置づけていくようになりはじめるということに

なる。目の前にいる「あなた」との関係のなかで立ち上がってきた「私」から，社会的に広く承認されている価値との擦り合わせのなかで立ち上がってくる「私」を形成するまでの間に，どれほどの葛藤や試行錯誤が行われるのだろうか。

　こうした過程のなかで，「社会に対する気づき」とでもいうものが，子どもが「自分がどうふるまうべきか」を決定する際に非常に大きな影響を及ぼすだろう。フーコー（Foucault, M., 1997）は，18世紀のルソー（Rousseau, J.J.R.）やペスタロッチ（Pestalozzi, J.H.）からはじまる現代の教育学の発展の歴史が，「子どもに『ふさわしい』世界」の構築，すなわち子どもの生と現実の人間の生を隔てる距離を拡大しようとする営みに貫かれていると指摘している。さらに児童期はフロイト（Freud, S.）の発達段階のなかで潜在期[1]にあたるが，この子どもの生と現実の生の間の矛盾という重大な葛藤に遭遇し，またその二つを隔てる〈余白〉──学校教育，学校文化，子ども文化にリビドーの撤収の根源があるという。つまり，この時期の子どもは，おとなが用意してくれた子どもに「ふさわしい」世界で生きているのだが，自分たちに与えられている〈世界〉がニセモノであることに気づき，その葛藤にリビドーが向いてしまい，その結果特定の身体部位にリビドーは向かわない──潜在期，リビドーの撤収となるというのである。

　確かに，児童期の間に「面前のあなた」との相対化から離れて，「社会で求められていること」との相対化から私を位置づけるのだとすれば，現実の生に触れ，認識していくことが前提となる。そこで，これまで自分が生きてきた〈世界〉を反省的に捉えなおすことも出てくるのだろう。たとえば，修学旅行の前に「仲間づくり」として教師がグループ分けを勧めたとする。当然「好きな子同士」のグループ分けでは数が半端になることや，男女が同じグループになることをいやがることなどがあってうまく分かれることができない。さらには，いつもはまったく遊ばない子たちとも同じグループに入れられたりする。そのなかで「新しい仲間をつくる機会だから」といくら声高に教師が主張した

---

[1] 幼年期の4,5歳頃に最初の性の〈開花期〉が終わった後，思春期まで性的な活動が停止するようにみえる時期のこと。この潜在期の存在が，人間の文化の形成において重要であるとされる。

としても，子どもにとっては「仲間って何だろう」「他人から強制されて作るのが仲間なのか」あるいは「先生は遊ばない子同士を仲良くさせることで満足するのか」といった疑問と葛藤のなかで，本来教師がめざそうとした教育的な配慮とはかけ離れた妥協の仕方を選択するかもしれない。「旅行中の間だけ仲良くしてればいい」「先生がみてないところではグループを分けてしまえばいい」といったような妥協の仕方である。こういった子どもの思考を理解しないと，「グループ活動を通じて仲間の大切さを知る」といった教育目標だけが空回りすることになるのだろう。

この「子どもの生と現実の生の葛藤」という視点から考えれば，先の高学年の物語創作の特徴は，学校文化のなかで評価されること＝道徳的表現＝子どもの生の受容，学校文化のなかで評価されないこと＝破壊的表現＝子どもの生の拒否として考えられるのではないだろうか。子どもの社会的視点取得が二者間から社会全体へと拡張していくなかで，子どものなかに「子どもの生」を従順に受容することだけでなく，「子どもの生と現実の生の葛藤」の表現として自分のふるまいを決めていく可能性があることを尊重できる教育的な配慮が望まれるだろう。それは，子どもを評価する基準自体のみなおしが迫られることになるかもしれない。しかし，高学年の子どものなかには二重の「生」が存在していることへの認識がすでにある。そして，「社会に対する気づき」なくしては，慣習的—象徴的役割取得への到達は難しい。真の役割取得とは，おそらく「期待されている役割を果たす」ことだけではなく，「（自分の本意ではないが）役割を演じる」あるいは「（期待されている役割はわかっているがその）役割を拒否する」といった複雑な表れ方の選択肢をもつことなのだろう。高学年の子どもの場合，その複雑さを捉えて発達を説明することが必要である。

2.4　他者からのフィードバックと自己評価の育ち

一般的に自分の行動する力あるいは抑制する力に対する自信，いわゆる自己効力が高く，自己をありのままに表現できるといった自己開示的な側面が十分に発揮できる子どもは，攻撃性が低く，他者の感情にも敏感な傾向がみられ，対人関係も円滑に促される傾向があるといわれている（塩見，2000）。こうした結果をふまえてめざされる教育的配慮は，「子どもの自己効力感を高めよう」

ということになる。しかし，自己効力といういかにも個人内で形成されているかのような感情を，先のような二重の〈生〉の葛藤をかかえている高学年の子どもたちに対してどのように芽生えさせることができ，安定した自己イメージとしてもち続けさせることができるのだろうか。

塩見（2000）は，自己効力を高めることが肯定的な自己評価をもつための重要な条件であることを指摘したうえで，単に自己効力を育てることを意図して，子どもに簡単な課題を与え，肯定的な評価を与えることに警鐘を鳴らしている。とりわけ自己効力の低い傾向のある子どもの場合，誰にでもできそうな簡単な課題をやり遂げたときに肯定的な評価を与えられても，教師のことばかけの意図に気づき，逆に自尊心を傷つける結果になることもあるという。対策として，教師が与えた目標ではなく，子ども自身が必要に応じて自ら設定した目標を達成していくようにすること，また子ども自身が自分や相手についての行動の結果をどのように解釈したのかという判断過程の検討が必要であると主張している。

この主張にあるような教師の思惑を子どもがみぬいてしまうために，目標としたこととは逆に，教育的働きかけに対して負の効果が生じてしまうことはある。そしてその負の効果を生じさせないための対策として，状況についての子どもの解釈を参照することは的確だと思われる。しかし，子どもの「自発的目標設定」にすることで，子どもの自己効力感の低さを改善しようというのでは，自分のふるまいに対して肯定的な自己評価ができない子どもに「自分で何をするのか決めなさい」ということなのでトートロジーにしかならない。

こうした「感情の生起」「肯定的感情の維持」といった子どもの内面の課題に対して，「自発性」や「積極性」といった子どもの内面の操作で対処できるという考えは現実的ではないだろう。むしろ，「自己評価」とは「他者評価」に根拠づけられていることを考慮すべきである。先の節で述べたように，自己は二者間，第三者の視点，そして社会的規則や象徴と次元を変えて，何かと相対化しながらしか生じない。先の簡単な課題を与えて自尊心を傷つけるといった失敗は，教師が子どもと課題の二項関係しか問題にしなかったことによる。子どもが自分のふるまいを肯定的に捉えられるかどうかは，最低でも他の同輩のふるまいの結果との比較から，より高次の次元で役割取得がなされ判断して

いる子どもであるならば，社会的な通念との比較から生じる。同輩に比べて明らかに簡単な課題が〈その子ども用に〉与えられたなら，その課題に成功しようが失敗しようが，子どもにとって否定的な自己像形成につながるだろう。

　高学年の子どもの自己形成に，他者からの視点，社会的な視点は非常に大きな役割を果たす。この時期の子どもたちが「子どもの生と現実の生の葛藤」のなかで生きているということ，自分に求められている役割の認識ができ，その認識に対する態度にしたがって表現する柔軟さをもち合わせているので，表現と実際に考えていることは必ずしも一致していないということ，そして自己は個人内の問題ではなく常に他者との相対化によって立ち上がってくるということをふまえて，適切な教育的配慮および働きかけを考えていくことが大事なのだろう。

③　総合的な学習の時間

3.1　「総合的な学習の時間」とは

　1998年告示の学習指導要領で「総合的な学習の時間」が，小学校3年生から高等学校までに新設された。小学校では年間105〜110時間，中学校では年間70〜130時間，高等学校では卒業まで3〜6単位履修することとなっている。小学校低学年に「総合的な学習の時間」が設置されていない理由としては，体験的学習や活動が中心となる生活科（年間102〜105時間）が設置されているからである。ただし，生活科は教科として扱われるが，「総合的な学習の時間」は道徳などと並列され，教科としては扱われない点に留意する必要がある。

3.2　総合学習の歴史

　総合学習の歴史はきわめて長く，第二次世界大戦前の実践にさかのぼることができる。第二次世界大戦後の実践でも，奈良女子大学文学部附属小学校，私立和光小学校・和光鶴川小学校，伊那市立伊那小学校などが有名である。学習指導要領で規定されている「総合的な学習の時間」と区別するために，本節では「総合学習」とよぶことにする。

学習の総合性を提起したのが，1947年の『学習指導要領・一般編（試案）』とそれに引き続く1951年の学習指導要領であった。コア・カリキュラムとして発展していったが，教科の系統性が軽視されている実践が多く，「這い回る経験主義」という批判や学力低下が起こり，法的拘束力をもつようになった1958年改訂の学習指導要領では，問題解決学習は基本的には消滅した。コア・カリキュラムの「子ども中心主義」という理想と，基礎学力の低下・知識の系統性の軽視という現実とのギャップが失敗に終わった要因である。さらに，問題解決学習か系統学習かという，二者択一的な発想が，理論化を妨げたともいえよう。

「総合学習」が注目をされたのは，日本教職員組合（日教組）の中央教育課程検討委員会が1976年に提起した「教育課程試案」である。これは，学習すべき内容を教科と教科外の2領域とし，小学校を二つの階梯（1～3年を第1階梯，4～6年を第2階梯）に分け，中学校を第3階梯，高等学校を第4階梯とし，「総合学習」の時間を第2階梯以降に設けることとした。

「総合学習」の意義としては，「個別的な教科の学習や，学級，学校内外の諸活動で獲得した知識や能力を総合して，地域や国民の現実的諸課題について，共同で学習し，その過程をとおして，社会認識と自然認識の統一を深め，認識と行動の不一致をなくし，主権者としての立場の自覚を深めることをめざすものである」とされていた（長尾，1999）。第2階梯と第3階梯では，「総合学習」は各学年週当たり1時間，第4階梯では卒業までに3単位となっている。

日教組の中央教育課程検討委員会が提起した「総合学習」では，1970年代前半の国内の政治・経済情勢を反映（高度経済成長に伴う公害や貧富の格差の増大）した側面があり，「公害」「平和」「人権・差別」「性教育」などが国民の現実的諸課題としての学習対象にあげられていた。

3.3 「総合学習」の実践校の概要

a 奈良女子大学文学部附属小学校

奈良女子大学文学部附属小学校は，大正自由教育期（当時は奈良女子高等師範学校附属小学校）に合科学習を提唱した木下竹次による実践を受け継ぎ，1948年からは教育課程を「しごと」「けいこ」「なかよし」の3領域に分けた

『奈良プラン』の実践を主事に着任した重松鷹泰を中心に進めてきた。「しごと」が「総合学習」の中核として位置づけられて現在に至っている。「しごと」は，新鮮な感覚と知性に立って，自由な視点から弾力的に考えることのできる，いわば人間としての幅を育て，「けいこ」は，事理を究明して本質的に自己を生かし，人間としての深まりを育てるものであり，教科学習が該当する。「なかよし」は，相手を生かし，自己を生かして互いに協同する人間としての結びつきを育てることを目的としたものであり，学年や学級を解体した小集団による実践的な学習形態をとる。一般校における委員会活動や集会活動が該当するが，奈良女子大学文学部附属小学校では学習課程に位置づけられている（藤岡，1997：奈良女子大学文学部附属小学校，1988：奈良女子大学文学部附属小学校，1993）。

　「しごと」のねらいは，低学年では「ものを見る目・気付く力を育てる」こと，中学年では「ものごとを関係的に捉える力を育てる」こと，高学年では「自らの見方や考え方をつくる力を育てる」こととなっている。各学級でテーマを決めてとり組まれ，長期的・継続的な学習が行われている。授業形態は，独自学習→相互学習→独自学習→相互学習というサイクルで行われ，フィールドワークを中心とした実証，子どもの疑問から出発する徹底した追究活動と討論が，「しごと」の特徴である。

　学習テーマを紹介してみよう。
　　〔2年〕「奈良公園の鹿」大研究
　　〔4年〕論争でつくる授業「ダム論争」，大和川改修工事
　　〔6年〕昔の手紙「木簡」を調べて，東大寺の謎をさぐる

　「しごと」は，低学年では生活科と関係が深く，中・高学年では戦後初期社会科の問題解決学習や経験単元に近いものとみなすことができよう。

b　和光小学校・和光鶴川小学校

　和光小学校・和光鶴川小学校は，私立校であるとともに日本生活教育連盟の実践校である。日本生活教育連盟は，1948年に設立されたコア・カリキュラム連盟をルーツとした民間教育団体であり，早期から「総合学習」の提唱を行ってきた。和光小学校と姉妹校にあたる和光鶴川小学校では，低学年の生活科に

相当する学習を「生活勉強」と呼び，3年以降を「総合学習」と呼んでいて，1975年から実践を行ってきている。

　和光小学校の教育課程は，教科学習，「総合学習」，「自治文化を含む学校行事」から構成されており，「総合学習」は教科でも教科外活動でもない第三の領域として位置づけられている。和光小学校の「総合学習」の学習分野は，①地域のモノ・コト・人を対象にした学習，②食べる・生きる・性を学ぶ，③いのち・平和・障害を考える――の三分野に大きく分けることができ，教科教育の枠でくくれない学習や教科教育の内容を広く深く発展させた総合的な学習分野などをとり扱っている。

　具体的な学習内容を紹介しよう。「生活勉強」の学習内容は，朝の発表，学校たんけん，働く人，干し柿づくり（1年），麦からパンへ，動物のからだ，たんじょうの学習（2年）などである。「総合学習」の学習内容は，3年がカイコと土，4年が多摩川学習，5年が食，6年が沖縄学習をテーマとしている。1年間で一つのテーマを追究する大単元の実践が特徴である。

　4年の多摩川学習では，多摩川の上流から下流までをたどり，川をとおして「環境と水質，魚，草花，鳥，人の暮らし，上・中・下流と川の特徴」を調査研究していくという地域性の強い課題となっている。6年の沖縄学習では，沖縄をとおして「命と平和」の学習にとり組むが，自分の生き方に引きつけた課題にとり組めるように指導が行われる。シーサーづくり，沖縄料理づくり，踊り，三線などの本土とは異なる沖縄独特の文化を可能な限り実体験するようにしている。そして，独特の歴史と文化と自然のある沖縄に起こった戦争，現在の基地問題，沖縄と日本・世界とのかかわりを考えさせ，単なる修学旅行や平和教育に留まらない広範囲の学習を1年かけて実施している。南部戦跡を訪ねて「ガマ」に入ったり，戦争体験者からの講話を受けたりするとともに，ビーチで浜遊びをしたり，地元の小学校の子どもと交流をしたりしている。学習旅行の後は，学習活動をまとめ，5年生に対して報告会（『沖縄を伝える会』）を行い，「学びの共有化」を図るようにしている（行田・中妻，1999）。

　和光鶴川小学校もほぼ類似した学習内容であり，概要については行田・園田（1999）と行田・成田（1999）に譲る。また，学習指導要領に「総合的な学習の時間」が設けられる以前から長年にわたって実践してきた公立校の実践例（伊

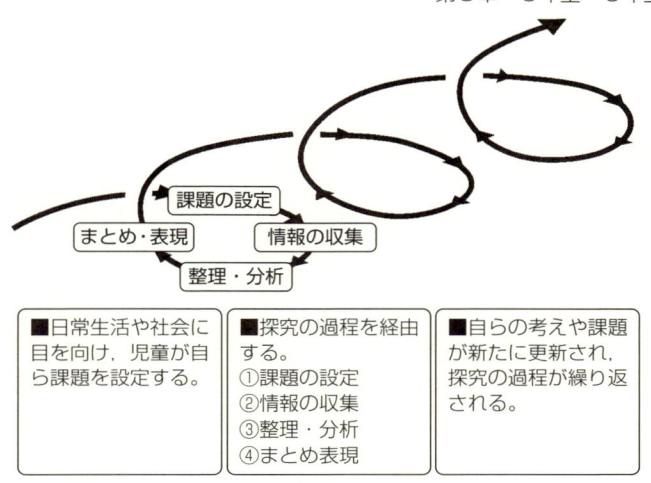

図2-3-6 探究的な学習における児童の学習の姿

那小学校など）としては，藤岡（1997）を参照されたい。

3.4 学習指導要領における「総合的な学習の時間」

2008年に告示された小学校学習指導要領（文部科学省，2008a）における「総合的な学習の時間」について紹介しよう。目標は次のようになっている。

> 横断的・総合的な学習や探究的な学習を通して，自ら課題を見付け，自ら学び，自ら考え，主体的に判断し，よりよく問題を解決する資質や能力を育成するとともに，学び方やものの考え方を身に付け，問題の解決や探究活動に主体的，創造的，協同的にとり組む態度を育て，自己の生き方を考えることができるようにする。

1998年に「総合的な学習の時間」が新設された時の学習指導要領と比べると，「探究的な学習」と「協同的」という言葉が付加されている。新学習指導要領で示される各教科の学習においては，「習得―活用―探究」の流れが提起されており，「総合的な学習の時間」は「探究」と関係が深いことが読み取れる。「探究的な学習」とは，図2-3-6に示されるような学習過程である。

学習活動の内容としては，①例えば国際理解，情報，環境，福祉・健康などの横断的・総合的な課題，②児童の興味・関心にもとづく課題，③地域の人々の暮らし，伝統と文化など地域や学校の特色に応じた課題――の三つがあげられている。2008年の改訂で加わった事項が③の「地域の人々の暮らし，伝統と文化など」である。2008年版学習指導要領では，教科学習や道徳においても「伝統と文化」の重視が強調されているが，「総合的な学習の時間」においても同じ考え方が背景にある。「伝統と文化」にかかわる事項の学習では，外国籍児童への配慮や宗教的中立性を守ることが大切である。

2008年版学習指導要領では，小学校から高等学校に至るまで授業時数が削減されることになった（小学校では年間105〜110時間→年間70時間）。「総合的な学習の時間」が「ゆとり教育」の代表とされ，「学力低下」の元凶とみなされたことも遠因である。しかしながら，「総合的な学習の時間」が好きな子どもは学力が高いという調査報告を散見するので，このような捉え方は皮相的であろう。

3.5 「総合的な学習の時間」で育成されるべき能力

「総合的な学習の時間」で育成されるべき能力について，教育心理学的視点から述べてみよう。

(1) 課題設定能力　　児童一人ひとり，あるいはグループで適切な課題を設定することができるということである。もちろん，課題設定をするには，児童の願いだけでなく，教師の適切な指導が必要である。
(2) 計画立案能力　　課題を設定した後，課題解決のみとおしをもって計画を立てることができる能力である。計画は短期的なものと中・長期的なものに分けて構想させることが大切である。
(3) コミュニケーション能力　　インタビューやアポイントメントなど調査活動に際してさまざまなコミュニケーション能力が求められる。
(4) 情報活用能力　　コンピューターを操作してホームページを閲覧したり，適切な情報であるか否かを判断したり，まとめ上げたりする能力である。
(5) 創造性　　課題の解決に際しては，一つの標準的な解だけではなく，その場の環境や条件に適した解や複数の解を考えることができることが必要である。柔軟性や独創性，緻密性がかかわる。

(6) 表現力　調査や実験・観察を行った結果をわかりやすくまとめるとともに，プレゼンテーションがうまくできることが求められる。レポートにまとめさせることも大切である。
(7) 思考力・判断力　問題解決に際して，適切に思考できるとともに，その場に応じた判断力が求められる。
(8) 自己教育力　「総合的な学習の時間」は，児童が自ら課題を設定し，学習方法や活動方法を選択することが多く，自己教育力を育成するために適した学習である。しかし，子どもの発達段階に応じた教師の入念な指導が必要である。
(9) 成就感・達成感　長期間にわたって問題解決学習を成し遂げた時，児童は成就感や達成感をもつことが多い。苦労して悩みながらとり組んだが，独創的な研究ができたことは，中学校入学後の学習にもプラスの影響を与える。
(10) 自己評価力　ポートフォリオを活用し，自己の学習過程を振り返り，問題点や努力した点，次の課題などをみいだすためには，適切な自己評価力が求められる。あわせて，他の児童の発表を聞くことによって，自己の考え方を相対化できるとともに，他者評価の力も育成できることになる。

3.6　「総合的な学習の時間」の授業づくりと評価

「総合的な学習の時間」の授業づくりと評価を行うに際しての留意点について述べてみよう。

a　価値ある体験活動を行う

細切れの疑似体験ではなく，価値ある体験活動を行うことが大切である。「最初に子どもありき」ではなく，教師と子どもがテーマ決定についてよく話し合い，方向性を決めていく。また，教師集団で「総合的な学習の時間」で育成すべき学力観を議論しておくことも大切である。

「総合的な学習の時間」は，教科学習と比べると学習指導要領における細部の規定や基準が緩やかであり，教科書も刊行されていないため，各学校での創意工夫に委ねられている。授業時数は削減されたものの，「確かな学力」を育

成するためには，大切な学習である。体験のもつ意味を教師は理解し，教材開発が求められる。

b　子どもの実態に即した学習課題の設定

学習指導要領では，三つの学習活動の内容が設定されている。①「例えば国際理解，情報，環境，福祉・健康などの横断的・総合的な課題」では，「例えば……など」と記載されているように，あくまでも四つの例示に過ぎず，各学校で創意工夫ある学習課題を設定することができる。学習指導要領（文部科学省，2008a）でも，例示以外の課題として，ものづくり，キャリア教育，食育，安全教育があげられている。これら以外にも，平和，人権，性（ジェンダー），障害理解，命，民主主義なども課題として想定できるだろう。現代的な課題とひと言でいっても，「不易と流行」があり，新しいものばかりに目を奪われることは，大局的にみると学力の定着には結びつかないものである。

これまでは，「総合的な学習の時間」の国際理解領域の学習として外国語活動を行うことができた（実施しなくても構わなかった）が，2008年版学習指導要領では小学校5・6年で「外国語活動」が新設され，年間35時間があてられる。この新設の「外国語活動」では，英語をとり扱うこととなっているが，教科としては位置づけられていない（文部科学省，2008b）。ねらいとしては，①外国語を通じて，言語や文化について体験的に理解を深める，②外国語を通じて，積極的にコミュニケーションを図ろうとする態度の育成を図る，③外国語を通じて，外国語の音声や基本的な表現に慣れ親しませる——の三つがあげられ，中・高等学校等における外国語科の学習につながるコミュニケーション能力の素地をつくろうとするものである。「総合的な学習の時間」の国際理解領域の学習と関連性は強いものの，同じではないことに留意する必要がある。

c　全教職員が学習活動にかかわる

「総合的な学習の時間」では，実験・観察，調査，フィールドワークなどの体験活動の時間が多く占める。そのために，教師の教材研究や打ち合わせ（保護者や地域の関係者など）にかなりの時間を割くことになるが，学級担任だけにその役割を担わせるのではなく，管理職が率先してかかわるべきである。ま

た，食育に関する内容では栄養教諭が，健康に関する内容では養護教諭がリーダーシップをとり，ティームティーチングも念頭に入れた指導計画を構想することが肝要である。

d　子どもの発達段階にふさわしい学習課題と指導方法

　小学校の「総合的な学習の時間」でも，一人一テーマで問題解決型の学習を行っている学校があるが，一人の教師が指導できる力と範囲には限りがあるのでこのような実践は無理をきたしている。小学校中学年では学級単位での学習テーマ設定が，高学年ではグループ単位での学習テーマ設定が望ましい。

　「学び方の学習」を学年の冒頭で行ってから，探究活動に入っていくことも大切である。すなわち，文献や資料の探し方（学校司書の協力を得る），コンピューターの操作，インタビューの仕方，データの処理の仕方などは時間を割いて指導することが必要である。

　「総合的な学習の時間」を週単位の時間割に位置づけている学校が多いが，体験活動を行うためには，弾力的な時間設定が必要である。校外に出て行って調査や観察を行ったり，ものづくりなどを行う時は，まるまる１日をあてるなどの集中的な学習活動をとるような，柔軟な授業設計が必要である。その際には，学習意欲の持続性など，子どもの発達段階に応じた時間設定を考慮すべきである。あわせて，同一学年であっても興味・関心や思考力には個人差があることにも留意したい。小学校中学年では，生活科から社会科・理科への橋渡しの意味合いをもつ地域性の強い学習内容がよい。高学年になると，現代的な課題をとり上げ，社会認識や自然認識を深めるようにする。６年生では，最後に卒業論文としてまとめることも，入念な指導体制を組むことができるならば考えたい。

　2008年版学習指導要領では各教科や「総合的な学習の時間」と道徳との関連性が重視されるようになったが，安易な両者の結びつけには慎重さが必要である。たとえば，環境学習で有意義な問題解決学習や体験学習を行っても，最後は「心がけ」の問題に矮小化するような実践にならないことが大切である。さらに，環境学習では，"Think Globally, Act Locally."の視点が，特に小学校においては大切である。

e 「学びの共有化」を図る

グループや学級で有意義な学習活動を行っても，その内容と成果を他のグループや学級に報告し，「学びの共有化」を図ることができていない実践を散見する。当初の指導計画よりも，体験活動に時間をとられてしまい，発表の時間が不足してしまうことが原因であることが多いが，発表の時間を捻出するように努めたい。

発表・プレゼンテーションの仕方については，教師の入念な指導が必要である。子ども同士の質疑応答，相互評価の時間を保障することも大切である。

f 習得型学習－活用型学習－探究型学習の適切なバランス

習得型学習は教科学習で行い，探究型学習は「総合的な学習の時間」で行うという，二項対立的な捉え方は好ましくない。習得と探究が相互に関係し，活用型学習が習得型学習の成果を探究型学習につなぐ役割をもっているからである。

g 教科学習と「総合的な学習の時間」の相互環流

前述の f とも関連するが，「総合的な学習の時間」は教科学習と切り離して成り立つものではない。調査や実験データをもとに，平均を求めたり，図表にまとめたりするには算数の，新聞やレポートを作成するには国語の教科学習の力が関係する。複数の教科と関連する学習内容では，クロスカリキュラムの視点に立った指導計画を立てる必要がある。たとえば，環境学習で酸性雨をとり上げる前に，理科の授業で酸性・アルカリ性についての学習を行ったり，体験活動後，国語で環境問題をとり上げた文章を学習したりして，相互環流を行うことである。

「総合的な学習の時間」の学習内容と関係の深い教科単元を同時期に行うことによってシナジー効果を働かせることも大切である。「総合的な学習の時間」の年間計画を立てる場合には，各教科の学習計画をみなおし，相互関連・系統図を作成し，より学習効果があがるような配置にすることが大切である。

h 評価の改善

「総合的な学習の時間」の評価は，ペーパーテストにはなじまず，多様な評価技法を用いることが大切である。ポートフォリオ評価も有効な技法である。小学生では学習の進行過程により，興味や関心は変動しやすいため，長期的な「見取り」が求められる。ポートフォリオ評価は，教師が子どもを評価するだけではなく，子ども自身が自分の学習を振り返り，そこから新たな課題を探し出すためにも有効である。また，ポートフォリオ発表会を開き，他の子どもからの意見や疑問について考えさせ，今後の学習活動について展望をもたせることも可能となる。

4 進学と将来への展望

4.1 変わっていく小・中学校の教育

1947年の学制改革によって，6歳から15歳までの9年間の義務教育制度が施行され，子どもたちは小学校で6年間，中学校で3年間学ぶようになった。児童期から青年期前期にかけての子どもの発達にとって，義務教育制度が果たしている役割は大きいといえる。そうした義務教育制度のなかでの小・中学校のあり様も，この間の「教育改革」の動きにともなって急激な変化を見せている。その様子について，検討することにしよう。

a ゆとり教育

土曜日に授業を行わない学校週5日制は，1992年に月1回としてはじまり，1995年には月2回となった。1998年の学習指導要領の改正において，ゆとり教育推進の一つの柱として学校5日制が盛り込まれ，2002年から完全週5日制が開始され，授業時間数が減らされた。同時に，学習内容の削減も行われた。そのことによって，子どもたちの学習の時間や形態には変化が生じてきている。

表2-3-2は，NHK放送文化研究所（2006）が5年ごとに実施している国民生活時間調査の年次変化を示したものである。小学生（10-12歳）において，平日の学業の時間はこの10年間でほぼ一定だった。一方，土曜日の学業の時間

表2-3-2 小学生における学業の時間量（全員平均）（NHK放送文化研究所, 2006）

	平日			土曜日			日曜日		
	1995年	2000年	2005年	1995年	2000年	2005年	1995年	2000年	2005年
学業	7:26	7:28	7:26	3:22	3:31	2:16	1:33	0:58	1:31
授業・学校内の活動	6:17	6:27	6:21	2:26	2:37	0:36	0:31	0:03	0:16
学校外の学習	1:09	1:01	1:05	0:56	0:53	1:40	1:02	1:02	1:15

は，1995・2000年と比較して，2005年では大幅に減少していたが，内訳をみると，学校外での学習時間が約1時間増加していた。

　文部科学省（2002a）の調査によれば，土曜日に学習塾に通っている小学5年生は4.8％，6年生は7.9％だった。小学5年生の保護者に，子どもを学習塾に通わせるようになったきっかけを尋ねたところ，「学校の授業についていくため」（37.3％），「中学受験に備えるため」（15.5％），「学校の授業内容ではもの足りないため」（11.6％），「周りの子どもが通うようになったため」（6.8％）という順で多かった。

　これらのことからわかるように，学校において生み出された「ゆとり」は，結果として，子どもたちを学校外の学習へと駆り立てることになったといえるだろう。

　文部省（1993）が実施した『学習塾等に関する実態調査』によれば，小学5年生と6年生の通塾率は，それぞれ1976年が19.4％，26.6％，1985年が21.1％，29.6％，1993年が31.1％，41.7％だった。先に紹介した文部科学省（2002a）の調査によると，2002年の通塾率は小学5年生が27.7％，6年生が35.6％となっていた。この数字からは，1980年代の後半以降，急増してきた子どもたちの学習塾通いが沈静化してきているようにもみうけられるが，小学6年生において，区部41.5％，大市部（人口20万人以上）37.6％，小市部（人口20万人未満）32.7％，郡部30.1％という結果になっており，都市部を中心とした通塾傾向はほぼ変わらない水準を保っていると考えられる。

b　中高一貫教育

　私立校や国立校の一部では，従来から中学校と高校を併設する中高一貫教育がなされてきたが，1998年の学校教育法の改正によって，公立校でも中高一貫

の教育方式を行うことができるようになった。

　中高一貫教育には，次の三つのタイプがある。①中等教育学校：中学校の課程（前期課程）と高等学校の課程（後期課程）を統合した一体の学校。②併設型：同じ設置者（都道府県・市町村など）が中学校と高校を設置して接続するタイプ。③連携型：設置者が異なる中学校と高等学校が連携して教育を行うタイプ。

　中高一貫の教育方式をとる学校は，1999年4月に4校でスタートしたが，2008年4月現在334校（中等教育学校36校，併設型219校，連携型79校）と急増している（文部科学省，2008）。その内訳は，公立158校，私立172校，国立4校であり，全国43都道府県で公立の中高一貫教育校が設置されている。

　ベネッセ教育研究開発センター（2008）が，全国の公立小学校に通う小学6年生とその保護者を対象に行った調査によれば，受験を考えている学校は，私立中学校63.1%，公立の中高一貫校29.7%，国立大学の附属中学校21.2%だった（回答は保護者）。また，中学校選択で重視することは，「その学校の教育方針や校風がよい」（94.6%），「子どもの学力にあっている」（90.9%），「授業のレベルが高い」（87.4%），「施設や設備が充実している」（82.4%），「いじめや非行の心配がない」（81.0%），「中高一貫教育である」（80.2%）となっていた（回答は保護者）。これらの結果から，中高一貫教育が中学校進学にあたって重要な選択肢の一つとして位置づけられるようになってきていることがわかる。

c　教育特区

　小泉内閣の規制緩和政策として，2003年4月から構造改革特別区域法が施行され，従来は法規制等の関係で事業化が不可能だった事業を特別に行うことができる地域を定められるようになった。

　これにともない，文部科学省（2003）は，「地方公共団体が，構造改革特別区域において，学校教育法に示されている学校教育の目標等を踏まえつつ，学習指導要領等の基準によらない教育課程の編成・実施を可能とする」ために，構造改革特別区域研究開発学校設置事業を制度化した。2003・2004年度には，小学校における英語教育（千葉県成田市），小中一貫・小中連携（東京都品川区），日本語教育（東京都世田谷区）など，56件の特区計画をもつ構造改革特別

区域研究開発学校が認定された。

　上記とは別の教育特区として，学校設置会社による学校設置事業も認定されるようになり，2004年4月に朝日塾中学高等学校が開校され，2008年4月現在全国で中学1校，高校19校となっている。

　身近なところでは，通学する公立小中学校の選択制がある。文部科学省（2002b）は，学校選択制は教育特区ではなく現行制度でも対応可能な事項であるとしている。文部科学省（2005）の調査によれば，回答のあった全国の自治体（2校以上の学校を置く）のうち，小学校段階では227自治体（8.8％），中学校段階では161自治体（11.1％）が学校選択制を導入していることがわかった。

　このように，教育における規制緩和の動きは急速に広まりつつあり，子どもたちが通う小・中学校の学校選択や，小学校から中学校への進学のあり方を大きく規定するものとなっているといえる。

4.2　小学校から中学校への進学

　小学6年生にとって，中学校への進学は大きな意味をもつ。小学1年生から6年間という長い間慣れ親しんできた小学校を離れて，中学校という新しい環境へと移行するにあたり，子どもたちには期待や不安がつきまとうであろう。中学受験をする子どもにとっても，同一学区域の中学校に進学する子どもにとっても，このような揺れ動く気持ちは同じであろう。ここでは，小学校から中学校への進学にともなう子どもたちの意識の変化について，調査データにもとづいて検討してみよう。

a　中学校生活への期待と不安

　都筑（2001）は，小学6年生の3学期，中学1年生の1学期と2学期の3回の縦断調査を行い，中学校への進学前後における子どもたちの意識を検討した。

　小学6年生では，52.6％（71人）が「中学校入学後に，やってみたいと期待していると思っていることがある」と回答した。その内容は，部活（80.3％），勉強（15.5％），友だち（11.3％）が多かった。一方，「中学校に入学するにあたって，不安に思っていることがある」と回答したのは69.9％（95人）だった。その内容は，勉強（65.3％），いじめ（23.2％），先輩（21.1％），友だち（12.

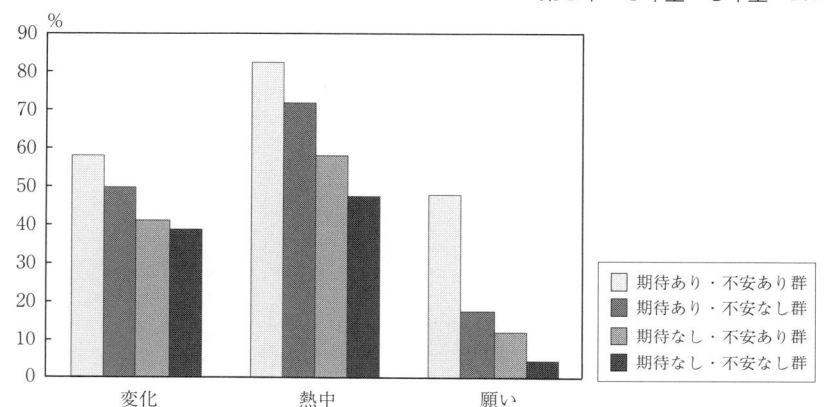

図2-3-7　中学校生活への期待・不安4群（小学6年生）における中学校生活に対する意識

6%）が多かった。

　同じ子どもたちが，中学1年生になると，73.7%（98人）が「中学校に入学してから，楽しかったことややってよかったことがある」と回答した。その内容は，友だち（39.8%），部活（37.8%），体育祭（15.3%）が多かった。一方，「中学校に入学してから，困ったことや悩んだことがある」と回答したのは28.7%（39人）だった。その内容は，友だち（33.3%），先輩（20.5%），勉強（18.0%）が多かった。

　小学6年生における中学校生活に対する期待と不安の感情の有無をクロス集計して4群に分け，中学校生活に対する意識を分析した。図2-3-7に示されているように，期待あり・不安あり群は，「小学校から中学校にかけて変化したことがある」「いまの生活で熱中していることがある」「これから先の中学校生活で願っていることがある」という意識が4群のなかでもっとも強かった。このことから，小学校時代に中学校生活に期待と不安の両面感情をもつ子どもは，中学校生活を実際に送っていくうちに，現在の中学校生活を意欲的に過ごすようになり，将来の学校生活にも積極的にかかわっていくようになるといえるだろう。

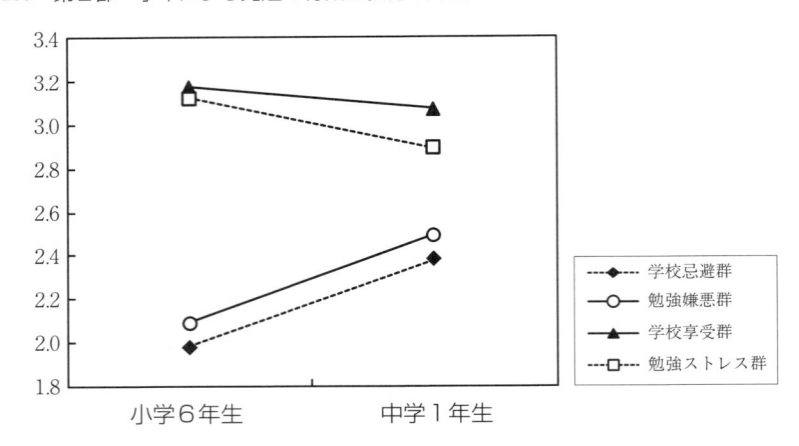

図2-3-8　学校適応のタイプにおける「授業の楽しさ」の平均値

b　小学校から中学校への学校移行

　都筑（2008）は，2001～2003年の4月に公立小学校から公立中学校に進学した子どもを対象に，小学校における学校適応のタイプによって，中学校進学前後での勉強に対する意識がどのように変化するかを検討した。

　小学6年生での学校への意識や不定愁訴にもとづいてクラスタ分析を行ったところ，学校適応のタイプは，学校忌避群（134人），勉強嫌悪群（195人），学校享受群（275人），勉強ストレス群（142人）に分類された。図2-3-8は，これらの4群における「授業が楽しい」と思う程度の変化を示したものである。学校享受群は，4群のなかで「授業が楽しい」ともっとも強く思っており，小学校から中学校にかけてほぼ一定していた。勉強ストレス群は，中学校進学後に「授業が楽しい」と思う程度がやや弱まっていた。学校忌避群と勉強嫌悪群は，小学校のときには「授業が楽しい」とはあまり思っていなかったが，中学校へ進学した後は「授業が楽しい」と思う程度が強くなっていた。これらのことから，小学校では不適応的だった学校忌避群や勉強嫌悪群が，中学校という新しい環境に入って行くなかで，学校や勉強に対して新たな意味をみいだしているといえるであろう。このような子どもにとって，小学校から中学校への学校移行は，発達のチャンスとなりうると考えられる。

C　中学受験

　前節でも紹介したベネッセ教育研究開発センター（2008）の調査によれば，子どもが中学受験を決めた時期は，小学6年生のとき（30.6％）がもっとも多く，5年生のとき（26.2％），4年生のとき（21.0％）と続いていた。この傾向は，保護者が中学受験をさせようと決めたときについての結果と同じだった。

　子どもが中学受験をしようと思う理由は，「とても行きたいと思う学校があるから」（66.9％），「近くの公立中学校よりもたくさん勉強できるから」（56.0％），「高校受験をしなくてよいから」（52.9％），「近くの公立中学校からではいい高校や大学に行けないから」（40.8％），「お母さんにいわれたから」（35.0％）が上位を占めていた。それに対して，中学受験をしない子どもの理由は，「近くの公立中学校に行きたいから」（78.0％），「高校受験をすればよいから」（73.3％），「受験をするのは大変だから」（72.2％），「受験したい中学校がないから」（64.9％），「近くの公立中学校に行くのが当たり前だから」（60.6％）が上位を占めていた。

　中学受験をしようとすれば，それ相当の受験勉強をしなければならない。そのために学習塾に通う子どもがいることは前節でも述べたとおりである。当然のことながら，それには費用も必要となる。ベネッセ教育研究開発センター（2008）によれば，小学6年生の子ども一人にかかる教育費の平均金額は，子どもを中学受験させない家庭が1万3924円，中学受験させる家庭で4万8959円だった。このような教育費を考慮に入れるとするならば，どの家庭でも同じ条件で中学受験の機会が与えられているとはいえないが，公立の小学校に通う子どもにとって，進学の可能性は，①公立中学校，②公立中高一貫校，③私立中学校，④国立中学校というように多様に開かれているのである。

4.3　将来への展望をもって生きる

　1960年代，高校進学率が50％台から70％台だった頃，「15の春を泣かせない」が高校全入運動のスローガンだった。1964年は集団就職のピークであり，中学校卒業で就職する若者は「金の卵」と呼ばれた。それから約半世紀が過ぎ，高校進学率は97％を超えるようになった。そうした状況のもとで，これまでにみてきたように，「12の春」を迎える小学6年生は，多様な選択肢を自分の目

図2-3-9 「将来への希望」の平均値(全調査データ)

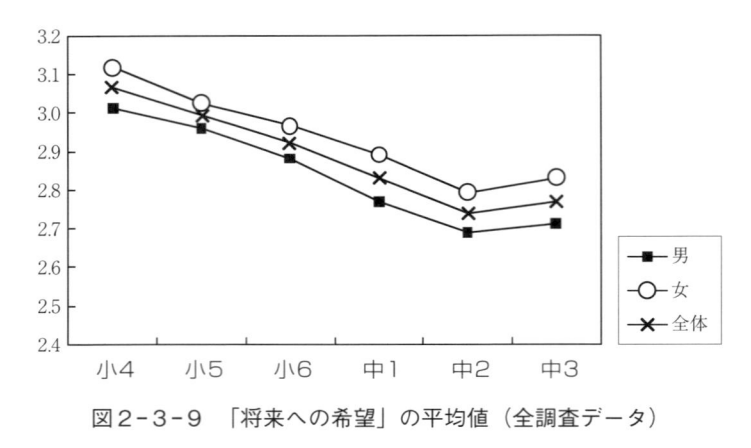

の前に示されることで,生き方を考える機会を与えられるようになった。ここでは,子どもたちが中学校への進学を含めた将来への展望をどのようにもっているのかについて調査データにもとづいて検討してみることにしよう。

a 将来への希望

将来とは,将に来たらんとするような現在から近い未来のことを指している。小学5・6年生にとって,そうした将来は自分が通っている小学校を卒業して中学校へと進学する時期のことである。前節の図2-3-7で示したように,中学校への進学を目の前にして,期待と不安の両面感情を抱く子どもがいる。おそらく彼らは,中学校への進学に際して,「～したい」という具体的な期待感を強くもっているにちがいない。それだけに,その裏返しとして,「うまく行くだろうか」というような不安感も同時に強く感じるのだろうと思う。結果的には,そうした子どもの方が,期待感だけしかもたずに中学校に進学した子どもよりも,中学校生活を送るなかで意欲や積極性を発揮して,多くの願いや希望をもつようになるのである。

図2-3-9は,小学4年生から中学3年生までの「将来への希望」の発達的変化を横断的調査データにもとづいて示したものである(都筑,2008)。どの学年においても,女子は男子よりも,強い将来への希望をもっていた。男女別ならびに全体の傾向は同じであり,小学4年生から中学2年生にかけて,将来へ

表2-3-3　希望進学段階（%）

	中学校・高校	専門学校	短期大学	四年制大学・大学院	よくわからない	無回答・不明・その他
1988年	9.6	12.4	12.2	33.7	30.8	1.4
2007年	12.9	9.3	3.5	50.1	22.8	1.4

の希望は少しずつ弱まっていくことがわかった。この結果から，小学生よりも中学生の方が将来への希望を抱かなくなるということができる。このことの背景には，この時期の子どもたちの思考発達の水準が上昇し，自分や自分の周囲の世界についてより客観的，現実的に眺めることができるようになるということが存在している。リアルに物事を捉えられるようになった子どもは，無邪気に将来への希望を抱かなくなっていくのである。図2-3-9の発達的変化を，そのような視点から理解することが重要であるといえよう。

b　将来を展望する

ベネッセ教育研究開発センター（2008）の調査では，小学6年生に，将来どの学校まで進みたいかという進学の希望を尋ねている。1988年に実施された同規模の調査結果と比較したものが表2-3-3である。1988年調査と比較して，専門学校や短期大学への希望が減少し，四年制大学・大学院への進学希望が増加していた。1980年代末の大学進学率は40%に達していなかったが，現在では50%を超えている。このような現実的な変化を背景としながら，二つの調査が行われた約20年の間に，子どもたちのなかに高い学歴を求める意識が強まっているといえるだろう。

小学生にとって，自分の将来について考えるときに，中学校・高校，そして，大学という学校教育の階梯は展望の目安になると考えられる。とりわけ，現代のように，中学校への進学に際してもさまざまな選択可能性がある状況下では，自分が歩んでいく道筋を思い描くことが重要である。それは単に学校を選択するということを意味するのではなく，自分の生き方を選択するということにつながっていく行為なのである。

都筑（2008）は小学4年生から中学3年生までの各学年における時間的展望の構造を認知的側面，欲求・動機的側面，感情・評価的側面，基礎的認知能力

の四つの関連から検討した。その結果，時間的展望の構成要素間の関連性は，小学4年生ではまだ十分に発達していないが，小学5年生の頃には一定の発達水準に達することが明らかになった。欲求・動機的側面から感情・評価的側面への負の関係が認められ，具体的な目標がある場合には，自分の将来へのプラスの明るい感情を引き起こすのに対して，具体的目標がない場合には，マイナスの暗い感情が喚起されると考えられた。このことから，将来への展望を具体的なものとして思い描けるように支援することが，小学生にとって大切であるといえるであろう。

c 小学校を卒業すること

小学校から中学校への進学に際して，子どもたちは新たな学校環境への適応を求められる。それによって発達的な危機を迎えることがあると同時に，新しい環境は自己形成の機会ともなりうる。

都筑（2005）は，小学6年生から中学1年生にかけての自尊心得点の変化を指標として，自尊心上昇群（224人），無変化群（194人），自尊心低下群（306人）の3群に分け，時間的展望や友人関係，不定愁訴，勉強理解度の変化を比較した。三つのタイプに共通して，小学校から中学校への進学に際して，友人とのかかわり（「仲のよい友だちがいる」「友だちと遊びたい」）は強まっていた。その一方で，自尊心上昇群は，勉強理解度が高まり，不定愁訴が弱まり，空虚感も低下していたのに対して，自尊心低下群では，それとは対照的に，勉強理解度が低まり，不定愁訴が強くなり，空虚感が増大し，将来への希望が弱まっていた。このような結果は，中学校への進学を契機として，自尊心を高め自分への自信を強めた子どもが，将来への展望をもって前向きに生きる様子を示しているといえるのではないだろうか。

小学校を卒業することは，一つの区切りである。子どもたちは学校教育の階梯を中学校へと一つ登っていくことになる。どの道を歩んでいくのか，おおげさに言えば，子どもたちは決断を迫られるのである。そうした決断を支えていくおとなの役割は大きく，かつ重大である。

1節　文献

赤木和重　2006　思春期をむかえた発達障害児における自己の発達と障害　都筑学（編）『思春期の自己形成——将来への不安のなかで』第8章　ゆまに書房　pp.235-259

Coleman, J.C. & Hendry, L.B. 1999 The nature of adolescence (3rd Ed.). London:Routledge.（コールマン，J.・ヘンドリー，L.（白井利明他訳）2003『青年期の本質』ミネルヴァ書房）

土井隆義　2008　『友だち地獄　「空気を読む」世代のサバイバル』筑摩書房

乾真希子・伊田勝憲　2004　学習塾の機能に関する心理学的検討の試み——通塾開始動機・通塾継続動機の自由記述と満足度の関係『心理発達科学論集（名古屋大学大学院教育発達科学研究科心理発達科学専攻）』33，pp.1－9

岩室紳也　2008　『思春期の性——いま，何を，どう伝えるか』大修館書店

文部科学省　2008a　『学校保健統計調査』
http://www.mext.go.jp/b_menu/toukei/001/index03.htm

文部科学省　2008b　『子どもの学校外での学習活動に関する実態調査報告』
http://www.mext.go.jp/b_menu/houdou/20/08/08080710.htm

文部科学省　2009　『「平成20年度児童生徒の問題行動等生徒指導上の諸問題に関する調査」（小中不登校）について（8月速報値）』
http://www.mext.go.jp/b_menu/houdou/21/08/1282877.htm

白井利明　2003　『大人へのなりかた——青年心理学の視点から』新日本出版社

田口久美子　2008　ジェンダー研究から心理学研究を考える——「連続—非連続」をキーワードに　『心理科学』29（1），pp.45-52

高垣忠一郎　2008　『競争社会に向き合う自己肯定感』新日本出版社

2節　文献

荒木紀幸　1992　役割取得理論—セルマン　日本道徳性心理学研究会（編著）『道徳性心理学——道徳教育のための心理学』　北大路書房　pp.173-190

Csikszentmihalyi, M. 1999 Implication of a System Perspective for the Study of Creativity. In R.J. Sternberg (Ed .) Handbook of creativity. Cambridge University Press. pp.313-335.

フーコー，M. 1997『精神疾患とパーソナリティ』ちくま学芸文庫

梶田叡一　1983『教育評価』有斐閣

Lewis, M. 1992:1995 Shame: The Exposed Self. The Free Press.（ルイス，M.（高橋惠子監訳）1997『恥の心理学：傷つく自己』ミネルヴァ書房）

夏堀睦　2005『創造性と学校：構築主義的アプローチによる言説分析』ナカニシヤ出版

塩見邦雄　2000『社会性の心理学』ナカニシヤ出版．

ヴィゴツキー，L.S.（福井研介訳）1992『子どもの想像力と創造』新読書社

3節　文献

藤岡秀樹　1997　小学校における総合学習についての研究—実践校の分析を中心に—『岩手大学教育学部附属教育実践研究指導センター研究紀要』7, pp.205-222

行田稔彦・中妻雅彦編　1999『ともに生きる総合学習』フォーラムＡ

行田稔彦・成田寛編　1999『自分づくりの総合学習　5・6年』旬報社

行田稔彦・園田洋一編　1999『はじめての総合学習　3・4年』旬報社

文部科学省　2008a『小学校学習指導要領解説　総合的な学習の時間編』東洋館出版

文部科学省　2008b『小学校学習指導要領解説　外国語活動編』東洋館出版

長尾彰夫　1999『総合学習をたのしむ』アドバンテージサーバー

奈良女子大学文学部附属小学校　1988『自己学習力を拓く学習法の実践』明治図書

奈良女子大学文学部附属小学校　1993『子どもの自立をたすける学習法　第1学年～第6学年』明治図書

4節　文献

ベネッセ教育研究開発センター　2008『中学校選択に関する調査報告書』研究所報 vol.48

文部科学省　2002a『学校完全5日制の下での地域の教育力の充実に向けた実態意識調査』 http://www.mext.go.jp/b_menu/houdou/15/04/03041702.htm

文部科学省　2002b『構造改革特区に関する文部科学省の考え方について』http://www8.cao.go.jp/kisei/giji/02/wg/tokku/siryo3-2.pdf

文部科学省　2003『構造改革特別区域研究開発学校設置事業について』http://www.mext.go.jp/b_menu/shingi/chukyo/chukyo3/016/siryo/05082601/004_2.htm

文部科学省　2005『小・中学校における学校選択制等の実施状況について（調査結果の概要）』http://www.mext.go.jp/b_menu/houdou/17/03/05032405.htm

文部科学省　2008『高等学校教育の改革に関する推進状況について』http://www.mext.go.jp/b_menu/houdou/20/10/08102407/001.pdf

文部省　1993『学習塾等に関する実態調査』http://www.mext.go.jp/b_menu/shingi/chukyo/chukyo0/gijiroku/011201f/1101f2_1_6.htm

ＮＨＫ放送文化研究所編　2006『データブック国民生活時間調査2005』日本放送出版協会

都筑学　2001　小学校から中学校への進学にともなう子どもの意識変化に関する短期縦断的研究『心理科学』22(2), pp.41-54

都筑学　2005　小学校から中学校にかけての子どもの「自己」の形成『心理科学』25(2), pp.1-10

都筑学　2008『小学校から中学校への学校移行と時間的展望——縦断的調査にもとづく検討』ナカニシヤ出版

7 科学的思考の育成

　経済協力開発機構（OECD）による2006年の国際学習到達度調査（PISA）では，数学的リテラシーと科学的リテラシーで，日本の子どもの成績が低下したことが報告された。この調査で扱われた「科学的リテラシー」には，科学的な疑問を構成すること，現象を科学的に説明すること，科学的証拠を用いること等の能力が含まれている（国立教育政策研究所，2007）。これらの能力は，いずれも，児童期から青年期にかけて発達していくものと考えられてきた。しかし近年の研究では，子どもの実態として，たとえば，ふたをしたロウソクの火が消える理由を正しく答えるけれども，二酸化炭素には火を消す性質があると考えている者が少なくない（中山・大場・猿田，2004）など，知識として問われた場合には学習した原理・法則を正しく解答する一方で，具体的な場面ではそれと無関係な説明を行うことが報告されている。

　科学的な思考は，教科教育以外の場面でも重要である。現代社会では，科学技術の問題や環境問題などの「公共的」な課題が多数存在し，こういった課題に関して，専門家と行政が，市民と協働で社会的判断としての合意を形成していくことが求められているからである。コンセンサス会議はその一例であり，市民が，専門家の助けを借りて基礎的内容を理解し，賛成意見と反対意見をふまえて意思決定を行っている。このような能力をもつ市民を育てるためには，学齢期から，科学的思考・科学的リテラシーを育成していくことが必要である。

　神戸大学発達科学部附属住吉小学校では，理科や総合的な学習の時間において，学習した科学的法則を用いて目の前の現象について考えること，科学的証拠をもとに，科学技術と社会に関する問題に対して意思決定をすること，等をめざした単元の開発と，その成果評価にもとづくカリキュラムの改善を行っている。たとえば，小学校6年生理科の単元「燃焼」では，「科学における原理・法則がどんな事例にも必ず成立することを前提として，現象について考えることができる」という『原理・法則のメタ理解』を目標とした実験授業を実施した。三つの実験授業での成果を比較した結果，「原理による説明活動を中心」とした授業デザインを採用し，さまざまな現象を説明する活動に加え，それをメタ的に捉える経験，たとえば追究活動のなかで対立する説明を意識させた授業において，説明原理としての科学的原

理・法則に関するメタ理解が向上したことが明らかになった（坂本・村山・山口・稲垣・大島・大島・中山・竹中・山本・藤本・竹下・橘，2007）。また，遺伝子組換え食品問題に対する社会的意思決定をめざした５年生の総合的な学習の時間では，コンセンサス会議のプロセスに準じてカリキュラムを開発し，単なる賛否にとどまらず，合意の条件や解決策を提案するような知識創出を重視した授業を行った。公共的な問題に対し，自分たちが主体となって知識構築を行う，という意識を，単元の最初からもたせる配慮をした改善版カリキュラムにおいて，児童は，学んだ科学的証拠を利用して意見を述べるにとどまらず，対立の解消が明示的に要求されない場面でも，賛否両論を考慮した建設的な意見を，自発的に表明するようになった（坂本・稲垣・山口・藤本・山本・竹中・大島・大島・村山・中山・近江戸，2006）。

今後，さまざまな科学的思考の形態とその育成に関する実証的研究がさらに蓄積され，得られた知見をもとに，科学的思考および科学的リテラシーの教育を充実していくことが望まれる。

文献

国立教育政策研究所　2007『PISA2006年調査　評価の枠組み』ぎょうせい

中山迅・大塲裕子・猿田祐嗣　2004　科学理論と現象を関係づける力を育てる教育課程の必要性：酸化・燃焼に関するTIMSS理科の論述形式課題に対する回答分析から『科学教育研究』28(1)，pp.25-33

坂本美紀・稲垣成哲・山口悦司・藤本雅司・山本智一・竹中真希子・大島純・大島律子・村山功・中山迅・近江戸伸子　2006　遺伝子組換え食品問題に対する社会的意思決定をテーマとしたCSCLシステム活用型科学教育カリキュラム：デザインの変更が個人的意見に与えた影響『日本科学教育学会研究報告』21(1)，pp.83-88

坂本美紀・村山功・山口悦司・稲垣成哲・大島純・大島律子・中山迅・竹中真希子・山本智一・藤本雅司・竹下裕子・橘早苗　2007　科学的な思考としての原理・法則のメタ理解：小学校第６学年「燃焼」を事例として『科学教育研究』31(4)，pp.220-227

第3部
子どもらしさを捉える

　第3部では，子どもの発達を理解するための原理的な議論が展開されています。子どもが発達するとはどういうことなのでしょうか。
　第1章では，子どもを発達的にみるとはどういうことなのか，文化や歴史の文脈のなかでダイナミックに発達する子どもの姿が語られています。第2章では，人格としてトータルに発達する子どもを捉えるための段階論的な発達理解が論じられています。第3章では，睡眠の脳科学をもとにして，生物学的存在から社会－文化的存在へと質的に変化していく子どもの姿が語られています。第4章では，子どもの発達研究が短絡的な効果を期待されることの問題点と真に実践的なものとして成立するための条件について論じられています。第5章では，子どもの発達とは，「子どもらしさ」や「おとなを乗り越えていくこと」がその固有な権利として実現されることにあると述べられています。
　一見すると，各章はバラバラで無関係なように思われるかもしれませんが，そうではありません。発達研究や発達理解が子どもの発達する姿のなかに，その本質として，生き生きとした子どもらしさや人間らしさを捉えうるための筋道や条件を明らかにしているという点で，各章は共通しています。

第1章
心理学は子どもをどのように捉えうるか

1　発達研究のややこしさ

　発達とは何か，という問いには独特のややこしさがある。通常われわれは，ことばを話すようになるとか，歩けるようになるとか，抽象的な思考ができるようになるといった「事実」をもって発達をイメージすることが多い。しかし，どのような事実を発達として認識し，促進しようとしたり，賞賛したりするかは歴史的・文化的に一律ではない。たとえば，広田（1999）によれば，かつての日本のムラ社会では「平凡さ」をもって育つことに価値を置いていたが，明治期に輸入された西欧型の学校教育システムは「非凡さ」，つまり個人として他者より優れていることを称揚した。当初はムラ社会からの反発もあったが，やがて日本社会の近代化とともに「非凡さ」が重要な価値となり，今日では「個性」とか「オンリーワン」ということばとなってわれわれの子ども観を形づくっている。

　発達研究は，一方で事実の集積とメカニズムの探求という科学的側面をもつが，他方では歴史的・文化的に規定された価値的側面をもつという二重性を宿命としている。ゆえに，「何が正しい発達か」という具体的な内容面にまで踏み込んで，学問として規定することは難しいばかりか，時にそれは権力的な行為とさえなりうるということを忘れてはならない。

　もちろん，「子どもの権利条約」のように社会的合意にもとづく価値のすり合わせを行い，それを前提として発達研究の成果を応用していくという手続きには妥当性があり，子どもの教育や福祉に資する制度・政策を構築するために重要な役割を果たすことが期待される。ただ，こうした社会的合意も時代とともに変化していく可能性をもっているうえ，後述するように現代社会では大き

第1章　心理学は子どもをどのように捉えうるか　179

な社会的合意を形成しにくい状況にあることも事実である。

2　発達段階という考え方

2.1　量的変化と質的変化

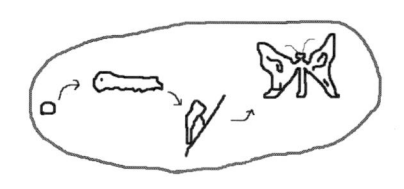

図3-1-1　蝶の変態

　発達段階論とはどのような考え方であろうか。17世紀頃までの西欧社会では，子どもを「小さなおとな」とみなす傾向があった。つまり，子どもからおとなへ至る変化は，風船が大きくなるのと同じように基本的に同型なものの量的変化として把握されていたと考えられる。これに対し，発達段階論では発達を質的変化を含む過程だと考える。たとえば，生物のなかには，蝶（ちょう）のようにその成長過程を形態的にはっきりと区別できるものも多い（図3-1-1）。青虫の身体が大きくなっていくのは量的変化だといえるが，ある時点で青虫がさなぎに，さなぎが蝶に変態していくのは量的変化に還元できない質的変化であるといえる。

　人間にも生歯や発毛，第二次性徴のような外面的な変化はあるが，蝶のような生物と比べるとその変化はかすかなものといえる。むしろ，人間発達を特徴づけるのは，外面的な変態ではなく内面的な変態，すなわち精神発達という見えない次元の変化であろう。この内面的な変態を描こうとするのが発達段階論だということになる。外面的な基準で記述できない以上，われわれは概念を駆使して内面的な変態を仮説的に構成しなければならない。

2.2　発達の「階段モデル」と「波モデル」

　通常，われわれは発達ということばにはプラスのイメージをもつ。発達とは，未熟で依存的な状態から，新しい能力を得て自立していく過程であるとすれば，確かにそれは「良くなる」出来事であると認識するのが道理であろう。したがって，発達段階というものを図示するときも，しばしば右肩上がりの上昇過程として描かれることが多い（図3-1-2）。発達段階論の金字塔といえるピアジェ理論は，感覚運動期・前操作期・具体的操作期・形式的操作期という大きな四つの発達段階によって，普遍的な知的発達の向上過程を描いている。結果

発達とは「良くなる」こと？

図3-1-2　右肩上がりの発達段階図

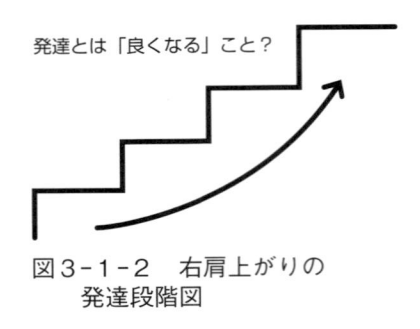

的にみれば，われわれの発達は一定の方向性をもつ前進的な変化としてみることができるだろう。しかし，日々を生きる子どもたちの発達をつぶさにみれば，それが必ずしも右肩上がりとはいえないものであることに気づく。子どもはできるようになったことをいつもするわけではないし，反抗期と呼ばれる情緒不安定な時期をかかえてもいる。

　発達とはその展開の内部に正負両面をあわせもちつつ進行する，矛盾に満ちた過程だと認識することが必要である。ここでは，発達が内包する矛盾として，2点指摘しておきたい。一つは，いわゆる退行・停滞といわれるような発達の危機である。発達過程には，外界の出来事を比較的首尾よく処理し，吸収し，適応する夏の時代とでも呼ぶべき時期がある。反対に，これまで素直にできたことに抵抗を感じたり，情緒の安定が保てなくなるなどして，外界の新しい物事をとり入れることが困難になる冬の時代もある。

　ピアジェには，発達段階の内部にこうした負の過程を設けるということはなかったが，ワロンは人間発達を「適応行動」と「主体形成」という二つの機能の優位性が交替して現れると考えた。「適応行動」が優勢な時期，子どもには新しい外界適応能力が発生し，積極的に環境との交渉を行い，新しいものをとり入れる。「主体形成」が優勢な時期は，いわば自分づくりにエネルギーを傾注し，外界との交渉は陰を潜めることになる（ワロン，1983）。ヴィゴツキーにも同様の理論的着想があり，発達過程を独特の情緒的・意志的脆弱さが露呈する危機的年齢期と，そうした特徴のない安定期が交替して現れるとしている（ヴィゴツキー，2002）。

　ピアジェは知的機能の発達を一貫して主題化し，論理数学的知能を最上位に置いて，そこへと至る認識の高次化過程を描いた。波多野（1965）が指摘するように，ピアジェは情意機能（情動と意志）を知的機能に対するエネルギー供給源とみなした。二つの機能をはじめから分離するという二元論によって，その発達段階論（発生的認識論）を構築したといえる。そのため，発達における

退行・停滞といった情意的側面を，発達理論の外部にあるものとして扱うことを可能にしている。これは発達の「階段モデル」と呼べ，知的機能の発達を純粋にとり出してみたときに描ける理念型だといえるだろう。

一方，ワロンは情動機能と知的機能を並列的に捉えるのではなく，情動機能こそが人類の高度な知性を生み出したと考え，一元論的ないし全体論的な発達理論を構想した（加藤・日下・足立・亀谷，1996；川田，2007a）。ヴィゴツキーもまた，トータルな意識の発達，すなわち人格の発達全体像を描く発達理論を追求した（第3部第2章参照）。ワロンであれば主体形成期，ヴィゴツキーであれば危機的年齢期という概念で，発達における危機をまさに発達段階論に内包させようとしたのは，彼らが知情意の機能を統合的なシステムとして人間発達を理論化しようとしたからに他ならない。こうした発達段階論は，階段モデルに対して「波モデル」と呼べるかもしれない（図3-1-3）。潮の満ち引きが宇宙全体との関係のなかでダイナミックに変動し，一定のリズムで繰り返されるように，知的機能も含めた人間発達とは良いときも悪いときもその内部に含んでいるという認識に立つことによって，人格のトータルな発達を描く可能性が拓かれる。

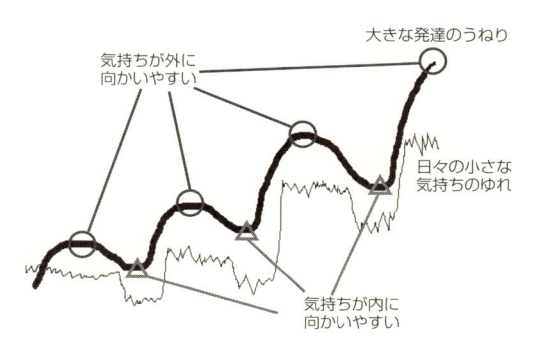

図3-1-3　発達の波モデル

2.3　能力の獲得とその現れ方

発達が内包する矛盾に関するもう一つの視点は，通常〈良い〉と思われている能力がいつも〈良い〉行為として現れるわけではないということである（川田，2007b）。たとえば，他者の内面を理解することは，社会で生きていくために重要な能力だとみなされている。心理学の世界では，1980年代から「心の理論」（Theory of Mind）という他者理解に関する新たな研究パラダイムが流行し，大きなジャンルを構成している。その知見は実践にも影響を与え，健常児か障害児かを問わず社会的スキル訓練（SST）にも応用されている。

しかし，他者の内面理解の能力がそのまま子どもの幸福や〈良い〉行為に直結すると考えるのは疑問である。なぜなら，実はその内面理解こそが対人関係を複雑にし，悩みを増幅させる両刃の剣であることもわれわれは知っているからである。いじめは，しばしば社会性の未発達に帰結されるが，真に効果的ないじめはある種高度な内面理解がなければ成立しないはずである。子どもたちがみせる負の側面は，"未発達"というだけでなく，時に発達した（能力を得た）がゆえに現れることもある。

3 文化的過程としての発達

3.1 ナタを使う11カ月児

発達とは文化的現象であるということを強く印象づけるのが図3-1-4である。写っているのはやっと二本足で立つことができたばかりの11カ月児である。この子は右手に大きなナタを持ち，果物を割ろうとしている。現代の日本人からみると特別なシーンのようにみえるが，この民族では乳児期に刃物と火を安全に使えるようになることは普通の発達課題であるという（ロゴフ，2006）。読み書き算の能力を発達課題の中心に据えている社会からは想像もできない発達のコースが，同時代に並存し，それによってコミュニティが成り立っているのである。

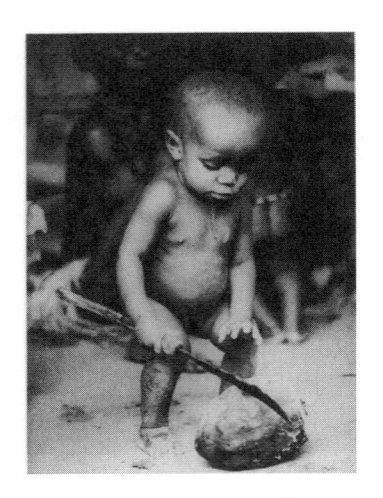

図3-1-4　コンゴの民族エフェの11カ月児童（ロゴフ，2006）

3.2　100年前の子どもたち

開国後の明治日本の風景を旺盛な好奇心と鋭い観察力でみつめたのが，東京帝国大学の初代生物学教授モース（Morse, E.S.）であった。モースは「大森貝塚」を発見した人物として知られるが，一方で日本全国を旅しながら日本人の生活を見聞きし，多くの写真，スケッチ，日誌記録を残した功績も評価されて

図3-1-5　モースが描いた子どもの生活風景（1877年頃）（モース, 1970）

いる。モースが好んで観察したのは子どもであったが、その記述には現代からみると興味深いものが多い。たとえば、日本の子どもたちはおとなにおおらかに遇され、赤ん坊の泣き声はほとんど聴いたことがなく、咎（とが）められることもグズグズ言われることもないにもかかわらず、彼らはとても素直に育ち、おとなや老人を敬うようになるとして驚きをもってつづられている（モース, 1970）。この英国人生物学者の目には、日本は子どもの天国であると映ったようだ。

さて、モースの日誌のうち、発達の問題を考えるうえで注目すべき記述がある。「子供達は殆ど如何なる職業にも商売にも、両親かより大きな子供に背負われてか、あるいは手を引かれるかして、付き物になっている。日本人があらゆる手芸をきわめて容易に覚え込みそして器用にやるのは、いろいろの仕事をする時にきっと子供を連れて行っているからだ」（モース, 1970, p.25）。モースをはじめ西洋人の驚きは、日本の子どもたちが複雑な手作業を実に首尾よくこなすということと、おとなたちがほとんど明示的に訓練している様子がないというギャップであった。このギャップを埋めるしくみを、慧眼（けいがん）のモースはまるで「付き物」のように子どもがおとなの傍らにいるという事実に見たのである。図3-1-5は、そのようなおとなと子どもの様子を描いたスケッチである。

モースによって描写された明治日本の庶民生活では、おとなと子どもの活動は分離されていなかった。子どもは幼い頃からおとなや年長者の傍らで過ごし、自分たちより文化的に先んじた者の行為やことばを意識的・無意識的に「観察」し、「模倣」していたのである。このような文化伝達のしくみは、東（1994）のいう「滲（し）み込みモデル」の教育にもとづく部分が大きいだろう。おとなが特に意図的な教授を行わなくとも技術や知識が子どもに「滲み込む」た

めには，コミュニティのなかでおとなと子どもの活動が分離されておらず，子どもにとってコミュニティの核となる実践への参加が構造化されている必要があるだろう。同時に，次にみるような人間が種としてもつ原始的な教育システムも重要な役割を担っている。

3.3　自然の教育法

　人間の子どもがもつさまざまな能力のうち，とりわけ模倣機能については多くの関心が寄せられてきた。研究者のなかには，メルツォフ（Meltzof, A.N.）らのように乳児を「汎模倣者 imitative genaralist」とみなす楽観主義的な立場から，トマセロ（Tomasello, M.）らのように子どもが観察した他者の目的を完全に理解して再現したときに，はじめて模倣という語をあてる（認知的透明性の基準）という厳密な立場もある。ガーグリーとシブラ（Gergely, G. & Csibra, G., 2005）は，前者では理論的射程が広すぎ，後者では理論的応用範囲が狭すぎると述べる。トマセロらが指摘するように，認知的透明性が模倣の条件であるなら，その他者の行為は子どもにとって真に新奇なものではなくなる。なぜなら，あらかじめ目的がすべてわかってから模倣が起こるなら，それはすでに獲得済みの行為と区別のしようがなくなってしまうからである。

　これに対し，ガーグリーとシブラは人間の子どもがもつ優れた模倣能力を認めつつも，それがある種の選択的・解釈的なプロセスにもとづいていると主張している。ただし，その選択や解釈は，幼い子どもが何を模倣すべきかの手がかりとなる表情やジェスチャーを年長者が表示することに支えられている。幼い子どもは，それがどんな目的で，どんな結果をもたらすかは不透明でも，年長者からの「これは重要だよ」というサインに導かれて模倣へと動機づけられる。このシステムは他の動物のような試行錯誤的な模倣（emulation）にもとづくものではなく，文化的知識を確実にかつ速やかに獲得するための，おとな・子ども間の相互的デザインとみなしうるもので，ガーグリーらはこれを「自然の教育法 natural pedagogy」と呼んでいる。もし，子どもが明らかに直近の利益がありそうなことしか模倣しないとすれば，人類にあまねくみられる儀式や作法，祭りや祈りといった適応価のみえにくい象徴的行為を獲得することは困難になるだろう。人間の子どもの模倣は，意味や目的はよくわからなく

とも「とにかくやってみたい」と思い，他者の身体情報をかなり忠実に再現してしまうという点にその本質があるといえよう。

3.4 発達をコミュニティへの参加形態の変容とみる視点

　文化は歴史的・地理的な相互影響過程のなかで形成されるものであり，どの文化もそのあり様に一定の必然性をもっている。ある文化では乳児期に刃物と火を使えることに価値を置くが，別の文化では同じ年頃に玩具が上手に扱えることを褒める。文化と人間発達との関係を探るとき，特定の価値判断から切り離された思考は重要である。しかし，一方でどんな実践でも良いというわけではないだろう。重要なことは，文化の内容ではなく，どの文化にも共通する学習・発達のしくみを探ることであり，それにもとづいて自らの文化的実践のあり様を問い続けることである。近年の比較認知科学的研究と社会文化的研究を総合すると，人類の学習・発達のしくみには，優れた観察・模倣の能力をもつ子どもと，それをうまく活用してコミュニティの活動に導く年長者とが，互いに影響しあって実践を構造化していくという基本的過程がみえてくる。

　ひるがえって，現代日本社会にはこうした基本的過程が十全に機能する環境があるかと問われると，そこには疑問符を付けざるをえない。近代学校型社会では，おとなと子どもの活動が分離されているからであるが，それは種としても大変な損失であるといえる。子どもをコミュニティの実践から分離しないとき，「子どもたちは，知識や技能を使う文脈の外でのレッスンに頼って学ぶのではなく，見て手伝う機会を得ることで，目の前で進行している活動を鋭く観察することを通して学ぶことができ」る（ロゴフ，2006，p.8）。

　ロゴフ（Rogoff, B., 2006）は幅広いフィールドワークと実験室的研究にもとづき，人間発達を従来の個体能力的パラダイムから「コミュニティの活動への参加形態の変容」として捉えることを提唱している。発達を個人内概念ではなく社会的関係の一形態であると定義するパラダイムは，発達研究のみならず，実践にも大きな影響を与える可能性をもっており，現にロゴフは自身の子どもが通う小学校で教師と協働しながら独創的な教育実践を展開している。

　発達を社会的関係として再定義すると，たとえば「責任」や「自由」，「役割」といった概念を個人内の変数（「責任感」など）に押しとどめずに理解する

道が拓かれる。今日の子どもや若者の現状を考えるとき,「責任感はありますか？」という問いに「はい」と答えられても,コミュニティのなかで本当に責任というものの手応えを得ている者は少ないだろう。発達が文化的現象である以上,「○○感」といった主観的次元でのみ精神発達を描くのは理論的にも実践的にも妥当性に乏しいといえよう。

4 ポストモダン社会における子どもと発達

　心理学は子どもの発達について,観察事実の記述的研究からはじまり,ピアジェを代表とする発達理論をグランドセオリーとして一つの頂点を迎え,その後多元主義的な観点からのグランドセオリー批判を経て現在に至っている。グランドセオリーを乗り越えようとする運動は,グランドセオリー対多元主義という二項対立図式を構成し,心理学や発達研究をおおいに活性化した。

　だが,多元主義の台頭は,その思想の必然的な帰結として人文・社会系学問の危機をもたらした。価値の多元化を称揚した結果,研究の生命線ともいえる「批判」という行為が機能不全を起こしたのである。学問的な真理探究に現実味が薄れた結果,1980年代以降は心理学の現場主義化が急激に進んだ。他方で,反動ともいえる過度な生得論や脳還元主義的研究が台頭するなど,極端な研究スタンスが目立つようにもなった。こうした傾向は,価値の多様化による人々の不安が,新たな原理主義を希求するかたちで現れていると推察される。

　そもそも,近代社会は特定の価値観を人々に内面化することによって成り立ってきた。フーコーは,内面化によって作動する権力を規律訓練型権力と呼び,近代監獄の設計構造にその典型をみている（フーコー,1977）。実は発達のグランドセオリーも規律訓練型権力の一形態であり,人々に「標準的な発達」を内面化する機能をもっていた。何を「良い発達」とみなし,どのような教育システムを構築するか,発達研究はその社会的合意と連動して進んでいかざるをえない。ところが,近代（モダン）に構築された価値や認識が根本的に捉えなおされたポストモダン社会では,発達や教育システムの「標準」をめぐる大きな社会的合意を得ることがきわめて難しくなっているのである。

　ポストモダン社会では,規律訓練的に人々をまとめ上げることができなく

なっている。その代わり，別の社会秩序維持方法がテクノロジーを媒介にして現れた。哲学者の東浩紀によれば，それは環境管理型権力と呼ばれるものである（東，2007）。環境管理型権力とは，われわれの身体を直接制御する権力装置である。代表的には，自動改札があげられる。自動改札はキセル防止のために導入されたが，この装置によりキセルという行為を道徳規範の介在なしで制御することができる。近年導入が検討されている自動車の自動アルコール検出装置も，倫理や罰則は嫌だという内面的な動きを飛び越して作動し，ドライバーを飲酒運転から回避させる。こうした環境管理型権力は，生体認証（指紋や静脈，虹彩等をスキャンする）システムの開発も手伝って，セキュリティ分野を中心にわれわれの生活の隅々にまで浸透しようとしている。

　近代社会は，社会規範と個人の内面を一致させることで成り立っていたが，ポストモダン社会ではそうした一致が情報技術等により工学的に回避されている。公的領域は環境管理的に制御され，私的領域は多様な価値が並存するという，この二重構造こそがポストモダン社会の本質であるというのが東（2007）の仮説である。環境管理型権力は，防犯をはじめわれわれに小さくない恩恵を与えており，複雑な情報化が進むなか，いちいち考えなくても「おおむね正解」を与えてくれる便利な道具がわれわれの身のまわりに溢れている。

　発達をめぐる議論は，かつては私的領域にも公的領域にもまたがって行われたが，いまそれが急速に困難になっている。社会規範も学力も，その価値が信じられなくなったり，環境管理的な装置によって制御可能になってくると，内面化への志向は破綻しはじめる。なぜなら，内面化には長い時間が必要で，努力が求められ，そのうえ不確かな部分が多いからだ。ゆえに，心理学が個体の内面次元にのみこだわって子どもや発達を描こうとするのは，もはや現実的ではないかもしれない。本章でもとり上げたように，子どもの生活空間に隣接するコミュニティへの参加形態の変容を発達と捉えるなど，発達概念の社会的観点からの再構築が喫緊の課題であると考えられる。

文献
東浩紀　2007『情報環境論集　東浩紀コレクションＳ』講談社
東　洋　1994『日本人のしつけと教育』東京大学出版会

フーコー，M.（田村俶訳）1977 『監獄の誕生』新潮社
Gergely, G. & Csibra, G. The social construction of the cultural mind：Imitative learning as a mechanism of human pedagogy. Interaction Studies, 6(3), pp.463-481
波多野完治編　1965『ピアジェの認識心理学』国土社
広田照幸　1999『日本人のしつけは衰退したか』講談社
加藤義信・日下正一・足立自朗・亀谷和史　1996『ピアジェ・ワロン論争』ミネルヴァ書房
川田学　2007a　情動は表象への扉を開ける：H．ワロン「児童における性格の起源」　夏堀睦・加藤弘通編『卒論・修論をはじめるための心理学理論ガイドブック』ナカニシヤ出版　pp.31-43
川田学　2007b　発達理論を問い続ける：その新しい役割に関する予備の考察として　『心理科学』27(2)，pp.15-25
モース，E.S.（石川欣一訳）1970『日本その日その日（1）～（3）』平凡社
ロゴフ，B.（當眞千賀子訳）2006『文化的営みとしての発達』新曜社
ヴィゴツキー，L.S.（柴田義松・宮坂琇子・土井捷三・神谷栄司訳）2002『新児童心理学講義』新読書社
ワロン，H.（浜田寿美男訳編）1983『身体・自我・社会』ミネルヴァ書房

第2章
発達段階論と発達理解の新たな展望

1 はじめに

　前章で述べられているように，発達とは停滞や退行をも含む複雑でダイナミックな過程である。同時に，この複雑な過程は，大局的には，子どもからおとなへと向かう前進的な変化の過程である。前進的というからには，その変化の前と後とで前進を確定できなければならない。ふつうは，子どもからおとなへの前進的変化を発達的に把握する場合には，その確定の基準は質的な変化として捉えられる（もちろん，その前提として量的変化がある）。つまり，発達は段階的な変化として把握される。実は，人間の発達をこのように把握するのが，この章の筆者の立場である。それゆえ，筆者からすると，人間の発達をもっぱら量的な変化の集積とみなし，そこに質的な飛躍をみない考えは，そもそも発達的とはいえないし，発達とは異なる別の用語で概念化されるべきものである。
　しかし，そうはいっても，今日の心理学では，たとえば，「認知発達」という範疇(はんちゅう)のもとで，きわめて発達的ではない研究結果とその解釈が大きな流れを作っている。それは，1970年代から80年代全般にかけて隆盛をみたピアジェ批判を引き継いで，今日に至っている。そこでは，乳幼児の知的有能さやその関連での表象機能の生得性の強調，知識の領域固有性やその関連でのモジュール論[1]の主張，知識の文脈依存性と文化的相対性の強調，それらの帰結としての子どもとおとなの連続性の強調と発達段階論の否定などが特徴となっている。

---

1) 心理的な諸機能は，全体的な単一の汎用組織ではなく，それぞれが独立した仕組みと機能を有する多数の自律的下位組織（モジュール）の集積として実現されるという考え方。モジュールの特性として，領域固有性，自律性，情報遮蔽性などがあげられている。

ピアジェの発達論が認知発達という枠内ではあるが，筆者が上で述べた質的変化としての発達段階論の代表であることは誰にも異論はないだろう。人間の認知発達に領域普遍的で規範的な認知構造（論理数学的な命題システム）を想定し，その質的な展開，段階的な構築を捉えたところにピアジェの発達論の特徴がある。それゆえ，上述のピアジェ批判は，意図的であれ無意図的であれ，ピアジェ理論の本質をなしている包括的で統一的なグランドセオリーの否定，その質的な展開や発達段階論の否定として立ち現れている。再度強調しておくが，現在の認知発達の心理学では，このような動向が主流なのである。

2　ピアジェの発達段階論は否定されたのか

　主流を占めているからといって，それが正しいとは限らない。発達を質的な変化として理解し，このような理解のもとではじめて包括的で統一的な子どもや人間の発達が捉えられるということをこの章の後半で述べる予定の筆者からすると，今日の認知心理学の主要な動向は，発達論としては問題が多い。ピアジェ批判を導いた研究の事実が，実はピアジェ批判として成立しないということ，したがって，そこから導かれた今日の「新しい」考えが根拠薄弱だということは，ずいぶん前からすでに指摘されている。そのような指摘が，英米（英語圏）の動向とは独立に，フランス語の原著からピアジェ理論を深く研究してきた研究者たちから提出されていることはとても意味深い。その一端を紹介しよう。

　中垣（2007）が指摘しているように，もっとも頻繁になされたピアジェ批判は，「ピアジェが主張しているよりも乳幼児ははるかに有能であり，典型的なピアジェ課題は子どもの有能さを過小評価している」（p.xiv）というものだ。たとえば，ピアジェが6，7歳頃に始まる具体的操作期の知的発達の特徴とした保存の能力が，3，4歳児にすでに備わっている，だから具体的操作期と前操作期とを区別したピアジェの発達段階論は成り立たない，といったものだ。

　このようなピアジェ批判の代表の一つであるゲルマン（Gelman, R.）による数の保存実験の研究結果に対して，日下（1993）は詳細な分析を行い，それがピアジェの保存課題の必須要件——課題刺激の知覚的変形によって子どもの内

に認知的攪乱が生起すること——を欠いた，似て非なる別の課題に変質させられた実験であり，保存以前の能力をみたものにすぎず，何らピアジェの発達段階論を否定するものではないことを明らかにしている。そのうえで，こうした研究の吟味において重要なこととして，用いられる実験課題が本来測定すべき能力を測っているのかどうかをみきわめること，みかけ上類似しているからといって質的に異なる能力を同一視しないこと，これら能力の発生的な関係を明らかにすること，を指摘している。これは，まさに，ゲルマンの研究に発達的な観点が欠如していることを批判したものである。

さらに，先の中垣は，より広範な典型的で代表的なピアジェ批判の実験研究に対して，やはり，それらがピアジェ課題をその本質的モメントにおいて変質させており，ピアジェ批判として成り立っていないことを明らかにしている。

たとえば，ピアジェが7歳頃とした推移律（A＞B，B＞CならばA＞C）が4歳児にもあるとしたブライアント（Bryant, P.）らの棒の系列化の実験では，その課題が実際には関係の加法的合成（A＝B＋a，B＝C＋b，またA－a＝B，B－b＝C）という具体的操作を必要とせず，棒の並びと穴の並びとを質的に関係づける前操作的シェムで解決可能なものであった。ピアジェでは9歳頃とされた射影的な空間的視点取得課題である「三つの山問題」の解決が幼児でも可能としたボルケ（Borke, H.）の実験では，本来は射影的空間操作の有無を問うはずの課題が，幼児になじみのある場面，登場人物，質問形式を用いることにより，トポロジー的にも解決可能な課題に変質し，幼児にもできたにすぎない。

また，ピアジェが9カ月以降に認めた物の永続性——視野からみえなくなっても物体の存在を認めること——がすでに3，4カ月児に認められるとしたベイヤールジョン（Baillargeon, R.）の実験では，ピアジェは主体の能動的な探索行為を指標とした感覚運動的な構造化としての物の永続性を問うているのに，この実験では馴化―脱馴化法[2]によって乳児の知覚に生ずる規則性の認識が確認されたにすぎず，遮蔽板の背後に隠された物が実体として存在し続けてい

2）乳児は一定の刺激に慣れるとその注視時間が減少する（馴化）が，別の刺激に切り替えたとき，乳児がそれを前の刺激とは違うものとして知覚すると注視時間が回復する（脱馴化）。これらの現象を指標にして刺激の弁別を明らかにする方法。

るという信念（表象）を乳児に付す必然性はなく，知覚世界で生起する規則性の予期という水準で十分に説明がつく……など，こうした例は枚挙にいとまがない（詳しくは，中垣，2007, pp.xiii-xvi を参照のこと）。

　ピアジェ批判に対する日下や中垣によるこうした批判は，ピアジェ批判が成り立たないことを示すだけでなく，ピアジェ批判を意図して提出された実験事実が，むしろピアジェの発達段階論で矛盾なく説明できることをも示しており，かえってピアジェ理論の生命力を証明するものとなっている。

3　発達を理解する基本原理の問題

　前節の最後の例のような，馴化―脱馴化法や選好注視法[3]によって得られた乳児の高い弁別能力を，とりたてて表象（あるいは，理論，推論，信念――以下，表象で代表）といった心的用語を用いて説明する傾向に対しては，加藤（2007）が本質的な批判を行っている。加藤の批判は，これらの研究の背後に発達観，世界観といった方法論的な基本原理にかかわる問題が浮き彫りにされている点で，とりわけ注目に値する。

　上記の早期乳児研究の結果は，馴化事象とは異なる事象に対する注視時間の回復を指標とした両事象間の弁別の事実を示すものだが，決してそのこと以上を示すものではない。それなのに，その説明に高次な機能としての表象といった心的用語を用いることは，それが事実をめぐる争いではなく，実は，使用する用語や事実の解釈の妥当性をめぐる問題であり，そこには，発達観，世界観といった方法論上の基本原理の問題が隠されているのである。加藤によれば，英語圏の心理学ないし発達論にはいまも少なからずイギリス経験論が影を落としており，上記の英語圏を中心とする乳児研究が乳児に表象の成立をみようとするのは，そこに，イギリス経験論の暗黙のメタ理論――イデオロギーといってよい――が存在するからなのだ。

　イギリス経験論の基本発想とは，「経験や感覚の重視」「連続性の重視」「機

---

[3] 乳児の眼前に二つの刺激を同時に提示し，一方の刺激を長く注視することを指標に，乳児がそれらの刺激を弁別していることを示す方法。

能の重視」「要素論的傾向」として特徴づけられる。ちなみに，これとの対比でフランス語圏では大陸合理論の発想として，「観念の重視」「対立の重視」「構造の重視」「全体論的傾向」をその特徴として指摘できるという。この対比でみると，フランス語圏のピアジェ理論のもつ，領域普遍的で規範的な認知構造の段階的構築という発達論の特色もよく理解される。同様に，イギリス経験論の基本発想をメタ理論としてもつ上記の早期乳児研究には，構造よりも機能を重視し，領域普遍的な抽象的理論よりも領域固有な個々の現象の具体的な研究を好み，感覚・知覚的経験から高次な心理機能を導き出し，その間に機能の連続的な漸次的変化をみ，それゆえ，発達を遡行すれば，高次の心理機能（たとえば表象）につながる何かを早期に「発見」できるはずだと考える，といった特色をみることができる（加藤，2007，p.47）。こうして，先のピアジェ批判の一連の研究は，実験事実の背後に，その解釈や用語の選択をめぐる発達観，世界観の問題が争点として存在していたのである。

　では，包括的で統一的な発達理論とは疎遠で，もっぱら個々の現象をとり上げて，その連続的な変化をみようとする，英米（英語圏）の研究を支えているメタ理論は，はたして，発達論として満足なものといえるのだろうか。多少の単純化を恐れずにいえば，ピアジェ批判が的はずれであったように，これらの研究に特徴的なことは，発達的な観点の完全な欠落であり，認知発達といいながら，実はその発達を個々の機能の個別的な学習や，場合によっては生得性の発現へと還元してしまうものであった。表象といった心的用語の無限定な拡張は，そのことを如実に物語っている。ヴィゴツキー（Выготский, Л.С.）が指摘しているように，実は，「どのような用語を選択するかは，すでに方法論的な過程なのである」（Выготский, 1982, c.368-369, 邦訳，1987, p.192）。選ばれる用語は事実や事態に合致していることのみならず，世界を正しく一般化し，定式化している基本原理につながっていることが必要なのだ。正しい基本原理とのつながりを欠いている場合には，どのような正確な観察や実験で得られた事実でも誤ったものになり，その意味が変わってしまうのである。では，発達論として正しい基本原理とは何か。それは，現実の生きた子どもの発達を捉えるということであり，その人間としてのトータルな発達の姿を捉えるということである。

4 現実の生きた子どもの発達という視点

　現在の認知機能研究の有力なパラダイムの一つに,「コネクショニストモデル」と呼ばれるものがある。これは,神経細胞をふまえた処理ユニットのネットワークを用いて,コンピューター上でのシミュレーションにより,人間の高次な認知メカニズムについて理解しようとするアプローチである。コネクショニストモデルは脳神経科学や人工知能研究と結びつき,ネットワーク内部の構造や活性化パターンの分析により,あたかも頭のなかを覗き込むような分析が可能になったものだという。心理学的には,従来は対立する概念であった発達と学習と成熟とを統一的に説明することができるものだという（守・都築・楠見編,2001）。コンピューター上のシミュレーションにより,高次な認知機能の学習だけでなく発達をも説明でき,しかも,特定の課題遂行だけでなく,多様な課題遂行を支える普遍的なメカニズムを仮定し,その解明をめざしているという。これが本当なら,期待は大きい。しかし,認知機能の発達を捉えるという点では,まだ研究の進展途上だとはいえ,コネクショニストモデルには,発達論的にみて本質的な問題がある。

　それは,その方法論的前提が,神経細胞をモデルとしたコンピューターの回路網の探究であり,必ずしも現実の生きた子どもや人間の認知発達の実態を捉えるものではないという点だ。この点は,人間の認知機能は複雑だから,当面はその実態から離れてモデル化を進めるという過渡的な制約には帰せられない,このアプローチの本質的特徴に思われる。たとえば,波多野（1997）は,コネクショニストモデルによる先駆的なエルマン（Elman, J.L.）の実験について批判をしている。エルマンは,一定程度自然言語の再帰的な性質に対応した人工言語をつくり,それをコネクショニストネットワークが学習するかを検討した。訓練が成功した場合には,ネットワークは「統語的」知識を獲得したとされた。

　この実験結果に対する波多野の批判は正鵠を得たものである。ネットワークは統語的知識を獲得したのではなく,統計的性質によって次に来る項目（単語）を予測したにすぎない,ネットワークへの訓練は乳幼児の言語環境の実態とは著しく異なっている（1項目につき1万回も提示される),といった批判と

並んで発達論的にみてもっとも本質的な批判は，ここで用いられている項目（単語）は意味をまったくもっていないということだ。たとえば，ネットワークは girl と girls を区別するが，後者が前者の複数形だということも，ましてやこの項目（girl や girls）の「少女」という意味も知らないのだ。結局，エルマンの「言語」の「統語的」知識の学習は，まったく意味をもたない項目（単語）間の関係の統計的性質にすぎず，人間の子どもの言語獲得や言語発達の実態とは著しくかけ離れている。

周知のように，2歳－3歳の幼児の言語獲得は意味の発達とともに進行する。「これは時計だ」とみるとき，子どもは，その色や光や形だけを個々に知覚するのではなく「時計」として知覚し，意味づける。単語のあらゆる意味は一般化であり，この意味づけ後には，子どもは，多種多様な時計をすべて時計として知覚し，意味づけるようになる（Выготский, 1984, с.359, 邦訳, 2002, p.129）。一つの単語の獲得でさえ，現実の子どもの学習の実態は，そこに一般化された意味の発達が不可分なのだ。この要件は，言語の統語的知識の獲得にも当てはまる。幼児の統語的知識の学習が，コミュニケーションの過程で飛び交うことばの意味の発達と切り離されてありうるなどとは，子どもの言語発達の実態とまったく乖離したものだ。

こうした事実をふまえるとき，コネクショニストモデルは，本当に人間の高次な認知機能の発達を説明できるのだろうか，きわめて疑問となる。このモデルが人間の認知発達を捉えるというならば，現実の生きた子どもの発達の姿を捉え損ねてはならない。

5 トータルな意識の発達を捉える

加藤は別の著作のなかで次のように述べている。「現在の発達心理学はそれぞれのテーマを深く掘り下げるところまで到達しましたが，一方で，かえって発達の全体性を見失う様相も呈しています。人間はバラバラな機能の寄せ集めではないし，子どもは生活のなかで一個の全体として生き発達しているわけですから，その発達をトータルに眺める視点がどうしても必要です。発達心理学はそうした視点の回復に努めなければなりません」（加藤, 2008, p.238）。発達

をみるトータルな視点の回復のためにも，人間の発達を全体的なシステムの変化として捉える代表的な発達論として，ここでは，ヴィゴツキーの発達段階論をみていくことにしよう（Выготский, 1984a, 邦訳, 2002）。

まず押さえておくべきことは，発達の過程では個々の心理機能の変化だけが生ずるのではなく，機能間の結合と関係が変化するということだ。発達とはこれら機能間の結びつきと関係が変化し，改変され，前の段階にはみられなかった新たな組み合わせが生ずることだ。それゆえ，ある段階から別の段階への移行を画する本質的な変化は，機能内変化ではなく，機能間結合の変化，機能間の構造の変化である。個々の心理機能の変化は全体的な機能間の構造の変化に規定される。この機能間の構造を「心理システム」とよぶが，ヴィゴツキーはこの心理システムの発達の上にトータルな意識の発達を捉え，それを人格として把握するのである。

次に押さえておくべきことは，発達段階を構成する各時期には，その時期に固有な子どもとその社会的環境との関係（これを，「発達の社会的状況」とよぶ）に規定されて，そこではじめて発生する基本的な新しい心理機能が存在し，その新形成物を中心に他の心理機能との関係が再編成され，その時期に独自の新しい心理システムが発達するということだ。細かな相（フェイズ）や大きな時代（エポック）といった区分を省略して，いくつかの時期を例に，その段階での心理システム（意識）の特徴についてごく簡単に説明しよう。

最初の例として，3歳までの幼児期についてとり上げよう（前掲書，c.340 - 344，邦訳，pp.102 - 108）。この時期の新形成物は知覚であり，この時期にみられる他の機能は知覚を中心に構造化され，運動も情動も注意も記憶も，またことばの意味も思考も知覚から独立した機能に分化しておらず，それらが知覚過程に加わるかぎりで知覚に従いながら，意識のなかで統一的に作用している。したがって，知覚が意識の支配的機能になっていて，子どもは直観的世界を生き，状況に存在しないもの，状況を変形させる可能性といったことを知らない。直観的な場による被拘束性が子どもの意識の本質を形成している。

次に就学前期を例にしよう（Выготский, 1935, c.26 - 28, 邦訳, 1962, pp.282 - 285）。この段階では，記憶が心理システムの支配的機能となり，意識の中心に一般化された回想が置かれる。幼児にとって考えるということは目にみえる

（直観的な）結合を調べることを意味したが，就学前児にとっては，一般化された過去の事象の想起にもとづく一般的表象を調べることを意味する。一般的表象により，子どもの意識は時間的・空間的状況の拘束から離れ，物や行為からその意味の世界が分離される。一般的表象により，子どもの意識には，自然，社会，自分自身についての世界観の基礎が作られる。

　学齢期の新形成物は内的言語に支えられた言語的思考である。学齢期の前半にはまだ生活的概念に媒介されていた言語的思考は，学校での体系的な科学的知識の教授－学習システムのなかで，次第に科学的概念に媒介された言語的思考（概念的思考）へと発達していく。学齢期の後半の思春期には，この概念的思考が心理システムの支配的機能となり，知覚や注意や記憶，想像や創造性，代数や文法の理解など一連の心理機能はすべて概念的思考を中心とした複雑なヒエラルキーの体系を形成し，知性化される（Выготский，1984b，c.113，邦訳，2004，p.146）。このような心理システムの発達により青少年の意識全体に生ずるもっとも本質的な特質は，自らの心理過程そのものの自覚と自由な支配（随意性）である。論理的関係による世界の整理，歴史的な社会的意識の理解，自己意識の反省的な把握など世界観と人格の深まりが生ずる。

　こうして，ピアジェとの比較でみると，ピアジェの発達段階論は，どの時期も中心的な機能は行為とその内面化された操作であり，一貫して心的操作の論理的構造の変化として描き出されるが，ヴィゴツキーの発達段階論では，それぞれの段階の心理システムの中心となる機能は時期ごとに交代し，それに応じて発達する意識のあり方と質が変化する。この意味で，意識の発達の多様な姿を捉えうる。

　また，ピアジェの発達論はあくまでも認知発達の枠内のものであるが，ヴィゴツキーの発達論では，たとえば，乳児期の新形成物としての「本源的われわれ」意識——おとなと乳児との心理的な一体性——をはじめとして，就学前期の虚構遊び，思春期の想像・創造活動，内言の意味論，意志の発達などをみればわかるように，感情も心理システムを構成する重要な機能である。この意味で，人格としてのトータルな人間の意識を捉えうる。さらに，発達における危機期の把握とその様相についての深い分析や，心理システムの崩壊という見地からの人格障害や機能障害への斬新なアプローチなども，トータルな意識の発

達を捉える段階論だからこそ可能なのである。

　もちろん，ヴィゴツキーの理論は完成されたものではない。その大きな原因は彼の夭逝(ようせい)にある。しかし，それでも，その理論は人間の発達をトータルに捉えるグランドセオリーとしての資格を十分にもっている。ここでは，紙幅の関係でそのほんの一端を提示したにすぎない。引き続き，ぜひヴィゴツキーの著作に触れてほしい。その際の道案内としては，中村（2004）や神谷（2007）を参照すると便利であろう。前者はほぼ思春期に中心があるが，後者では幼児期から思春期にかけての包括的で厚みのある考察がなされている。いずれも，トータルな意識論（人格論）の視点から，具体的で詳しい論述がなされている。

文献

加藤義信　2007　発達の連続性 vs. 非連続性の議論からみた表象発生問題――アンリ・ワロンとフランス心理学に学ぶ　『心理科学』第27巻　第2号，pp.43-58

加藤義信　2008　ピアジェの認知発達理論　加藤義信編『資料でわかる認知発達心理学』ひとなる書房　pp.238-240

神谷栄司　2007　『保育のためのヴィゴツキー理論――新しいアプローチの試み』三学出版

日下正一　1993　認知心理学的発達観に組み込まれた R. Gelman (1972) の実験の批判的検討『心理科学』第15巻第1号，pp.22-45

中垣啓　2007　認知発達の科学のために　ピアジェ，J.（中垣啓訳）『ピアジェに学ぶ認知発達の科学』北大路書房，pp.vi - xxix

中村和夫　2004　『ヴィゴーツキー心理学　完全読本――「最近接発達の領域」と「内言」の概念を読み解く』新読書社

波多野誼余夫　1997　Connectionist infants は統語規則を獲得しうるか　心理学評論，Vol.40，No.3，pp.319-327

守一雄・都築誉史・楠見孝編著　2001『コネクショニストモデルと心理学――脳のシミュレーションによる心の理解』北大路書房

Выготский，Л.С. 1935 Обучение и развитие в дошкольном возрасте．Умственное развитие детей в процессе обучения. М.；Л. С.20 - 32（ヴィゴツキー，L.S.（柴田義松訳）1962『思考と言語　上』明治図書　pp.275-291）

Выготский Л.С. 1982 Исторический смысл психологического кризиса．Методологическое исследование. Собр. Соч. Т.1. М. С.291 - 436．（ヴィゴツキー，L.S.（柴田義松ほか訳）1987『心理学の危機――歴史的意味と方法論の研究』明治図書）

Выготский, Л.С. 1984a Вопросы детской（возрастной）психологии. Собр. Соч. Т.4. М. С.243-385.（ヴィゴツキー，L.S.（柴田義松監訳）2002『新児童心理学講義』新読書社　pp.11-166）

Выготский, Л.С. 1984b Педология подростка. Собр. Соч. Т.4. М. С.5-242（ヴィゴツキー，L.S.（柴田義松ほか訳）2004『思春期の心理学』新読書社）

第3章 睡眠科学(脳科学)の進歩と子どもの発達的研究の展望

　子どもの心身の発達の理解において基礎的で重要な問題の一つは，子どもが生物学的な存在から社会的な存在へと質的に変容する過程である。本章はこの問題を社会生活の基礎となる生活リズムの形成過程の点から論考する。

1 生活リズムの生物的基礎

　日中は目覚め，夜間にまとめて眠る。これは子どもに求められる基本的な生活リズムである。睡眠を夜間にまとめてとる単相性睡眠パタンは成人には当たり前のことであるが，生物学的なサーカディアンリズム（circadian rhythm）の形成がその基礎にある。生後1カ月までの新生児は1日のなかで睡眠と覚醒の時間帯に明瞭な区別がなく，2-3時間眠っては数十分の覚醒と授乳を頻繁にくり返す。このように数時間の短い周期で現象がくりかえされることをウルトラディアンリズム（ultradian rhythm）という。生後3-4カ月になると，乳児の覚醒と睡眠の時間帯は昼と夜におおむね対応して約24時間の周期で交代する規則性をみせはじめる。これがサーカディアンリズムである。つまり，子どもの睡眠と覚醒の交代には成長にともなってウルトラディアンリズムからサーカディアンリズムへと移行するダイナミズムがある。その移行過程には睡眠と覚醒の時間帯が約25時間の周期で交代するフリーランリズム（free-running rhythm）も生じる。フリーランは周期が約1時間長いので睡眠の時間帯が1日で約1時間ずつ後ろにずれることになり，夜間に眠っていた子どもも2週間近く経つと日中に眠ってしまう。以上は睡眠研究の古典とされるクライトマン（Kleitman, N.）の著書"Sleep and Wakefulness"（1963）からの引用である。子どもの睡眠覚醒リズムの形成過程の解明には就床，起床，食事（授乳），排泄，遊びなどの時間帯を逐次記入する睡眠日誌が利用されている。わ

が国で行われたその後の睡眠日誌研究は必ずしもクライトマンの報告を追認していない。福田（1992）によると，乳児の生活リズムの形成過程にはフリーランを経てサーカディアンリズムに至る事例，フリーランを経ずに早期からサーカディアンリズムが現れる事例といった個人差がある。また，一人の幼児の睡眠覚醒リズムを3年にわたって追跡した黒田（1993）によると，サーカディアンリズムを形成する重要なモーメントは昼寝の消失である。睡眠日誌は簡便であるが，記録者の負担と記録精度に難点がある。そうした欠点を補完するものに，終日の活動量を長期にわたって計測するアクチグラフがある。アクチグラフは腕時計式モーションセンサーを手首や足首に装着して身体の活動量（加速度）をディジタル方式で連続記録して睡眠覚醒リズムの客観的なデータを提供する。近年のアクチグラフ研究（Nishihara, K. et al., 2002）は，乳児の睡眠覚醒リズムが生後3週目の早期から現れ，6-12週目には母親のサーカディアンリズムと同期することを確認している。

2　生活リズムを形成する同調因子

　睡眠と覚醒のサーカディアンリズムは，本来，周期が約25時間の内因性リズムである。これは時計，テレビ，ラジオ，明暗，騒音，室温など時刻を知らせる手掛かり（同調因子）が一切ない個室で寝起きし，食事や入浴などが本人の好きなタイミングで行える恒常環境実験で明らかにされた。恒常環境下で一カ月間過ごすと，どの成人もその睡眠覚醒リズムがフリーランして昼夜に関係なく25時間前後の周期で寝起きをくり返した。このことから，適応的な社会生活は約25時間周期の内因性の睡眠覚醒リズムを1時間近く短縮させて地球の明暗サイクルや昼夜に合わせる（同調する）ことが前提となる。同調をひき起こす時間手掛かりの代表格は太陽光線である。太陽光線の光情報は眼球の網膜で電気的信号に変換された後，一方では視神経を介して大脳皮質後頭部（視覚野）に伝えられて視知覚となり，他方では視床下部の体内時計（視交叉上核）に送られてサーカディアンリズムを調節している[1]。サーカディアンリズムは2500ルックス以上の強い光を浴びるとその影響で変化する。最低体温直後（起床後）の光，つまり朝陽は睡眠位相を前進させて早寝を誘発し，最低体温前（就

床前）に光を浴びると睡眠位相が後退して遅寝になる。

人のサーカーディアンリズムは社会的な同調因子の影響を強く受け，特に母親の睡眠覚醒リズムは子どものリズムをセットする作用があるとみられている。新生児と母親の睡眠覚醒リズムをアクチグラフで同時記録した研究（河野・城田・林・堀，2003）によると，まず母親が子のリズムに同調し，その後，子が親のリズムへ同調する過程がある。生後早期に母親と新生児が同じ部屋で過ごすことが子どものサーカディアンリズムの形成を促すと考えられている。また，首都圏在住の核家族世帯の両親を対象とした調査（睡眠文化研究所，2003）も保育園，幼稚園，小中高等学校に通う子どもの睡眠習慣に与える母親の影響の大きさを指摘している。つまり，約80％の家族は親子同室で寝起きする睡眠習慣があり，母親の睡眠習慣が規則的であれば子どもの睡眠習慣も規則的となりやすく，母親が夜型の子どもは夜型の傾向をより強く示している。

3 体温リズムは生活リズムの基礎

体温調節は生きてゆくための基本的な生理機能であり，社会的活動の時間帯に高温期，休息の時間帯に低温期がくるようにセットされている。成人の腋下温あるいは舌下温を1時間ごとに測定すると，起床時に最低温（約35℃）であった体温は日中に徐々に上昇して夕刻に最高温（約37℃）に達し，夜間の就眠後に急速に低下して最低温に戻る。恒温動物である人の体温は外界温の変化に左右されずに一定の水準（平均36度）を維持しているが，実際には1日のなかで高温期と低温期が交代するサーカディアンリズムを示している。

体温リズムにも発達的な形成過程がある。生後4－5週までの体温は日内変動が小さく平坦である。生後6カ月を過ぎると日中に上昇し夜間に下降する日内変動が現れはじめる。年齢を追うにしたがって体温の高低差は増大し，児童期には約1℃の高低差をもつサーカディアンリズムを示す。小中学生の舌下温を起床時，学級の朝の会（1時限前），夕食前，就床時の1日4回反復して連

1）視交叉上核（視神経交叉の真上にある左右一対の神経細胞群）はそれ自身でリズムをつくる体内時計で，光情報を受けると松果体で分泌される睡眠物質メラトニンを抑制する。

続2日間測定した石原（2003）によると，体温は起床時に低く，「朝の会」頃から上昇して夕食前には最高温に到達し，就床時に再び低下する。中学生になると最高温の出現時刻が後退する傾向がみられるが，それが夜型の予兆であるのかどうかは定かでない。

体温リズムは入出眠や活動性のタイミング（位相）と密接に関係し，睡眠習慣の個人差である朝型と夜型の生物学的基礎をつくる。朝型の人は午前中から体温が高く，夕刻に最高温に達する。心身活動のもっとも好調な時間帯は午前中にあり，就寝時刻が早い。一方，夜型の人は午前中の体温が低くて仕事がはかどらず，体温が上昇する夕刻から心身活動が好調になる。最高温は数時間うしろにずれて夜半に現れ，そのため就寝時刻が遅くなる。睡眠習慣の朝型と夜型の分化は社会進歩の過程で人類が獲得した行動戦略の一つとすれば，個の水準ではそのいずれの型も形成できる可塑性を備えているのであろうか。子どもの体温リズムの縦断的調査の蓄積が待たれる。

4　子どもの夜型化

日本人の生活の夜型化はここ40年間に進行し，10代後半の若年層で著しい。子どもの睡眠時間は通学日に6－7時間に切りつめられ，夜中の12時前後に就寝し，日中のうたた寝あるいは休日の朝寝坊や寝だめ（過眠）などで睡眠時間の不足を埋め合わせている（堀，1998；平井・神川，1999；石原，2003；NHK国民生活時間調査，2006）。国際比較でも日本の中学生の睡眠時間は短く（7時間弱），アメリカの子どもは約30分，ヨーロッパ諸国の子どもは90分以上長く眠っている（日本学術会議，2002）。遅寝・夜更かしの子どもたちは身体のだるさや自律神経系の不調に加え，学習意欲がわかない，注意が持続しない，落ち着きがない，人間関係に不満があるなどの不定愁訴が目立つ。医療関係者はそうした子どもたちを「フクロウ症候群」（三池，1997）や「低セロトニン症候群」（神山，2003）とよんでいる。子どもたちを夜型に追いやる要因（同調因子）は何か。加熱した受験戦争と塾通い，保護者の過保護と過干渉，テレビゲーム・携帯電話・インターネットなどの視覚性メディア依存，親の就労形態と推定される要因は多い。たとえば，大阪府の小学生の半数は平日の4－6時

間をテレビ視聴，携帯ゲーム，テレビゲームに費やし，2％弱（1069名中18名）の子どもたちは夜中の12時を過ぎても起きている（高橋，2006）。テレビや携帯電話は子どもの就床時刻を後退させる有力な要因とみなされている。

　文部科学省は「子どもの生活リズム向上プロジェクト」を2006年度より提起し，運動・食事・睡眠を基本とする生活習慣の確立のための国民運動を展開している。同プロジェクトは「みんなで早寝早起き朝ごはんハンドブック」の普及，全国フォーラム，調査研究の委託事業などをとおして子どもの生活リズムの改善にむけた教育現場や地域のとり組みを後押ししている。ところが，教育現場の「早寝早起き朝ごはん」は学業成績の向上に関心がある。たとえば，早寝の小学生は成績が良く，遅寝の生徒は就床時刻が夜9時より遅いほど成績が下がるとか（小野田市教育委員会，2006），小学校6年生の基礎学力は睡眠時間が8時間前後で高く，それより短くても長くても低下する（鳥取県教育委員会，2008）としている。文部科学省の事業要旨も「最近の調査によれば毎朝朝食をとる子どもほどペーパーテストの得点が高い傾向にある」と述べている。学業成績向上のための「早寝早起き朝ごはん」を一方的に諭し実践するとすれば，それは基礎学力の問題に悩む学校には好都合かもしれないが，本末転倒のとり組みである。人はなぜ眠る生き物なのか，早起き（朝の日光浴）はサーカディアンリズムの調整とどのような関係にあるのか，さらに不眠や過眠の機序と睡眠衛生などについて科学的な理解を培うことが何より大切である。早寝と早起きを同列に扱う風潮があるが，睡眠相が後退しやすいサーカディアンリズムの特性からみれば早寝は容易でない。早起きを重視する考え方が生まれる所以である。

5　睡眠の量と質

　睡眠時間は睡眠の量的指標である。児童期の睡眠時間は8－11時間を適切とするが，その論拠は睡眠科学の啓蒙書や専門書にしばしば引用されるロッフワーグら（Roffwarg, H.P., Muzio, J.N. & Dement, W.C.，1966）のデータにみいだすことできる。しかし，NHK放送文化研究所が1960年から5年ごとに実施している国民生活時間調査をみると，平均睡眠時間には年齢差に限らず，男女

差,平日と休日の差異,あるいは調査年度の変化など多様な変動因が含まれている。また,健常成人の習慣的な睡眠時間には釣り鐘型の正規分布を示す個人差も知られており,70%近くの人は6－9時間の平均睡眠時間で過ごしているが,6時間未満の短眠者や9時間を超える長眠者も10数％ずつ認められる。さらに,1日の平均睡眠時間が1時間未満でも平気であるという無眠者も存在する(Meddis, R., 1977)。平均睡眠時間からの逸脱を異常とか不健康とする判断は性急であり,子どもの睡眠時間にも個人差の点からの論議と検討がもっとなされてよい。

　睡眠は質が重要である。睡眠の質は心理学的には熟睡あるいは不眠の自覚であり,生理学的には睡眠ポリグラフから求めた入眠潜時,睡眠段階の出現率,中途覚醒時間,睡眠周期（約100分周期）などの睡眠変数[2]によって評価される。睡眠ポリグラフは脳波・眼球運動・筋電位などを同時記録する電気生理学的手技で,人の睡眠の量と質を客観的に捉える優れた方法である。近年は自宅等で睡眠記録が容易に行える携帯型記録器も市販されている。睡眠の質の低下は入眠潜時の延長,睡眠段階3と4の出現率の減少,中途覚醒時間の増加,睡眠周期の乱れなどに現れる。睡眠段階3と4はデルタ波と呼ばれる脳波（電圧75μV以上で周波数2Hz以下の高振幅徐波）が優勢に出現する深い眠りである。成人の短眠者は寝つきがよく,深い眠りやレム睡眠などの割合が効率よく保持され,無駄のない眠りをとることがわかっている。子どもの場合,睡眠時間が短いと就床・起床時刻の遅れや心身の不定愁訴がもっぱら問題視されるが,その短時間睡眠の質についての言及は少ない。成人の長眠者は睡眠経過の後半に浅い眠りが優勢となるので深い眠りの割合が減少する。子どもの場合,長眠傾向は平日の睡眠不足の解消策として休日の寝だめ（9－10時間の眠り）にみられる。休日の寝だめは睡眠覚醒リズムの位相を後退させるため翌日の睡眠不足と心身の倦怠感をともなう「月曜日病（ブルーマンデー）」を招く危険が大きい。子どもの長眠についても睡眠の質の点から休日と月曜日の比較検討が望まれる。

2）入眠潜時は消灯から寝入る（睡眠段階1あるいは段階2の初出）までの時間である。睡眠段階は国際基準に準拠してノンレム睡眠（段階1－段階4）とレム睡眠に分類する。ノンレム睡眠は段階4がもっとも深い眠りとされる。一晩の睡眠はノンレム睡眠とレム睡眠のセットが約100分の周期（睡眠周期）で4－5回繰り返される。

6 発達に大切な2種類の眠り

　人の夜間睡眠は三つの生理的機序で調節される。その第一はサーカディアンリズムによる調節で，眠りに就くタイミングを決める。第二はウルトラディアンリズムによる調節で，ノンレム睡眠とレム睡眠がセットになって約100分の間隔で4－5回くりかえす睡眠周期をつくる。第三はホメオスタシス性調節が働いて睡眠前半にノンレム睡眠（深い眠り）が集中的に現れ，日中の活動で疲れた脳や身体の休息と修復を短時間で行う。

　ヒトの胎児は妊娠14－19週頃になると，子宮内でまとまりのある動きを自発的に行う活動期とそうした動きを制止する休息期とを次第に周期的に示すようになる。妊娠30週を過ぎる頃から動睡眠（レム睡眠の原形），静睡眠（ノンレム睡眠の原形）および不確定睡眠の三つの異なる睡眠状態が脳波パタンから区別できる。レム睡眠あるいは動睡眠が全睡眠中に占める割合は胎児で40－68％，新生児（1日約16時間の睡眠）で50－60％と高いが，2歳頃（1日約12時間の睡眠）から半減し，思春期を迎える頃には成人の20％前後に落ち着く。胎児と新生児に高率で出現するレム睡眠（動睡眠）が成長とともに減少する理由は何であろうか。この問いに対する解答はいまだないが，ホブソン（Hobson, J.A., 1991）によると，レム睡眠は脳が自らを自発的に活性化して脳の発育に貢献するように遺伝的に仕組まれた眠りとされる。レム睡眠は運動系の緊張が低下して外界の刺激に応答しにくい状態にあるが，内的には眼球の速い動き（レム），自律神経系の嵐と呼ばれる呼吸や心拍の激しい変動，大脳皮質や海馬（辺縁系で大脳の古い部分）の興奮といった高い活動状態にある。レム睡眠のこうした特徴は視覚系，運動系，記憶系に内的な信号を送って受信し反応しやすいように試運転している脳活性化の現れ（夢見体験の眠り）であり，覚醒時にそれぞれの系が働きやすい状態を用意していると想定されている。成長にともなうレム睡眠の激減は脳の発達がある程度達成された証と考えられている。

　ノンレム睡眠は覚醒時の活動で疲れた身体や脳を休める働きをする適応型の眠りである。ノンレム睡眠の出現率は出生当初に50％程度であったものが，乳幼児期以後は70－80％に上昇する。その出現時間の絶対量は児童期前半まで増

加する。ノンレム睡眠が生後に増加するのはなぜか。これは日中の覚醒時間の延長（社会的活動の豊かさ）と関係があるらしい。日中の覚醒時間が延びるのは見方を変えれば断眠状態の持続である。その間に睡眠圧（睡眠欲求）の蓄積が内的に進行し、蓄積された睡眠圧は夜間にサーカディアンリズムの休息相に入るとノンレム睡眠となって一挙に放出され、日中の睡眠不足の埋め合わせが行われる。これが睡眠のホメオスタシス性調節（ボルベイ，1985）である。ノンレム睡眠のうち睡眠段階3と4は睡眠経過の前半に集中的に現れ、これに同期して成長ホルモンが盛んに分泌される。成長ホルモンは脳下垂体前葉から放出されるペプチドホルモンで、骨を伸長させ、肝臓・すい臓・筋細胞を増殖し、タンパク量を増加させて疲弊した細胞を修復する働きがある。発達的には、成長ホルモンの分泌は生後4カ月で夜間睡眠中にはじまり、4-5歳でノンレム睡眠に同期する。成長ホルモンの分泌量は睡眠段階3と4が持続すると増える。「夜中の12時頃熟睡したときにもっとも分泌する」という時刻依存性があるかのような誤解を与える記述（養護教諭用指導書）は訂正の必要がある（石原，2003）。

7 睡眠教育

　睡眠教育は睡眠と生体リズムについての正確な理解を促し、睡眠についての相談活動を行う。対象者は年齢，性，職業等を問わず，健常児者と同様に障害児者を含む。全国の盲聾養護学校に在学する障害児は全生徒数の1％未満（2006年度文部科学省学校基本調査で10万4592人）であるが、その生活リズムに関する基礎的資料の蓄積は少ない（Hayashi, E.& Katada, A., 2002；広重・藤田，2006）。

　睡眠教育は三つの活動に分類できる。第一は、睡眠に関する科学的知識の普及である。睡眠に関する専門書や啓蒙書等（和書）の出版数は1980年以降で200冊余りにのぼる（日本書籍出版協会の検索）。近年は自治体や大学等の主催や共催による市民講座や公開講座，小中学校の健康教育や総合的な学習の時間，さらには大学等での睡眠科学の授業が活発に開かれている。第二は、睡眠の質と量の向上を目的として不眠や過眠の原因や背景を解明し、改善策を講じる相

談活動である。学校現場では養護教諭が中心となって生活リズムの指導と実態把握にとり組んでいる。医療機関では睡眠医療に従事できる医師・歯科医師・検査技師が日本睡眠学会によって認定されている（全国783名77機関，2010年9月現在）。第三は，ハンドブックの作成や睡眠学習の単元化（小学校体育科のカリキュラム）をとおして睡眠教育の指導者を養成する試みである（佐藤，2008）。睡眠と生体リズムを考慮した社会形成の点から睡眠教育の普及は重要な課題である。

文献

ボルベイ，A.A.（井上昌次郎訳）1985『眠りの謎』どうぶつ社
ブルーム，F.E.（中村克樹・久保田競監訳）2004『新脳の探検（下）』講談社
福田一彦　1992　乳児期における睡眠覚醒リズムの発達——とくに生後2カ月中に認められる非連続的変化について『乳幼児医学・心理学研究会』1，pp.29-37
Hayashi, E. & Katada, A. 2002 Sleep in persons with intellectual disabilities: A questionnaire survey. Japanese Journal of Special Education, 39, pp.91-101.
平井美徳・神川康子　1999　子どもたちの生活リズムの実態とその問題点『富山大学教育学部研究論集』2，pp.35-42
広重佳治・藤田大慶　2006　障害児の睡眠習慣『地域学論集（鳥取大学地域学部地域学部紀要）』3(2)，pp.191-201
Hobson, J.A. 1989 Sleep. New York, WH Freeman and Company.（ホブソン，J.A.（井上昌次郎・河野和訳）1991『眠りと夢』東京化学同人）
堀忠雄　1998　睡眠習慣の実態調査と睡眠問題の発達的検討『平成7-9年度文部省科学研究費補助金基盤研究（A）　課題番号07301013』
井上昌次郎　1989　『脳と睡眠——人はなぜ眠るか』共立出版
石原金由　2003　子どもの睡眠習慣の乱れが心身の健康に及ぼす影響——とくに睡眠不足と夜型化の観点から『平成12-14年度文部省科学研究費補助金基盤研究（C）　課題番号12610098』
Kleitman, N. 1963 Sleep and Wakefulness. Revised and Enlarged Edition, Chicago, The University of Chicago Press.
神山潤　2003『睡眠の生理と臨床：健康を育む「ねむり」の科学』診断と治療社
小野田市教育委員会　2006　生活改善・学力向上プロジェクト「子どもの生活を見直そう！——将来にわたって『生きる力』を育むために」http://www.city.sanyo-onoda.lg.jp/profile/kouhou/2006/200609/20060915.pdf.
河野寿美子・城田愛・甲斐田幸佐・林光緒・堀忠雄　2003　新生児の活動——

休止リズムと母親のリズムの比較『広島大学総合科学部紀要Ⅳ理系編』 29, pp.53-62
黒田稔 1993 縦断的行動観察による睡眠・覚醒リズム――生後3年間の睡眠時間と行動量について『日本体育大学紀要』22(2), pp.147-161
三池輝久 1997 『フクロウ症候群を克服する――不登校児の生体リズム障害』講談社
NHK放送文化研究所 2006 『日本人の生活時間2005―― NHK国民生活時間調査』NHK出版.
Nishihara, K., Horiuchi, S., Eto, H. & Uchida, S. 2002 The development of infants' circadian rest-activity rhythm and mothers' rhythm. Physiology & Behavior, 77(1), pp.91-98.
日本学術会議 2002『睡眠学の創設と研究推進の提言』精神医学・生理学・呼吸器学・環境保健学・行動科学研究連絡委員会報告 p.86
睡眠文化研究所 2003 東京400家族 都市生活における家族の睡眠の現状. http://www.hayaoki.jp/gakumon/tosi.pdf.
Meddis, M. 1977 The Sleep Instinct, London, Routledge & Kegan Paul PLC. (メディス, M. (井上昌次郎訳) 1984『睡眠革命』どうぶつ社)
Roffwarg, H.P., Muzio, J.N. & Dement, W.C. 1966 Ontogenetic development of the human sleep-dream cycle. Science, 15, pp.2604-2619.
佐藤尚武 2008公開講座講演「小学校の睡眠教育へのアプローチ――睡眠学習教材の開発とその実践」『第17回日本睡眠環境学会学術大会抄録集』pp.36-39
高橋ひとみ 2006 子どもの就寝時刻に関する一考察（2）テレビゲーム・携帯ゲーム・テレビ視聴との関連『桃山学院大学人間科学』30, pp.1-27
鳥取県教育委員会 2008 心とからだ いきいきキャンペーン「睡眠時間と学力の関係」 http://www.pref.tottori.lg.jp/dd.aspx?menuid=69380.

第4章
「実践的な子ども研究」とは？

　子ども研究を担う分野の一つである教育心理学や発達心理学の領域において，「実践的」もしくは「（研究の）実践性」という用語は，いまや研究を語るうえで欠かすことのできないキーワードである。特に教育心理学においては，佐伯（1998）など多くの論者が指摘するように，心理学と教育実践を結びつけようとする試みがここ10数年で盛んに行われるようになっている。実際に1990年代後半以降，書籍のタイトルのみならず，たとえば日本教育心理学会の年次総会では，「実践」をタイトルに冠したシンポジウムなどが必ずといってよいほど企画されている。一方，発達心理学においてもほぼ同時期に，「現場心理学」（やまだ，1997）というスタイルが一つの明確なトレンドになってきた。そしてこの研究動向と強く関連して，数量化されたデータだけではなく，インタビューやフィールドワーク等から得た質的なデータを重視する傾向が芽生えてきている。ここから理解できるのは，子ども研究において「実践」という概念およびそれを支える研究法が一つの中心的地位を獲得している現実であろう。

　ところで，研究が「実践的である」とは具体的には何をさしているのだろう。読者のみなさんにとってなじみが深いと思われる，大学での授業や職場研修を例に考えてみよう。「実践的な」授業や研修とはどのようなものだろうか，また逆に，実践性をもたない授業や研修とはどのようなものだろうか。

　この問いに対し，明日からの仕事や，これから自身が「現場」に出た際に，実際の子どもと向き合ううえで役立つものこそが「実践的」であり，それとは逆に現場の空気が感じられず，仕事上の問題解決に役立たないものは実践的ではないと考えるみなさんもいるだろう。筆者としては，それとは少し異なる問題意識を提起したい。それは，目の前の現場で起きている問題を扱っているか，もしくはその解決に役立つか否かという視点のみでは，実践研究を理解するにあたって必ずしも十分ではないだろうというものである。本章ではこのような

視点から，教育心理学をはじめ，児童発達・乳幼児発達心理学などにおける「実践的な子ども研究」とは具体的にどのようなものをさすのかを考える。子ども研究が実践的なものとして成立する条件を検討することで，読者のみなさんが今後「実践的」を名のる数多くの子ども研究を読み解くと同時に，「実践的」な子ども研究を自ら手がけるにあたっての手がかりを探りたい。

1 「実践性」＝「現場での問題解決に役立つ」視点における問題性

　研究における実践性を「現場での問題解決に役立つ」と解釈することで生じる問題とはどのようなものだろうか。このことを考えるためには，「役立つ」ということがそもそも何を意味するのかについて検討する必要がある。
　次のような例から考えてみよう。定型発達者とは異なる感覚世界をもつ自閉症児に対する教育・保育・療育においては，近年「視覚的刺激を活かした支援」というアプローチが強調されている。これは，目の前にないものを表象する力やことばのみで理解する力に困難をかかえ，独特の感覚過敏をもつ自閉症児には，写真や絵カードを用いることで，本人にとって不快でわかりにくい刺激が事前に整理・回避され，必要な情報を得られやすくなるだろうことから考えられている援助法である。たとえばこの観点からの研究は「現場での問題解決に役立つ」という視点に照らし合わせると，まさに実践的な研究ということができよう。自閉症児に対する教育・保育・療育の分野では，この種のアプローチを強調するTEACCHプログラムの幅広い普及とも関連し，多くの研究ならびにそれにもとづく実践を実際にみることができる（ノースカロライナ大学医学部精神科TEACCH部，2004；佐々木・宮原，2004など）。
　一方でこのような傾向に対し，「障害特性に応じた教育」の課題を検討する赤木（2008）は，視覚的刺激を強調することは具体的で重要なアイデアではあるものの，その反面で自閉症児の障害特性がより強められる可能性があることを指摘する。掃除の仕方を教える際に，ごみ集めの場所を視覚的に提示する，掃除の手順を写真などで時系列に並べるなどの援助は，それを円滑に行ううえでは重要だが，掃除に代表される適応行動の獲得のための指導全般に視覚的刺

激が多用されることによって，今度はそうした刺激の示す範囲内にしばられ行動する事態が生まれるかもしれない。掃除はそもそも，目の前の汚れに応じて柔軟に対応する必要があるという点で，自閉症児には苦手なタイプの活動の一つだと考えられる。それを整理するうえで写真や絵カードは確かに有効だが，それは同時に「写真や絵カードに沿った掃除」を越える可能性を奪う，別のいい方をすれば，視覚的刺激にとらわれるがゆえに，活動を通じて表象能力の発達が促進される可能性が制約されうることを意味している。

　この例から問いかけたいことは，自閉症児に視覚的支援を用いることが正しいのか／正しくないのかという議論ではもちろんない。そうではなく「役立つ」という概念の多義性・あいまい性である。教育・保育などにおける子どもに対する働きかけは，「どんな子どもを育てたいか」という価値にかかわる問いを含まざるをえない以上，何をもって「役立つ」と解釈するかは視点によって変わる。このような現象は何も上述の例に限らない。自閉症児への支援におけるその他の例をとっても，たとえば赤木（2008）が論じるように，自閉症児において生じやすい偏食の問題に対し，「味覚が定型発達児とは異なる障害特性があるのだから，子ども個別に合わせた食事指導が必要」という立場と，「自閉症児においても味覚は変わるのだから，定型発達児と同じものを食べて慣れていく指導を」という対照的な立場が対立しうる。また白石（1996）に紹介されているように，特定の働きかけによって多動が少なくなり，おとなからのことばでの指示が通るようになった自閉症児に，同時に「指示されなければ動けない」という寡動性やパニックがもたらされるというケースも報告されている。ある立場から判断しての「問題解決」をめざして素朴に進められた研究およびそれに沿った実践が，一定範囲内の問題解決に貢献する一方で，それと同時に別の何かを封じたり，新たな困難を惹起したりすることがあるのだ。

　改めて，「現場での問題解決に役立つ」という視点からのみ研究における実践性を理解することの問題性を整理してみよう。「ある研究が役立つかどうか」ということは，所与のものとして研究そのもののなかに内包されているのではない。それは当該の研究だけで自足的に決まるのではなく，誰にとって，またどのような視点から「役立つ」といえるかという，社会背景をはじめとする研究の外部にある文脈との関係によって本来は決まっていく質のものである。

いま，目の前に表面的に現れている問題に対し「役立つかどうか」を「実践性」の判断基準としたときには，当該の研究者が素朴な善意から「役立つ」と信じている一方で，別の視点（たとえばその他の研究者・実践者や障害をもつ当事者）からはそう思われない研究が「実践研究」として推し進められ，一定の影響力をもつ可能性がありえる。それを防ぐためには，「その実践がどのようにしたらうまくいくか」が検討されるだけでは不十分であろう。たとえば「その場面では他にどのような対処の可能性がありえたのか」「その実践を進めることのリスクとは」という，実践およびそれを裏付ける研究そのもののあり方を問いなおす枠組みが準備される必要がある。特に教育・保育などの価値を含む学問分野における実践研究を進める上では，研究ならびにそれに基づく実践そのものを必然性のあるものとして捉えるのではなく，「一つの可能性」（松本, 2005）として問いなおす枠組みが，当該の分野のなかだけで閉じてしまわない形で設けられることが求められる。このことは「子ども研究における実践性」を真の意味で担保するうえで必須の条件だといえよう。

2 「実践研究」論のあゆみ

はじめに述べたように，日本の心理学界のなかでは，ここ10数年ほど「実践研究」もしくは「実践性」という概念が特に教育や発達などの子どもにかかわる領域を中心に大きなトピックとなっている。しかしながら「実践研究」についての議論は，ここ10数年で初めて開始されたものではなく，実際にはすでに四半世紀を越える歴史を有している（松本, 2007）。本節ではその歴史をたどり，草創期の実践研究論と現在の実践研究論の特徴をそれぞれ示すことを試みたい。

2.1　草創期の「実践研究」論

教育や発達にかかわる心理学において「実践研究」が正面から議論されはじめたのは，おおむね30年ほど前にさかのぼることができる。当時の実践研究論の特徴を示す一例として，ここでは東京大学出版会から刊行されたテキストである『心理学研究法』シリーズの第13巻『実践研究』（続・高瀬, 1975）をとり上げたい。同シリーズ全17巻のなかで出版までにもっとも時間を要したという

本書において「実践研究」はどのように位置づけられ，記述されているだろうか。冒頭にまとめられた「はしがき」は，「実践研究」に関する次の記述から開始されている。

　　「なかば好奇の念と不審の念をもって，この書物の表題をご覧の方も少なくはないかもしれない。事実，"実践研究"とはある意味では新しい造語のたぐいであり，名称，内容ともに今日まだ人口に膾炙していない」
　　（p. i，ふりがな筆者）

この表現が端的に示しているように，「実践研究」は当時の心理学において，いわば市民権を得ていない状態であったと考えられよう。同じ「はしがき」に「いや，それにもまして，果たして実践研究は方法論的に可能か」の記述もみられるように，この時期は「実践研究とは何か」という議論以前に，そもそも心理学が「実践」を担いうるか，心理学において「実践研究」が成立しうるかどうかという状況であったことが示唆される。

このような背景のなかでまとめられた本書は，実践研究についての考察を展開するに先立ち，「実践」とは果たして何を指すかの議論から開始されている。高瀬（1975）によれば，「実践」の基本的な意味とは，個人的水準あるいは集団的水準を問わず，ある目的や意図のために，ないしは一定の計画のもとに，それの実現行為を行うことである。一般的にはこの「実践」の意味内容にネガティブなものも含まれるが，現場的課題としての，また心理学研究上の課題としての「実践」とは，進歩，発展，改善，変革など，公共的社会価値の体系ないしは社会的善に密着したポジティブなものであるという。このような概念を基礎にした実践研究とは，「実践活動を通して，現実の担っている全体的パターンならびにその独自性を損なうことなしに，当の現実を構成し彩っている本質構造を解明し，同時に，現実の変革，発展に資する研究のあり方」であるとして定立が試みられているのである。

心理学における「実践研究」を論じるにあたり，「実践」とは何を指すかの一般的な定義から改めて議論を開始する続他（1975）の展開は，ある面からみれば迂遠かつ冗長なものであろう。しかしながら，このこと自体が当時の心理学における「実践研究」をとりまく状況の反映だと理解できる。実践研究論の草創期としてのこの時期に，心理学が「実践」を扱うのは当たり前ではなかっ

た。よってそこにおける議論は，果たして「実践」を心理学のなかで扱うことができるのか，心理学は「実践」に何を貢献しうるのかなど，「実践」および「実践研究」のあり方そのものをまずはカッコに入れたうえで，それ自体を議論の対象としてスタートせざるをえなかったわけである。

同書の出版とほぼ同時期に，心理学研究における「科学性と実践性」論を展開している心理科学研究会による議論からは，実践研究論が開始された時代背景をうかがい知ることができる（心理科学研究会1983年度全国運営委員会, 1983）。加用（2006）はこれに関して，東西冷戦に端を発する核戦争の危険，環境破壊や公害問題，オイルショックによる経済危機，大学紛争，障害児の教育権の未確立，保育が「必要悪」として捉えられていたなどの時代特性を指摘する。心理学において実践研究論が開始された時期は，社会や教育現場における何らかの具体的問題と，それに対する心理学研究の現状に対する問題性が顕在化した時期であった。そのような問題を背景に，実践研究論は，「実践とは何か」「何が心理学研究の対象となりうるか」「現実の変革・発展のあり方とは」という基本的な問いをとおして，既存の心理学研究を捉えなおすものとして立ち上がってきたといえるだろう。この時期には，心理学のなかで実践研究が成り立ちうるか自体が不確定であったがゆえに，心理学は実践に対して"謙虚"であった。目前の諸問題に対する心理学の立ち位置が，隣接諸科学との関連において探られつつ研究が進められていたと考えることができよう。

2.2 心理学における「実践研究」論の現在

これに対し，教育や発達にかかわる心理学における「実践研究」は，現在ではどのように位置づけられるだろうか。

たとえば前項でとり上げた続他（1975）と同様の東京大学出版会から刊行されたテキストである『心理学研究法入門』（南風原・市川・下山, 2001）を参照してみよう。そこには心理学における研究法として，研究者が現実とどのような形でかかわるかという観点にもとづき「調査研究」「実験研究」とならんで「実践研究」が柱の一つとしてあげられている。市川（2001）によれば，この三つは，心理学研究がどのような「場」でデータをとるかに関する分類であるという。「場」とは，対象者とどのような関係のもとに，どのようなデータを

とるのかという，研究のために研究者が設定する状況のことである。そして，対象者にあまり影響を与えることなくその意識や行動についての情報を得ようとする「調査」，日常にはないような状況を研究目的のために設定する「実験」に対し，研究者が対象者の状態の改善をめざすという形で働きかける（介入する）関係をもちながら，対象者に対する援助と研究を同時に行っていくものとして「実践」が位置づけられ，例として教育場面や治療場面があげられている。ここからは，草創期とは異なり，心理学研究法の柱の一つとして「実践研究」が確固たる地位を築きつつあることがわかる。さらに，日本教育心理学会が刊行している『教育心理学研究』には，2000年より「実践研究」という学術論文カテゴリーが「教育方法，学習・発達相談，心理臨床等の教育の現実場面における実践を対象として，教育実践の改善を直接にめざした具体的な提言を行う教育心理学的研究」という定義で設けられ，実際に数多くの学術論文が投稿・掲載されている。また鹿毛（2005）のように，教育心理学における実践研究が1冊を通じて論じられる文献も出版されている。ここからは，「研究における実践性」が単なる問題提起としてではなく，教育心理学をはじめとする子ども研究のなかに具体的な形で位置づいていることが読み取れる。

　この傾向について無藤（2007）は，研究者が教育の現場に入り，教材を作る，指導法を開発するなどの形で学校教育の改善に役立つことをめざすという方向性は，教育心理学において長い間議論の対象になってきた「教育実践に対する（教育心理学の）不毛性」論の克服を意図して進められてきたものであることを主張し，現在においてはもはや教育心理学の「不毛性」論は完全に乗り越えられたといってよいと述べる。「教育心理学の実践化」という教育心理学におけるここ10数年の著しい変化，ならびにそれと連動したフィールドワーク，アクションリサーチ，質的研究法といった多様なアプローチが盛んになってきたことによって，「実践研究」は新しいかたちに移行した（市川，2003）。研究者でもあり，かつ教育などの現場における実践者でもあるという形でまとめられた研究が徐々に増えつつあることは，この傾向を支えているといえるだろう。さらに，実践現場に対する研究者の向き合い方の変化も，その一つの現れということができよう。

③ これからの「実践研究」に向けて
――研究における実践性を読み解く／実践研究を担うために

　これまで実践的な子ども研究を成り立たせるための条件，および子どもにかかわる心理学における実践研究論のあゆみについて整理してきた。では「実践的な子ども研究」を読み解く，もしくはそれを今後何らかのかたちで実践していくうえでは，この議論をどのように生かすことが可能だろうか。現在の実践研究論と，草創期のそれとの共通点・相違点を改めて比較検討したうえで，これからの実践研究にはどんなあり方が求められるか，教師を代表とした子どもを身近に支えるおとなとして「実践研究」に向き合う際に，もしくは「実践研究」の担う研究者の一人となる際に何を具体的に考えておく必要があるかについて，最後に改めて検討したい。

　すでに述べてきたように，現代の実践研究論の特徴として，教育などの現実場面に具体的にアプローチし，現場で対象に積極的に関与するというスタイルをあげることができる。約30年前，当時の社会において深刻なものとして認識されていた問題に対し，心理学としてできることが追求された結果，長年の議論の成熟と蓄積を経て，心理学は「実践現場の問題を扱うこと」そのものにアイデンティティをみいだし，着実に「実践」へと近づいたわけである。

　さて，実践研究論の草創期と現在を比較したとき，「実践研究」が論じられていること自体は共通している一方で，その位置づけは大きく異なるといえよう。「実践研究」が当たり前ではなかった時代には，心理学は「実践」に対し何が可能か，自らの研究のあり方そのものを議論の対象にせざるをえなかった。それと比べ，「実践研究」というカテゴリーが一定程度確立した現在において，現場で研究することは当然の営みとして捉えられる。心理学が「実践」を扱うことはもはや自明のこととなった結果，「実践研究」が論じられうるうえで「実践とは何か」「何が心理学研究の対象となりうるか」「現実の変革・発展のあり方とは」という基本的な問いが草創期のように改めてもち出されることはなくなった。実践研究を進めていく具体的な方法についてのさまざまな試みが検討される一方で，心理学が担える実践研究とは何か，また心理学には何が担

えないかという，メタレヴェルの議論はほとんどされなくなったのである。

　今日，子ども研究を進めるにあたっては，「現場に入って役立つべき」という圧力の方がむしろ大きいのが現状かもしれない。このとき，教育心理学・発達心理学をはじめとする子ども研究には，現場とどのような関係をとり結ぶかについて腐心するだけでなく，そのことがもつ意味を意識的に問いなおすことが求められているのではないだろうか。加藤（2005）がひきこもり者に対する支援枠組みの例を用いて指摘しているように，ある特定の実践に意味をもたせる働きかけによって，別の問題が芽生えることがありうる。心理学と実践のかかわりがごく一般的になった現在においては，心理学研究がその価値や意義を現場との連携や実践そのものにみいだそうとする限り，当該の研究の成果や視点に内包されるリスクや，それを行わなかった場合に得られる別の研究成果や視点を問題にしていくことは論理上難しい。しかしながら子ども研究において「実践研究」が当たり前になった現代だからこそ，それがマイナス面も含めて実践現場にどのような影響をもつかが，改めて問いなおされねばならないだろう。

　繰り返しになるが，研究における実践性とは「研究が現場でなされている」「現場での問題解決に役に立つ」ことによって規定されるのではなく，ましてや「質的なデータは実践的，数量的なデータはそうではない」のように方法依存的に決められるものでももちろんない。教育・発達などの子ども研究が「現場」で行われることが当たり前になり，かつそれが社会的にも強く要請される現代においては，むしろそのようなスタンスを中心に実践研究を捉えることによって，大きな何かがみおとされる危険性があるかもしれない。実践研究を読み解く，もしくは実際に担うにあたり，それを捉える視点として「現場で役立つ」だけに限らず，当該の実践が「役に立たない」「悪影響を及ぼす」かもしれない可能性を意識しつつ研究を進めることは，研究を本来の意味で実践に資するにあたり，欠くことのできない視点であるといえよう。

文献

赤木和重　2008　自閉症における「障害特性に応じた教育」再考――障害特性に応じつつ，障害特性をこえていく教育へ『障害者問題研究』36, pp.180-188

南風原朝和・市川伸一・下山晴彦編　2001『心理学研究法入門』東京大学出版会
市川伸一　2001　心理学の研究とは何か　南風原朝和・市川伸一・下山晴彦編『心理学研究法入門』東京大学出版会　pp.1-17
市川伸一　2003　教育心理学は何をするのか　日本教育心理学会（編）『教育心理学ハンドブック』有斐閣　pp.1-7
鹿毛雅治編著　2005『教育心理学の新しいかたち』誠信書房
加藤弘通　2005　心理学はいかにしてひきこもりと出会うか――心理学における〈実践性〉を捉えなおす契機として『心理科学』25(1), pp.1-11
加用文男　2006　2006秋集会シンポジウムのために　心理科学研究会2006年秋の研究集会全体シンポジウム『実践研究の方法論を問う』話題提供資料
松本博雄　2005　専門家による「発達支援」を問い直す――「発達支援」の相対化の試み『名古屋短期大学研究紀要』43, pp.33-40
松本博雄　2007「実践研究」論の展開に向けて――四半世紀の経過から『心理科学』28(1), pp.44-53
無藤隆　2007『現場と学問のふれあうところ』新曜社
ノースカロライナ大学医学部精神科TEACCH部　（服巻繁訳）2004『見える形でわかりやすく：TEACCHにおける視覚的構造化と自立課題』エンパワメント研究所
佐伯胖　1998　心理学と教育実践の間で　佐伯胖・宮崎清孝・佐藤学・石黒広昭『心理学と教育実践の間で』序　東京大学出版会　pp.1-7
佐々木正美・宮原一郎　2004『自閉症児のための絵で見る構造化』学習研究社
心理科学研究会1983年度全国運営委員会　1983　心理学における「科学性と実践性」をめぐるシンポジウム記録再録について『心理科学』7(1), pp.39-50
白石正久　1996『発達の扉〈下〉』かもがわ出版
高瀬常男　1975　実践研究の意義　続有恒・高瀬常男（編）『心理学研究法13　実践研究』東京大学出版会　pp.1-19
続有恒・高瀬常男編　1975『心理学研究法13　実践研究』東京大学出版会
やまだようこ編　1997『現場心理学の発想』新曜社

第5章
子どもの権利としての子どもらしさ

1　子どもらしさとは

　子どもらしさというと，何か子どもが本来もっている性質のように思われる。事実このことばから，「天真爛漫」「純真無垢」「元気溌剌」などが連想されるし，またそのような性質は子どもという年齢に特徴的なものとして考えられている。しかし，「青年期」が歴史的社会的なものであるのと同様に，実は「児童期」も歴史的社会的なものである。子どもにとっては，①労働から解放されたこと，②学校によって学習が制度化されたこと，③遊び等の子ども文化が生まれたことなどが，現代の「児童期」を特徴づけている。

　ところで，子どもらしさは，子どもに自由と同時に拘束をもたらす。一方で子どもは賃労働を免れ自由な時間を許されるのだが，他方で子どもは「子どもらしくしなさい」とおとなからいわれ，「子どもらしくない」行動は禁止され，真面目に通学し学習することなど「子どもらしい」行動を強制される。子どもらしさには，おとなにとって都合のよい「従順さ」や「礼儀正しさ」も含まれている。

　こうした子どもらしさの歴史的社会的性格と二面性とをふまえながら，子どもらしさの発達的意義について明らかにすることが本章の課題である。

2　子どもの権利としての子どもらしさ——三つの側面

　権利は一つのあるべき姿をさし示すものであり，理念にかかわっている。これに対して，心理学は実証的な科学であり，事実にかかわっている。権利問題と事実問題とは別の次元の事柄なのではあるが，実際には相互に繋がってもい

る。子どもの権利が認められ児童福祉が進むにつれて子どもの多面的な発達が可能となり，そのことを通じて発達心理学も科学として進歩する。また，子どもの権利も子ども独自の特徴についての事実や子どもの発達という事実の蓄積によって，理念の現実的な基盤が形成される。20世紀の新教育運動にみられるように，発達心理学における子ども理解と子どもの権利に関する認識とが相互に支え合い，進歩する。

2.1 子どもも人間であるという権利（人権）

　人権思想の歴史的発展のなかで子どもの権利という考え方が生まれ，子どもの権利が人権思想をいっそう発展させる（堀尾，1986）。ここでもまず，子どもの権利について，子どもも人間として普遍的な権利すなわち人権をもつということから検討したい。内面の自由や表現の自由，プライバシーの保護などが人権にかかわる。子どもはこうした権利を必ずしも保障されてこなかった。たとえば，人は時に他人を恨んだり憎んだりもする。しかし，だからといってそのことだけで責められたり罰せられたりすることはない。だが，子どもの場合，そうしたことは悪いことだとされ，「思うこと」自体を禁じられたり，あるいは思っていることを正直に言うように強要されたりすることがある。「思うこと」を常に人前に曝さなければならないとしたら，人の目を気にし続けなければならないし，常に自分の「思うこと」が正しいかどうか脅えていなければならないし，真実と向き合うこともできずに「どうしたら人に受け入れられるか」ばかりを気にするようになる。これは，自我の確立を妨げ，人間固有の尊厳を奪うものとなる。子どもの人権というと，体罰や校則の問題として話題になることが多いが，実は，日常ふだんの学校生活・家庭生活自身において内面の自由を保障されないという人権侵害があり，そのことが教師・子ども関係や親子の信頼関係を損なっているばかりではなく，子ども同士の人間関係までをもいびつにしているのではないか。

　一見相反しているようにもみえるが，「思うことを言わされる」ということは，「本当に思うことは言えない」ということと表裏の関係にある。「思うこと」はさまざまな試行錯誤を伴う心理過程であり，多様な視点から捉えなおしを行う心理活動である。したがって，常に「善」の立場からものをみるだけで

なく「悪」の立場に立ってみることも必要である。しかし,そうした過程をすべておとなの前に披瀝(ひれき)するよう求められれば,しかもそれが強制というよりも善意の衣を纏(まと)って迫られれば迫られるほど,自由な思考が妨げられることは明らかである。結局子どもは人に受け入れられる無難なことだけを思わざるをえない。そして,無難でないことを思ったときは,それが言えないのである。「子どものくせに」とか「おとなの話に口を挟むな」ということばがそれに追い打ちをかける。子どもは「見ざる・聞かざる・言わざる」ようになり,考えることをやめる。表現が保障されていなければ,考えても仕方がないからである。子どもは未熟であり,間違いも犯す。しかし,「思ったことを言えない」とき,その間違いを訂正してもらうこともできない。良心を鍛える機会も奪われる。

　子どもにとって,「思うことを言わされる」ことと「思うことを言えない」こととはあいまって,ありのままの自分を拒否されるということになる。人がありのまま人間として尊重されるということは,もっとも基本的な人権である。繕ったみせかけの自分しか受け入れてもらえないという感覚は,多くの子どもたちを支配しているが,ここにこそ現代の子どもの人権問題があるのではないか。心理学では,最近自尊感情の研究や自己・自我にかかわる研究が数多く見られるようになったが,そうした背景にはありのままの自分として認められないという人権侵害があるのではないだろうか。

2.2　子どもは子どもであるという権利（子ども権）

　人がありのまま人間として尊重されるということは,子どもにとっては,子どもは子どもであるという権利に通ずる。子どもは,第一に,家庭で親による保護を受けることができ,第二に,子どもが子どもたちとして群れることができ,第三に,子どもたちの世代としておとなたちの世代から学ぶことができ,最善のものを与えられる。こうした子どもらしい生活が保障されるなか,子どもは子どもらしい感じ方や考え方を発揮できるはずである。

　では,このような権利はどのように実現しているのであろうか。子どもの認識や表現活動はどのような状態にあるのだろうか。子どもらしい感じ方や子どもの見方はおおいに発揮されているのであろうか。2歳半や12,13歳の年齢で

は，自己主張が許されているのであろうか。幼児期から児童期にかけては多様なものへの興味・関心が育まれているのであろうか。小学生は仲間と群れ，遊ぶ生活が保障されているだろうか。青年期には自己認識や社会認識を深化させることができているのだろうか。早くからおとなの文化が子どもに侵入し，おとなのことばで考え，表現することが強いられてはいないだろうか。こうしたことが子どもの権利という視点から点検されなければならない。また，子どもに子どもらしい生活を保障することは，おとなもおとなとして，たとえば中年は中年らしく生活できることにつながっていく。

2.3 子どもがおとなを乗り越える権利（発達権）

さいごに，子どもはおとなになるだけではなく，おとなを乗り越えていくという点について考えてみたい。未熟な子ども時代があるからこそ，子どもはおとなを越え，社会を進歩させることができる。これは，ワロンをはじめ発達心理学者が指摘するところである（Wallon, H., 1941）。たとえば，最近のコンピューターや通信機器は日進月歩の状態にある。こうした機械を使った生活への適応は年齢を重ねれば重ねるほど厳しい。インターネットや電子メール，さらにチャットなどというコミュニケーション手段への適応は，若者の特権のようである。すでに，話しことばや書きことばを従来の方法で獲得しているおとなにとって，新しい「言語」を習得することはなかなか困難である。年配の人にとって，電話で話すことは手紙を書くことよりも難しい。留守電にメッセージを吹き込むときはなおさら躊躇する。まして，携帯電話を持ち歩き，時や場所を問わず話ができるというのはある種の驚異である。一方，話しことばや書きことばと同時にこうした新しいコミュニケーション手段に囲まれて育った世代はそれらを難なく使いこなすことができる。おそらく，新しいコミュニケーション手段の発展は，新しい人間関係や認識能力を生み出していくに違いない。このように，新しい世代が古い世代を乗り越えて発達していくという意味において，発達権は子どもの権利として認められる必要がある。

だが，文化や芸術がすべての子どもにその発達にふさわしく与えられるわけではない。たとえば，先に述べた通信手段をとってみても，第一に，それらは営利目的のためにもち込まれるという点である。そのため，子どもの発達に

とって有益かどうかの検討は後回しにされる。刺激的なゲームソフトの侵入により、子どもの時間が大きく割かれ、休息や集団遊びなどの時間は減少した。携帯電話は、どこにいてもいつでも連絡をとれるという点では便利ではあるが、ある年齢層にとってはどこにいてもいつでも誰かと連絡をとっていなくてはならないという強迫観念を導き、また、見られる自分を常に意識する傾向を増長する。第二に、通信手段は高価であるという点である。コンピューターは価格が下落し個々人が入手しやすくなったとはいえ、子どもにとってはやはり高価である。一部の金銭的に恵まれた子どもたちは手に入れることができても、他の子どもたちは私的に所有することはできない。第三に、「ケータイ」が「エンコウ」の媒介に用いられることがあるように、あるいはインターネットが「クスリ」の取引の仲介の役を果たすことがあるように、新しい通信手段が必ずしも子どもの最善のインタレスト（利益・興味）に呼応していないという点である。おとなを乗り越えて発達する可能性をもつ子どもたちが、逆に、古い世代が築いてきた最善のものからかえって遠ざけられることがあるのである。

　こうした点を考慮すると、学校をはじめとする教育の役割に目を向けざるをえない。とりわけ、新しい変化に適応していくだけでなく、そうした変化のうち、何が自分たちにとって必要で、何が自分たちの利益になるのか、みきわめる能力をつけていくことが課題となっている。私は、「子どもの社会認識の発達」（田丸, 1993）についての研究にとり組んできたが、社会についての科学的な認識や自治活動による社会認識の発達が小学校高学年から中学生にかけての大きな課題と考えられる。子どもが新しい手段を用いながら文化を享受し、おとなを越えて発達していくためには、「最善のインタレスト」の原則が教育においても貫かれること、とりわけ、社会認識の発達に必要な学習や教育の機会も与えられなければならないと考えられる。

③　意見表明の発達について

　子どもの権利条約は、1989年に国連で採択され、1994年に日本で批准された。それは、生存・発達・保護・参加の権利からなり、子どもの諸権利を包括的に示す内容となっている。この条約では、子どもの意見表明権が強調されている。

子どもの権利の実現において，子ども自身が参加し見解を述べることが大切だからである。

3.1 鳩時計課題

では，実際に子どもはどのように意見表明するのであろうか。私たちは，子どもが意見表明せざるをえないような場面を設定し，さまざまな年齢の子どもに繰り返しインタヴュー調査を行ってきた（田丸・井戸垣・田村・田中，1999；田丸・井戸垣，1999）。たとえば，鳩時計課題というものがある。

> ある教室で，○○ちゃんは一人で鳩時計を見ていたとします。すると，鳩時計が急に壊れて動かなくなってしまいました。○○ちゃんは見ていただけなのですが，みんなは○○ちゃんが壊したと言っています。○○ちゃんは，その子たちに何て言いますか？

こうした質問に対し，子どもはどう答えるだろうか。実は，子どもの回答にはさまざまなタイプがあることがわかった。そして，やっていないことを堂々と主張する回答には，反問――「私見てただけなのに，なんで壊したって言う？ もしなー，自分が見とって壊れたらどうするって言う」――や説得――「いや，僕は見ていただけで，何もつついたりしてない，って言う。えっとね，あとはね，僕は背がちっちゃいからね，鳩時計に手が届かないから，壊せるわけけない」――があるが，こうしたタイプの回答は小学校低学年ではあまり見られず，高学年になっても少数であった。やっていないのに「自分が壊した」という同調や「嫌だ」というだけの感情表明の回答，「鳩時計が壊れた」という事実言及の回答など，正当な自己主張には及ばない回答が多数見られたのである。研究の結果，意見表明は，さまざまな感情や思考をくぐった複雑な心理過程であること，単なる言い回しの学習や階段を上るような発達ではないことがわかった。

3.2 意見表明の発達の先

また，あらゆるときにあらゆる相手に対して自分の見解を理路整然と説得的に述べることが，発達の到達点というわけでもない。これについては，中学生の意見表明を考えてみればわかる。児童期を終え青年期に入ると，一般には形

式的操作が可能になる（ピアジェ）とか概念的な思考が可能になる（ヴィゴツキー）とかいわれる。では，そうした思考の発達をもとに，中学生では理性的な判断が随所で見られるようになるかというと，そういうことはない。中学生は，言いたいことがあってもよく「黙る」。また，好きか嫌いか，信頼できるかできないかといった二分法的な判断に陥りやすい。その判断もちょっとしたことがもたらす気分の変化に左右されやすい。ときには，自分の気持ちとは反対のことを言ってしまったり，相手と態度で張り合ったりもする。そのため，表面上は，ことばによる意見表明が後退しているようにもみえる。

　こうした「後退」の意味は，おとなの意見表明を考えてみるとよくわかる。おとな社会において，自分の見解を明確に示すことが必要な場合はもちろんある。しかし，いつも理屈によって相手を責め立てていては対人関係は円滑に進まない。時と場合によっては，「言わないこと」や「同調してあげること」も必要である。そう考えると，意見表明の発達は「説得」に向かって一直線に進むというところではなく，むしろいろいろな表現を知って，それを適宜使い分けることができるというところにありそうである。

3.3　おとなの役割

　最後に，意見表明の発達において，子どもの話をていねいに聞き取るおとなの役割の重要性について述べたい。意見表明は意見表明することによって発達するのであるが，最初は舌足らずで不器用な発言を辛抱強く聞きとってくれる相手が必要である。聞きとってもらうなかで，子どもは自分の気持ち（感情や思考）を整理したり，順序よく表現できるようになっていく。そのときの「聞く」という行為は，ディベートでもなければ，カウンセリングでもない。あえて名付ければ，発達的かかわりといえよう。そこでは，子どもの発言の意図をおとなの枠組みにとり込まないこと，「結局言いたいことは何なんだ」と結論を急ぐようなことはしないこと，「それはいい発言だ」とか「それは変じゃないか」というようにすぐ評価しないこと，子どもの発言の欠点を探して「指導」するようなことはしないことなどが求められると思う。必要なことは，子ども自身が自らの意見表明の過程，感情や思考に気づくようになり，場面に応じて方向づけることができるようになることであろう。

そうした援助のもと，やがて子どもは，子どもの権利にふさわしく，
　①思想の自由，表現の自由を行使し，
　②子どもらしく考え，表現するようになり，
　③認識（感情や思考）の発達，表現の発達が達成されていく
ことが可能になっていくのではないだろうか（田丸, 2000）。

4　子どもの権利からみた学校，そして教師，親

　心理学の立場から，子どもの権利や意見表明権の発達について考察してきたが，ここではさらに，学校の基本的性格についても言及しておきたい。先に述べた人権，子ども権，発達権に対応させると，学校の三つの性格付けを行うことができる。

4.1　人間の尊厳を尊重する場

　まず，学校は人権を何よりも尊重する場であるということである。人権というと校則が問題になることがよくあるが，校則を含めて「学校の規律」は，それが子どもをどの程度束縛するかという点から議論されるべきではない。規律は，子どもの種々の個人的・集団的学習活動をどのようにして保障しているかという観点から議論されるべきである。規律は，子どもを不自由にするためにあるのではなく，自由にするためにあるからである。教科指導も生徒指導も，子どもの人間としての尊厳を尊重するという点から常に検討されるべきではないだろうか。

4.2　子どもらしさを保障する場

　次に，学校は子どもらしさが発揮できる場であるということである。意見表明に関連しても，子どもははじめから上手に自己表現できるわけではない。失敗するなかで学んでいく。また，そうした失敗をおおらかに受け入れるからこそ，子どもはのびのびと生活し，失敗を成長の糧とすることができる。ただし，留意すべきは，「子ども扱いすること」と「子どもらしさを認めること」とは正反対であるということである。前者は子どもを卑屈にし，依存的で無責任に

するし，後者は子どもに誇りを与え，自主性と責任感を育てる。

4.3 未熟な子どもと「未熟な」おとなとが切磋琢磨し合いながら互いに成長する場

　最後に，子どもの未熟を認めるということは，教師の未熟もやはり認められるということである。未熟な子どもから育ったおとなもまだまだ未熟なものである。教師は自分の未熟さを卑下したり，隠したりする必要はなく，むしろそれを教材にすることもできる。なぜなら，学校は，未熟な子どもと「未熟な」おとなとが切磋琢磨しあいながら互いに成長する場であり，子どもの最善の利益にもとづく生活と学習の場であるからである。

　このように考えてくると，子どもの権利保障は，実は，教師や親などおとなの権利の実現につながることがわかる。なぜなら，第一に，子どものときから意見表明権や表現の自由が保障されるからこそ，ものが言え，人権を行使できるおとなになることができるからである。第二に，子どもの権利を保障するためには，教育の自由が必要であり，それが教師の才能を生かした実践を可能にするからである。教師は，いま子どもに必要なことを自由に実践できることにつながるからである。第三に，子どもが子どもらしく生きることができるということは，中年は中年らしく，老人は老人らしく生きることができることであるからである。

　心理学は，発達の危機として，少なくとも四つの時期を明らかにしてきた。2歳半頃の反抗期と呼ばれる危機，思春期の危機，中年の危機，初老の危機。こうした危機に直面して，それぞれの人間はその発達に応じて社会における自分のあり方に悩み，自我の統合を図ろうとする。同様に発達の危機を迎えてそれに立ち向かっていると人間同士の共感は，年齢を越えて生まれるものである。そのとき，おとなは，子どもに「重い荷物を持て」と命令するのではなく，「一緒に荷物を持ってみないか」と呼びかけることができるのではないだろうか。

おわりに：クリスマスのサンタさん

　わが家では，娘が２歳のときから，サンタクロースが現れた。クリスマスが近づくと娘は口頭でお願いし，それがサンタクロースに伝わり，イブの夜には枕元に贈り物が届いた。25日の朝は娘が真っ先に贈り物を発見し，親に驚きと喜びを告げる。娘は疑うこともなくサンタクロースの存在を信じ，贈り物をもらった喜びを親と分かち合った。

　字が書けるようになると，サンタさんに手紙を書くようになった。娘は，たどたどしい字で一所懸命お願いを書き，かわいい絵を添え，手紙に封をする。そして，親に「この手紙を出して」と頼むのであった。すると，不思議なことにお願いしたプレゼントがサンタさんから届けられるのであった。

　小学校に入り，「寒いなか来てくれるのだからサンタさんにお茶を入れておいてあげよう」と娘が言い出すと，いっしょに熱いお茶を用意する。目が覚めたとき，お茶がなくなっていることをみつけて，娘は大喜びする。「サンタさん，うれしかったんじゃないかな」。

　「イブの夜は寝ないでがんばっていよう。サンタさんと会えるかもしれない」などと言われたときは，サンタクロースの衣装を借りてきて準備しておく。寝ぼけ眼に印象が残っているはずだ。

　こうした親の涙ぐましい努力の甲斐あって，小学生時代はサンタクロースの存在を信じていた。学校で，「サンタなんていないよ」なんて言う人がいると，大論争をしてくる。そして，「サンタさんがいないなんて言う人はプレゼントもらえないんだからね」と憤慨する。中学１年生までそんな状態が続いていた。

　それが，中学２年生のクリスマス，親に手紙が届いたのであった。

DEAR　サンタクロース様
　　この手紙は，私からサンタさんに送る，最後の手紙になると思います。
　　私は毎年，街がクリスマスモードに染まっていくのが大好きでした。その理由の1つに，クリスマス　イブの日，ワクワクしながら眠り，翌日に枕元を見る，その瞬間があったからかもしれません。
　　最初に，お礼を言います。毎年のプレゼントをありがとうございます。おかげさまで，とても楽しかったです。
　　しかし，好奇心おうせいな私は，ある日，お母さんの手紙入れをあさってしまいました。そして，私がサンタさんにあげたはずだった手紙を見つけたのです。だから，お父さんとお母さんにも言います。毎年，私のために肉体をサンタさんに貸してくれてどうもありがとうございます。
　　私が思うに，サンタさんには自分の体がないのではありませんか？　だから，子供にプレゼントをあげるには，親の体を借りて，手紙を読み，プレゼントを選び，夜，まくらもとにそっと置いているんですよね？
　　残念なことに，私にはもうサンタさんを見ることはできません。サンタさんはいつもそばで見守ってくださっているはずなのに，気配を感じることさえ難しいです。でも，私はサンタさんに1度だけでもお目にかかれたことを光栄に思います。いつの日だったか，ふと目覚めた私には，サンタさんがそっと部屋を出ていくのが，はっきりと見えました。
　　本当に大人になるのはつらいものです。でも，サンタさんのような方々が，いつもそばにいてくださるのだと思うと，少し安心します。
　　これから私はどんどん大人になっていき，ときに大切なことを見失ってしまうかもしれません。そんなときは，どうかみすてずに，ほんのしばらくお待ちください。きっと　またいつか，あなたたちのことを思い出す日がくるはずですから。
　　今まで，本当にありがとうございます。私が親になったら，喜んで私の体をお貸しいたします。
　　永遠にあなたを思います
　　Merry Christmas!!
　　　　　　　　　　　　　　　　　　　　　　　　　　　　　　　　T.A.

文献

田丸敏高　1993『子どもの発達と社会認識』法政出版

田丸敏高・井戸垣直美・田村崇・田中恵子　1999　児童期における意見表明の諸形態とその発達『鳥取大学教育地域科学部紀要（教育・人文科学）』第1巻第1号，pp.1-27

田丸敏高・井戸垣直美　1999　児童の意見表明の発達『心理科学』第21巻第1号，pp.17-43

田丸敏高　2000　子どもの権利と教育の課題——意見表明の発達の心理学的検討を通じて『鳥取大学教育地域科学部教育実践研究指導センター研究年報』第9号，pp.21-26

堀尾輝久　1986　『子どもの権利とはなにか——人権思想の発展のために』岩波ブックレット

Wallon,H. 1941 L'évolution Psychologique de L'enfant. Collection Armand Colin（アンリ・ワロン　（竹内良知訳）1982『子どもの精神的発達』人文書院）

索　引

人名索引

◆あ　行
会田元明　61
赤木和重　143,211,212
東　洋　187
東　浩紀　187
足立絵美　94
アトキンソン, J.W.　124
天野　清　47
荒井龍弥　58
荒木紀幸　149
蘭　千壽　61,62
有馬道久　68
安藤史高　125,127
生田淳一　120
石原金由　203,207
磯村睦子　91
市川伸一　215,216
稲垣佳世子　57,60,77
乾真希子　138
岩室紳也　140,143
ヴィゴツキー, L.S.　99,109,146,180-181,
　　193,195,196-198,226
植木綾子　88
ウェルマン, H.M.　54
ヴォスニャド, S．　52
内海和雄　100
内田伸子　47
梅原利夫　73
エルマン, J.L.　194-195
大久保智生　66,68
大谷泰照　68
大対香奈子　79
岡本夏木　40,48
小川哲男　77
奥野美恵子　3
尾崎　勝　46

◆か　行
ガードナー, H.　111,114-115
鹿毛雅治　216
梶田叡一　144-145
鹿島和夫　51
加藤繁美　45
加藤直樹　100
加藤弘通　66,69,70,218
加藤義信　181,192-193,195
神谷栄司　198
神山　潤　203
加用文男　51,215
ガリレオ・ガリレイ　101
河崎道夫　51
川田　学　65,71,181
河村茂雄　65,66
神田英雄　45,46
木下竹次　154
クーン, D.　58-59
日下正一　74,78,82,100,190-192
工藤与志文　60
クライトマン, N.　200-201
クラウス, R.M.　79
黒田　稔　201
ケアリ, S.　57,77
ゲルマン, R.　54,190
行田稔彦　75,156
河野寿美子　202
コールマン, J.C.　139,141-142
ゴスワミ, U.　54
子安増生　42

◆さ　行
佐伯　胖　116,210
坂元忠芳　74
坂本美紀　175-176

佐久間路子　80
佐々木正美　211
佐藤尚武　208
佐藤　学　68
塩見邦雄　127,151-152
白石正久　212
白井利明　133
新保真紀子　49,64,67
菅沼嘉宏　107
杉江修治　82
鈴木政太郎　109
セルマン, R.L.　149

◆た 行
髙垣忠一郎　141,143
高橋ひとみ　204
高橋常男　214
田口久美子　26,139
田中昌人　43,46,118
田丸敏高　105,224,225,227
チクセントミハイ, M.　148
続　有恒　213-214,215
都筑　学　25,166-168,170-172
ディシ, E.L.　123,124,125
土井隆義　140
トーランス, E.P.　111
富山泰正　12

◆な 行
長尾彰夫　154
中垣　啓　190-192
中島伸子　52
長島瑞穂　74
中野重人　73
中村和夫　198
中山　迅　175
夏堀　睦　117,147
新美南吉　91
ニシハラ, K.　201
野田敦敬　74,79,81

◆は 行
ハヴィガースト, R.J.　108

南風原朝和　215
萩原浅五郎　99-100
長谷部比呂美　65
波多野完治　180
波多野誼余夫　57,194
馬場久志　14
ハヤシ, E.　207
ピアジェ, J.　25,45-46,53,56-57,99,109,179
　　　　　　-180,186,190-192,197,226
平井美徳　203
広重佳治　207
広田照幸　66,178
フーコー, M.　150,186
福田一彦　201
藤井浩史　80-81
藤生英行　120,127
藤岡秀樹　73,155,157
布施光代　58,120,125-126
フロイト, S.　150
ベイヤールジョン, R.　191
ペスタロッチ, J.H.　150
細谷　純　58
ホブソン, J.A.　206
堀尾輝久　221
堀尾良弘　32
堀　忠雄　203
ボルケ, H.　191
ボルペイ, A.A.　207

◆ま 行
松本博雄　213
三池輝久　203
無藤　隆　216
村田孝次　74
村野井均　92
村山　功　57
メディス, M.　205
モース, E.S.　182-183
守　一雄　194

◆や 行
山岸明子　90
やまだようこ　210

◆ら 行
ライアン,R.M. 123
ラッド,G.W. 106
ルイス,M. 144-145
ルソー,J.J. 150
レイヴ,J. 116
レヴィン,K. 137

ロゴフ,B. 182
ロッフワーグ,H.P. 204

◆わ 行
ワイナー,B. 124
和田信行 82
ワロン,H. 99,109,180-181,223

事項索引

◆あ 行
間の世界 43
アサーション 127
アスペルガー障害 35,131
アスペルガー症候群→アスペルガー障害
遊び 50-51
アニミズム 53,56-57
アンダー・アチーバー 111
意見表明の発達 224-227
一次的ことば 48
逸脱行動 31
五つの心 114-115
異年齢 30
異年齢の子どもたち 28-30
異年齢集団 110,115-118
インターネット 95,98,223-224
インフォーマルグループ 61
ウルトラディアンリズム 200,206
音韻意識 47

◆か 行
外的な評価に対する敏感性 145-146
概念の調整 22
外発的動機づけ 122-125
科学的概念 26,109
科学的思考 175-176
科学的推論 58
科学的な認識 26
科学的リテラシー 175
書きことば 47,111

学習指導要領 72,75
学習集団 14
学習障害（LD） 131
学童保育 20,29,37-38,51,99,110
学級集団 60-64,71
学級の荒れ 63-64,66-67,69-70
学校選択制 24,166
葛藤 21,44,45,107,111,113,124,134,150,
　　151,152,153
活動性 12-13
環境管理型権力 187
気付き 72,73
機能別に発達を捉える 27
規範意識 90
ギャングエイジ 16,89,108,137-138,142
9,10歳の節 25,45-46,98-101,107-109
教育的姿勢 32
競争原理 16
協同学習 82
協同的な学び 44,81-82
具体的思考 74
具体的操作（期） 25,45-46,90,99,190-191
クラブ活動 110,113-119
グランドセオリー 186,190,198
系統的学習 74
系列化 45-46,74,191
ケース・カンファレンス 32
原因帰属理論 124
言語活動 101
言語的思考 41

言語的知能　111
高機能自閉症　131
コールマンの焦点理論　141-142
心の理論　42, 77, 181
個性の発見　110, 115
ことばの発達　101
子ども中心主義　154
子どもの権利　220-225, 227-228
子どもらしさ　220, 222, 227
コネクショニストモデル　194
コミュニケーション能力　65-66, 158

◆さ　行

サーカディアンリズム　200-202, 206
ジェンダー　139
時間概念　21
時間的展望　171-172
思考の発達　105
自己意識　144-145
自己意識的情動　144-145
自己決定理論　123
自己肯定感　143-144
自己効力（感）　151-152
自己中心性　53
自己中心的思考　144
自己評価　151-152
思春期　133-135, 137, 139
自然の教育法　184
実践性（実践，実践的）　210-218
実践研究　213-218
質的研究　216
視点取得　79, 191
自閉症　37, 211-212
「滲み込みモデル」の教育　183
社会的視点取得　149
社会的信念　148
社会的相互交渉　20, 21
社会認識の発達　224
集団と個の成長　14
集団内への閉じた同一化　16
授業に対する動機づけ　124
馴化―脱馴化法　191-192
小1プロブレム　49-50, 63-64, 68

小学校から中学校への学校移行　168
少人数学級　14
情報化社会　15
情報ネットワーク　89
将来への希望　170-171
所有感　80
人格の発達　106
心理システム　196-197
睡眠　200-208
睡眠覚醒リズム　200-202, 205
睡眠教育　207-208
数概念　26
数概念の発達　22
スクールカウンセラー　31, 33
正統的周辺参加　116
生活科　59, 72-82
生活の概念　26, 109
生活勉強　75
生活リズム　200-202, 204, 207
生体リズム　207-208
青年期　133-137
青年期平穏説　137
積極的授業参加行動　120-122, 125-127
前操作期　25, 45, 53
総合学習　75, 116, 118, 153-156
総合的な学習の時間　153, 157-163
創造性理論　111, 114
素朴概念　57-58, 60
素朴心理学　77
素朴生物学　56-58, 77
素朴物理学　77
素朴理論　54

◆た　行

体温リズム　202-203
対人関係　20, 21
達成動機づけ理論　124
第二次性徴　89, 133-135
巧みさに対する挑戦　118
多重知能理論　111-112
脱中心化　79
探究的な学習　157
知識の凝集性　54

知識の文脈依存性　189
知的好奇心　89, 92
注意欠陥／多動性障害（ADHD）　131
中学校生活への期待と不安　166-167
中学受験　169
抽象的思考　74
中高一貫教育　164-165
低学年の荒れ　63-67
低セロトニン症候群　203
トータルな意識の発達　195-198
特別活動　110
特別支援学級　37
特別支援教育　27

◆な　行
内発的動機づけ　122-125
仲間集団　15, 106
夏休みの短期化　23-24
7歳の壁　52, 60
二次的ことば　48, 51
認知発達　52-55, 189-190
ノンレム睡眠　205-207

◆は　行
箱庭療法　31
発達加速現象　135
発達障害　23, 132
発達段階（論）　25, 74, 99, 109, 161, 179, 189-192, 196-197
発達の「階段モデル」と「波モデル」　179-181
ピアプレッシャー　140
非行　31
非構造化面接　32
ビネーテスト　109

フォーマルグループ　61
フクロウ症候群　203
不適応行動　140
不登校　16, 140-142
ポートフォリオ　159, 163
ポストモダン　186-187
保存課題　53
保存概念　109

◆ま　行
学びの共有化　156, 162
まるごと捉える　27
メタ学習　118
メタ認知　145
メタ理解　176
メタ理論　192-193
メディア・リテラシー　95-96, 98
モジュール論　189
物語創作　147-148
模倣　184-185

◆や　行
役割遊び　74
有能感　80
幼児期から児童期への移行　49, 51
幼小連携　67
幼稚園教育要領　75

◆ら　行
領域固有　54-55, 115, 189
領域特殊→領域固有
レム睡眠　205-206
連続性と非連続性　21-22, 25-26
論理操作　45-46

執筆者〈執筆順，＊は編集委員〉

馬場　久志＊　　（第1部第1章）埼玉大学
田口　久美子　　（第1部第2章）和洋女子大学
堀尾　良弘　　　（コラム1）愛知県立大学
中島　千加子　　（コラム2）前白百合女子大学
小渕　隆司　　　（コラム3）北海道教育大学釧路校
寺川　志奈子　　（コラム4）鳥取大学
片寄　和美　　　（コラム4）かえるクラブ
木下　孝司　　　（第2部第1章1）神戸大学
布施　光代＊　　（第2部第1章2・第2章4）明星大学
大久保　智生　　（第2部第1章3）香川大学
滝口　圭子　　　（第2部第1章4）金沢大学
内藤　綾子　　　（コラム5）前鳥取短期大学
村野井　均　　　（第2部第2章1）茨城大学
田丸　敏高＊　　（第2部第2章2・第3部第5章）福山市立大学
山本　睦＊　　　（第2部第2章3・第3章2）常葉大学
小倉　正義　　　（コラム6）鳴門教育大学
伊田　勝憲　　　（第2部第3章1）静岡大学
藤岡　秀樹　　　（第2部第3章3）京都教育大学
都筑　学　　　　（第2部第3章4）中央大学
坂本　美紀　　　（コラム7）神戸大学
川田　学　　　　（第3部第1章）北海道大学
中村　和夫＊　　（第3部第2章）京都橘大学
広重　佳治　　　（第3部第3章）福山市立大学
松本　博雄　　　（第3部第4章）香川大学

小学生の生活とこころの発達

2009年9月10日　初版第1刷発行
2017年2月10日　　　第7刷発行

編　者　Ⓒ心理科学研究会
発行者　石　井　昭　男
発行所　福村出版株式会社
〒113-0034　東京都文京区湯島2-14-11
　　電話　03-5812-9702　　FAX　03-5812-9705

印刷　株式会社文化カラー印刷
製本　協栄製本株式会社

Printed in Japan, 2009
ISBN978-4-571-23045-5 C3011
定価はカバーに表示してあります。

福村出版◆好評図書

心理科学研究会 編
大学生活をゆたかにする心理学
●心の科学への招待
◎1,700円　ISBN978-4-571-20080-9　C3011

心理学の研究方法を学ぶことを通じて「教養」を深めよう。「心の科学」という視点からの大学生活入門ガイド。

川島一夫・渡辺弥生 編著
図で理解する　発　達
●新しい発達心理学への招待
◎2,300円　ISBN978-4-571-23049-3　C3011

胎児期から中高年期までの発達について，基本から最新情報までを潤沢な図でビジュアル的に解説した1冊。

櫻井茂男・大川一郎 編著
しっかり学べる発達心理学〔改訂版〕
◎2,600円　ISBN978-4-571-23046-2　C3011

基礎的な知識と新しい研究成果を紹介しつつ，学びやすさと本格派を追求。新しい情報をふんだんに盛り込み改訂。

繁多 進 監修／向田久美子・石井正子 編著
新 乳幼児発達心理学
●もっと子どもがわかる　好きになる
◎2,100円　ISBN978-4-571-23047-9　C3011

新幼稚園教育要領と保育所保育指針の改定を受け改訂。子どもの発達がわかりやすく学べる乳幼児発達心理学の書。

井原成男 著
ウィニコットと移行対象の発達心理学
◎2,500円　ISBN978-4-571-23044-8　C3011

精神分析医ウィニコットの理論と豊富な臨床事例をもとに解き明かす，移行対象からみた子どもの発達心理学。

中村和夫 著
ヴィゴーツキーに学ぶ子どもの想像と人格の発達
◎2,500円　ISBN978-4-571-23050-9　C3011

ヴィゴーツキーの想像の発達についての議論に焦点を当て，人格発達理論としてヴィゴーツキー理論を論証。

小花和Wright尚子・安藤明人・佐方哲彦 編著
心理学英和・和英基本用語集
◎1,000円　ISBN978-4-571-20075-5　C3011

心理学の基本的な専門用語1644と人名223を収録したハンディサイズの用語集。心理学を学ぶ人必携！

◎価格は本体価格です。